Altersvorsorge

Die besten Strategien für Ihre finanzielle Absicherung

Altersvorsorge

Die besten Strategien für
Ihre finanzielle Absicherung

OLAF WITTROCK

verbraucherzentrale

17
Ihre Vorsorgestrategie

33
Die wichtigsten Vorsorgebausteine

Inhalt

193
Spezielle Lebenslagen

201
Gestaltung der Rentenphase

211
Darauf sollten Sie außerdem achten

Aus unserer Beratungspraxis

Die wichtigsten Fragen und Antworten

→ Jährlich beantworten wir in unseren 200 Beratungsstellen Hunderttausende von Fragen und helfen bei der Lösung von Problemen, die Verbraucherinnen und Verbraucher an uns herantragen. Aus dieser täglichen Praxis wissen wir am besten, wo der Schuh drückt und wie konkrete Unterstülzung aussehen muss.

Diese Erfahrungen sind Grundlage unserer Ratgeber: mit präzisen, verbraucherorientierten Informationen, zahlreichen Tipps und Hintergrundinformationen zum besseren Verständnis.

Sollte für eine individuelle Frage weiterer Besprechungsbedarf bestehen, hilft unsere Beratung weiter. Eine Übersicht über unser umfassendes Angebot finden Sie unter **www.verbraucherzentrale.de**

Profitieren Sie von unserer Beratungskompetenz!

Ich habe gelesen, dass die Menschen immer älter werden. Stimmt das wirklich?

Geht es mit dem medizinischen Fortschritt so rasant weiter und nehmen Wohlstand und Gesundheit zu, dann steigt auch die Lebenserwartung weiter. Ihre Tochter oder Ihr Sohn werden noch einmal deutlich älter werden als die Menschen Ihrer Generation. Die Lebenerwartung eines 1950 geborenen Mannes beträgt 64,6 Jahre, die eines 1970 geborenen 67,2 Jahre. Das ist aber nur der statistische Wert. Wie alt jemand tatsächlich wird, kann niemand berechnen. Es ist auf jeden Fall sinnvoll, für ein längeres Leben vorzusorgen.

→ Seite 13

Ich lasse mich scheiden. Was wird dann aus meiner Rente?

Die müssen Sie sich mit Ihrem bzw. Ihrer Ex teilen – jedenfalls wenn Sie keinen Ehevertrag haben. Der Staat sieht nämlich einen sogenannten Versorgungsausgleich im Alter für geschiedene Eheleute vor. Die Ansprüche, die Sie während der Ehezeit erworben haben, werden hälftig geteilt. Das soll für finanzielle Gerechtigkeit auch im Ruhestand sorgen.

→ Seite 213

Vermutlich brauche ich im Alter staatliche Unterstützung. Was wird dann aus meiner Riester-Rente?

Die staatliche Fürsorgeleistung bei Altersarmut heißt „Grundsicherung" und ist gestaltet wie das Arbeitslosengeld II (Hartz IV). Wichtig: Nur Bedürftige, die kein ausreichendes Alterseinkommen und Vermögen besitzen, haben einen Anspruch darauf. Wer in der Vergangenheit eine Riester-Rentenversicherung abgeschlossen hat, kann – das ist neu – in jedem Fall 100 Euro Rente behalten. Was darüber hinausgeht, bleibt auch bei Bezug von Grundsicherung im Alter bis zu 30 Prozent, maximal 223 Euro, anrechnungsfrei (Stand 2021; der Satz der Regelbedarfsstufe ändert sich jährlich). Erst wenn eine Riester-Rente höher ist, rechnet der Staat sie auf die Grundsicherung an. Es lohnt sich also auch mit niedrigem Einkommen, einen Riester-Vertrag abzuschließen, vor allem, wenn Sie Kinder haben. Denn dann müssen Sie nur relativ wenig im Monat einzahlen, bekommen vom Staat aber mehrere Hundert Euro Zulagen im Jahr dazu.

→ Seite 62

Ich habe gehört, dass ich mit der Rürup- oder Basisrente ordentlich Steuern sparen kann. Stimmt das?

Das kommt darauf an. Für Geringverdiener eignen sich Einzahlungen in eine Rürup-Versicherung in der Regel nicht. Wenn Sie zum Kreis der Riester-Berechtigten gehören, sollten Sie erst einmal prüfen, ob Sie davon nicht *mehr* profitieren. Hier können Sie nämlich Steuern sparen und erhalten außerdem noch staatliche Zulagen. Wollen Sie jedoch eine größere Summe einzahlen, ist eine Rürup-Versicherung die bessere Wahl. Die Leistungen, die Sie später erhalten, müssen Sie allerdings ab 2040 zu 100 Prozent versteuern.

Für Selbstständige und Freiberufler, die keine Riester-Rente abschließen können, ist eine Rürup-Versicherung die einzige private Vorsorgemöglichkeit, die der Staat durch die Steuerersparnis unterstützt. Vorteilhaft ist außerdem, dass die Einzahlungen auch in der Ansparphase pfändungsgeschützt und Hartz-IV-sicher sind.

→ Seite 99

Mein Finanzberater sagt, ich hätte eine riesige Rentenlücke. Jetzt habe ich Angst. Was soll ich tun?

Ganz ehrlich? Wechseln Sie den Berater. Denn wer Ihnen Angst macht, statt Wege aufzuzeigen, wie Sie im Ruhestand finanziell klarkommen, ist kein geeigneter Gesprächspartner. Und so dramatisch, wie viele Produktanbieter das Bild der künftigen Rentnergeneration zeichnen, wird es sicherlich nicht kommen in unserem Wohlstandsland. Also: Belasten Sie sich nicht mit der theoretischen Berechnung irgendwelcher riesigen Lücken, sondern mit den hohen Renditechancen, wenn Sie heute anfangen zu sparen. Sie sollten ungefähr 80 Prozent Ihres letzten Nettoeinkommens als Alterseinkünfte anstreben. Es gibt viel zu tun – und keinen Grund, zu verzweifeln.

→ Seite 23

Die Versicherung will mir eine Indexrente verkaufen. Was ist das?

Sogenannte Indexrenten oder Indexpolicen, teilweise auch unter dem Begriff „neue Klassik" verkauft, sind private Lebens- oder Rentenversicherungen mit einem besonderen Mechanismus bei der Geldanlage, der höhere Erträge als bei sogenannten Klassik-Policen möglich machen soll. Hintergrund: Bei klassischen Lebensversicherungen fließt das Geld, das Sie dort einzahlen, überwiegend in sehr sichere Anlageziele wie Staatsanleihen. Die bringen aber inzwischen kaum noch etwas ein. Deshalb geht die Branche nun einen neuen Weg: Sie investiert die Überschüsse in einen Aktienindex. Damit nehmen Sie als Kunde nun ein wenig an den Gewinnen am Kapitalmarkt teil. Der Mechanismus ist allerdings überaus kompliziert und wiederum so sehr abgesichert und begrenzt, dass Sie sich davon nicht zu viel versprechen sollten. Grundsätzlich sollten Sie nur Verträge abschließen, die Sie auch verstehen.

→ Seite 136

Warum Sie
dieses Buch lesen sollten

Bei vielen Menschen erzeugt das Wort „Altersvorsorge" ähnliche Gefühle wie die Aussicht auf eine professionelle Zahnreinigung: Es wäre schon wichtig, sich mal drum zu kümmern, und am besten nicht nur ein einziges Mal. Spaß wird man dabei wahrscheinlich keinen haben. Dennoch zahlt sich eine systematische Altersvorsorge aus, unter anderem weil es einem ein Gefühl von Sicherheit verschafft, wenn man dem Alter zumindest ohne finanzielle Sorgen entgegenblicken kann.

Das Ziel ins Auge fassen

Zwei Fragen sind für Ihre Altersvorsorge zentral:
→ Wie alt werden Sie wohl?
→ Wie lang wollen Sie arbeiten?

Gehen Sie der Sache auf den Grund, dann verknüpft sich das auf den ersten Blick unangenehme Thema vielleicht mit einer höchst angenehmen Aussicht auf ein langes Leben ohne die Mühsal der Arbeit. Tatsächlich dient die Altersvorsorge einem erfreulichen Umstand: Wir werden immer älter. Und die Zeit des Lebens, die wir im sogenannten Ruhestand verbringen, wächst ebenfalls. Das Leben bis ins hohe Alter zu genießen, ohne dass man noch für seinen Lebensunterhalt die ganze Zeit über arbeiten muss und ohne Sorgen, dass einem irgendwann das Geld ausgeht – das ist doch ein Ziel, für das sich „die Prophylaxe" lohnt.

Die meisten Menschen unterschätzen, wie sehr sich der **Zinseszinseffekt** zugunsten des Sparens auswirkt und wie er darüber hinaus noch verstärkt werden kann, wenn man regelmäßig spart. Dazu als Beispiele drei 20-Jährige – Laura, Lisa und Lukas –, die ihre finanzielle Zukunft planen. Es handelt sich um prototypische Berechnungen, bei denen Steuern, Inflation und Ähnliches außen vor bleiben. Für alle Modelle werden 5 Prozent Rendite unterstellt.

Lukas: Er erbt von seiner Großmutter 5.000 Euro und sieht zwei Möglichkeiten. Entweder er leistet sich davon einmalig eine größere Reise oder er legt das Geld in einem kostengünstigen Aktienfonds an. Er entscheidet sich für die Anlage, erhofft sich 5 Prozent Rendite jährlich und ist der Ansicht, dass seine Altersversorgung damit in trockenen Tüchern ist.

Lisa: Sie hat ihre Ausbildung zur Industriekauffrau beendet und legt ab jetzt jeden Monat 150 Euro in einem Investmentfonds an. Sie geht davon aus, dass sie mit einer jährlichen Rendite von 5 Prozent rechnen kann.

Laura: Sie hat ihre Ausbildung zur Mediengestalterin abgeschlossen. Sie nimmt sich keine feste Sparsumme vor, sondern will sparen, was am Monatsende übrig bleibt.

Nach zwölf Jahren treffen sich die drei und vergleichen:

Lukas: Er freut sich, dass aus seiner Erbschaft **8.979,28 Euro** geworden sind, wird allerdings blass, als er sieht, welches Kapital bei Lisa zusammengekommen ist.

Lisa: Ihre regelmäßigen Zahlungen haben sich gelohnt. Ihr Kapital beträgt nun **29.426,79 Euro**. Sie hat gerade ihr erstes Kind bekommen und beschließt, ihre Berufstätigkeit aufzugeben. Das Kapital will sie stehen lassen. Sie rechnet damit, weiterhin 5 Prozent Rendite jährlich zu erzielen und somit zum Ruhestand über ein Kapital von **162.318,63 Euro** zu verfügen.

Laura: Sie hat es bisher nicht geschafft, etwas beiseitezulegen, will aber von jetzt an monatlich 150 Euro in einem Investmentfonds mit jährlich zu erwartenden 5 Prozent Rendite ansparen. Sie rechnet damit, im Alter von 67 Jahren ein Endkapital von **166.979,67 Euro** zu erhalten.

Fazit: Schauen wir uns die drei Ergebnisse an, so ist klar, dass Lukas am wenigsten klug entschieden hat. Wenn er seine 8.979,28 Euro ab jetzt mit einer Rendite von 5 Prozent anlegt, kommt er mit 67 Jahren immerhin auf 49.529,86 Euro.

Auf den ersten Blick sieht es so aus, als hätte es Laura am besten gemacht: Sie hat zwölf Jahre ohne Verzicht hinter sich und erhält im Alter das höchste Kapital. Doch der Eindruck täuscht. Zwar kann sie 4.500 Euro mehr erwarten als Lisa. Doch dafür hat sie auch deutlich mehr gezahlt. Lisa hat insgesamt 21.600 Euro investiert, Laura jedoch 63.000 Euro.

Wie gesagt, die Beispiele sind prototypisch konstruiert. Mögliche störende Einflüsse bleiben unberücksichtigt, auch über die veränderte Kaufkraft infolge der Inflation ist nichts gesagt. Doch das Prinzip ist klar: Je eher man mit dem Sparen anfängt, desto mehr kommt dabei heraus bzw. desto „preiswerter" wird es.

Die Königsfrage: Wie alt werde ich wohl?

Wer seine persönliche Altersvorsorge plant, der möchte wissen, wie lang er lebt. Besser gesagt: wie lang er *wahrscheinlich* lebt. Es gibt keine Gewissheit über Leben und Tod. Genau das macht die Altersvorsorge zu einem so komplizierten Geschäft – einem Geschäft mit Wahrscheinlichkeiten. Die wohl bekannteste Statistik dazu ist die durchschnittliche Lebenserwartung von Neugeborenen. Sie lag nach Angaben des Statistischen Bundesamts 2019 bei 78 Jahren und 4 Monaten für Männer und 83 Jahren und 2 Monaten für Frauen. Die Lebenserwartung steigt seit Jahrzehnten ununterbrochen an. Ein 1900 geborenes Mädchen hatte beispielsweise nur eine Lebenserwartung von 52,3 Jahren.

Was aber bedeutet das eigentlich? Ganz grundsätzlich zunächst einmal nur, dass wir alle immer länger leben. Dennoch kann niemand davon ausgehen, dass er so alt wird, wie es seiner Lebenserwartung als Neugeborenem entspricht. Und zwar aus mindestens zwei Gründen.

Methodische Zweifel an der Lebenserwartungsberechnung

Ein Grund dafür, dass diese Zahlen wenig mit der Realität zu tun haben dürften, ist methodischer Natur: Die statistische Lebenserwartung wird nämlich aus echten Sterbefällen berechnet, die die Statistiker nach Alter sortieren. Daraus errechnen sie letztlich gar nicht, wie lang jemand im Schnitt lebt, der heute geboren wird. Vielmehr weisen sie nur aus, wie lange er unter den heutigen Bedingungen voraussichtlich leben würde, wenn er so lange lebte wie diejenigen, die kürzlich gestorben sind. Das Ganze ist also bloß eine Momentaufnahme der derzeitigen Sterbeverhältnisse im Land. Es ist wahrscheinlich, dass die hier ausgewiesene Lebenserwartung viel zu niedrig ist.

Das wissen auch die Statistiker und weisen eine zweite Zahl aus, die so ähnlich klingt, aber viel höhere Werte ergibt. Nämlich die Lebenserwartung anhand sogenannter Kohortensterbetafeln. Dazu betrachten sie nicht die Sterbefälle in der gesamten Republik, sondern begleiten einen Geburtsjahrgang über die Zeit hinweg, schauen also, wer aus einer Generation nach einigen Jahren noch lebt. Daraus lassen sich langfristige Sterblichkeitstrends ableiten.

Lebenserwartung unter Berücksichtigung der möglichen künftigen Entwicklung der Sterblichkeit

GEBURTS-JAHRGANG	FRAUEN	MÄNNER
1900	52,3	46,3
1920	64,7	57,5
1930	72	64,1
1950	79,2	72,1
1960	82,5	76,1
1970	85,3	79,7
1980	87,6	82,7
1990	89,4	85,2
2000	90,9	87,2
2010	92,1	88,8
2017	92,9	89,8

Quelle: Statistisches Bundesamt, Kohortensterbetafeln für Deutschland – Ergebnisse aus den Modellrechnungen für Sterbetafeln nach Geburtsjahrgang; Trendvariante 2 (kurzfristiger Sterblichkeitstrend seit 1971 über den gesamten Vorausschätzungszeitraum hinweg)

Die Alten werden immer älter

Das methodische Defizit lässt sich also beseitigen. Doch für die eigene Lebensplanung ist weniger die statistische Lebenserwartung relevant als die Frage, wie sich das Sterben und das Überleben auf die Altersgruppen verteilt. Dabei treten weitere interessante Fakten zutage. Geht der Trend zum längeren Leben nämlich so weiter wie bisher, dann dürften unter den 2017 Geborenen 97 Prozent der Mädchen und 95 Prozent der Jungen mindestens 65 Jahre alt werden. Sogar das Alter von 90 Jahren würden rund 73 Prozent der Frauen erleben sowie 62 Prozent der Männer.

Zu den Problemen der Statistik tritt noch hinzu, dass uns die Intuition oder auch unsere sprachliche Ungenauigkeit bei all diesen Zahlen immer wieder einen Streich spielt: Bis zu einem bestimmten Alter zu überleben, die Sterbewahrscheinlichkeit und die mittlere Lebenserwartung sind drei völlig verschiedene Dinge. So wird jemand, der schon 50 ist, schon aus rein mathematischen Gründen eher 80 Jahre alt als ein 35-Jähriger. Schließlich kann er nicht mehr vor Erreichen des 50. Geburtstags sterben. Damit erreicht er dann auch durchschnittlich ein höheres Lebensalter als ein Jüngerer. Diese Erkenntnis ist für die Altersvorsorge essenziell: Wer alt wird, wird älter. Auch das lässt sich noch einmal gut mit Zahlen zeigen, nämlich anhand der sogenannten ferneren Lebenserwartung. Sie zeigt, wie lang Sie statistisch nach heutigen Maßstäben noch zu leben haben, wenn Sie bereits ein bestimmtes Alter erreicht haben.

Wenn Sie heute dieses Alter erreicht haben, leben Sie im Durchschnitt noch so viele weitere Jahre …		
	ALS FRAU	ALS MANN
20 Jahre	63,61	58,79
40 Jahre	43,93	39,42
60 Jahre	25,32	21,62
65 Jahre	21,03	17,81
80 Jahre	9,43	7,91

Diese Erkenntnis sollten Sie sich vor Augen halten, wenn Sie Ihre Altersvorsorge planen: Je älter Sie sind, desto größer sind Ihre Chancen, richtig alt zu werden.

→ **TIPP** **Lebenserwartung berechnen**
Wenn Sie Ihre aktuelle statistische Lebenserwartung erfahren wollen, finden Sie im Internet verschiedene Rechner, in die Sie Ihre Daten eingeben können und dann einen Lebenserwartungswert erhalten. Aber denken Sie dran: Es ist letztlich nur Statistik. Über Ihr individuelles Schicksal weiß weder diese Datenbank noch sonst jemand Bescheid.

So entwickeln Sie
Ihre Vorsorgestrategie

Nun geht es ans Eingemachte. Nachdem Sie besser einschätzen können, wie lang Sie leben könnten, sollten Sie ermitteln, wie viel Geld Sie voraussichtlich brauchen für die Zeit, in der Sie nicht mehr arbeiten wollen oder können. In diesem Kapitel erfahren Sie außerdem,

→ wie viel Geld Sie heute zurücklegen sollten, um später genug zum Leben zu haben,

→ warum die Zeit die wichtigste Renditequelle ist,

→ wieso es auch zur Altersvorsorge gehört, sein Leben und seine Arbeitskraft *vor* dem Renteneintritt abzusichern.

Kardinalfrage 1: Wie viel Geld brauche ich im Alter?

Die erste Frage, die den meisten zum Leben im Alter einfällt, ist zugleich die schwierigste: Denn wer kann heute schon sagen, wie viel er später einmal für ein auskömmliches Leben braucht. Die Wahrheit ist: Es kommt immer drauf an. Das mag unbefriedigend sein, ist aber ehrlich. Denn der tatsächliche Finanzbedarf im Alter hängt von so vielen Faktoren ab, dass ernsthaft niemand beantworten kann, wie viel Geld Sie einmal brauchen werden – vermutlich nicht einmal Sie selbst.

Das wirkt sich auf den Finanzbedarf aus:
→ Wie lange werde ich leben?
→ Wie lange kann und will ich arbeiten?
→ Wie lange bleibe ich gesund?

→ Werde ich im Alter fremde Hilfe brauchen?

→ Wie entwickeln sich die Lebenshaltungskosten?

→ Wie viel Geld brauche ich für ein gutes Leben?

Sie merken schon: Es geht nicht nur ums Geld. Vieles hängt auch von Ihrer Lebensgestaltung ab, manches von Ihrem Umfeld, genauso viel allerdings von Ihrer Gesundheit. Sie haben es also gar nicht allein in der Hand zu entscheiden, wie viel Geld Sie im Alter brauchen.

Unterm Strich dürften Sie sorgenfrei leben können, wenn Sie rund 70 bis 80 Prozent Ihres letzten Nettoeinkommens zur Verfügung haben. Um das zu schätzen, sollten Sie unbedingt einen Faktor berücksichtigen: die Geldentwertung. Wenn Sie davon ausgehen, dass die Preise jedes Jahr im Schnitt um 2 Prozent steigen, dann muss sich Ihr Einkommen innerhalb von 34 Jahren verdoppeln, um mitzuhalten. Wenn Sie das alles beachten, können Sie mit der Planung Ihrer Altersvorsorge beginnen.

→ **TIPP Faustregeln helfen**

Um Ihren Finanzbedarf für einen komfortablen Ruhestand einschätzen zu können, wenden Sie am besten drei Faustregeln an.

1. Was Sie im Alter brauchen werden, um den Lebensstandard ohne wahrnehmbare Einschränkungen zu erhalten, hängt stark von dem ab, was Sie zuvor verdient haben. Denn wahrscheinlich haben Sie anspruchsvollere Hobbys und teurere Konsumgewohnheiten, wenn Sie ein hohes Einkommen hatten, als wenn Sie immer knapp bei Kasse waren.

2. Sie brauchen im Ruhestand nicht mehr ganz so viel Geld wie vorher, weil einige Kosten wegfallen, zum Beispiel für Versicherungen, und weil Ihre Steuerlast aufgrund Ihres geringeren Einkommens vermutlich etwas sinkt.

3. Das Leben ist teurer, als Sie denken.

Kardinalfrage 2: Wie viel Geld steht fürs Alter zur Verfügung?

Auch diese Frage ist nicht ganz ohne. Es geht um einen Kassensturz – und um eine gehörige Portion Prognosen, also Schätzungen. Wenn Sie wollen, helfen Ihnen die Verbraucherzentralen bei der Bestandsaufnahme Ihres Vermögens als Voraussetzung für eine Beratung zu Geldanlage und Altersvorsorge. Wenn Sie die Berechnung allein vollziehen wollen, sollten Sie auf jeden Fall alles auf den Tisch legen:

→ die aktuelle Renteninformation,
→ Jahresmitteilungen der betrieblichen Altersversorgung,
→ Stand der Riester-Rente,
→ Stand der Rürup-Rente,
→ Stand der privaten Lebens- und Rentenversicherungen,
→ das Geld auf dem Konto oder im Depot,
→ Sparguthaben,
→ Immobilienvermögen und so weiter.

Auch Kredite und andere Schulden gehören dazu, denn die müssen Sie ja noch bezahlen, bevor es ans Sparen geht.

Dieses Buch geht auf die vielen möglichen Bausteine detaillierter ein, sagt Ihnen, was Sie davon zu erwarten haben und was von den Prognosen zu halten ist, die Sie beispielsweise in den Renteninformationen und den Jahresbescheinigungen finden.

Auch wenn die Zahlen in der Renteninformation notwendigerweise Prognosen darstellen und es nicht in jedem Fall genau so kommen wird wie dort geschätzt, ist es für die strategische Planung der Altersvorsorge sinnvoll, die groben Zahlenwerke daraus zu übernehmen – als Schätzwert sind sie allemal zu gebrauchen.

Nun ist es Zeit für die Bestandsaufnahme.

Schritt 1: Ihr Vorsorgebedarf

Haben Sie einen sicheren Job und Geld genug, um über die Runden zu kommen und ein bisschen zur Seite zu legen? Wenn nicht, steht das Thema Altersvorsorge für Sie gerade vermutlich eher nicht im Mittelpunkt des Interesses – und tatsächlich wird es auch

RUHESTAND IN KOMMENDEN JAHREN	FAKTOR GEHALTS-STEIGERUNG JÄHRLICH FÜR	
	1,5 %	2,5 %
1	1,015	1,025
2	1,030	1,050
3	1,046	1,076
4	1,061	1,103
5	1,077	1,131
6	1,093	1,159
7	1,109	1,188
8	1,126	1,218
9	1,143	1,248
10	1,161	1,280
15	1,250	1,448
20	1,347	1,638
25	1,451	1,853
30	1,563	2,097
35	1,684	2,373
40	1,814	2,685

Quelle: eigene Berechnungen

konkrete Vorstellungen von der Höhe des letzten Gehalts, das Sie vor dem Ruhestand erwarten. Wenn Sie es nicht so genau wissen, rechnen Sie pauschal mit einer Gehaltssteigerung von beispielsweise 1,5 oder 2,5 Prozent pro Jahr.

Wenn Ihr Gehalt heute ausreicht, um Ihren Lebensstandard zu finanzieren, können Sie daraus den Finanzbedarf im Alter berechnen, nach der 80-Prozent-Faustformel:

Finanzbedarf im Alter = Nettoendgehalt x 80 %

Ein 32-Jähriger unterstellt für sein heutiges Nettoeinkommen eine jährliche Steigerung von 1,5 Prozent. Er plant, in 35 Jahren, also mit 67 Jahren, in den Ruhestand zu gehen. Als erste Orientierung multipliziert er sein aktuelles Nettoeinkommen in Höhe von 2.300 Euro mit dem Faktor 1,684 für 35 Jahre. Im letzten Monat seines Erwerbslebens kann er über ca. 3.870 Euro monatlich verfügen.

Wendet er die 80-Prozent-Faustformel für den Ruhestand an, benötigt er im ersten Jahr des Ruhestands ca. 3.100 Euro monatlich.

Für eine 52-Jährige mit einem heutigen Nettoeinkommen von 3.100 Euro ergibt sich bei unterstellter 2,5 Prozent jährlicher Einkommenssteigerung ein letztes monatliches Nettoeinkommen in Höhe von 4.488 Euro. Nach der 80-Prozent-Faustformel für den Ruhestand benötigt sie ca. 3.590 Euro monatlich im ersten Jahr des Ruhestands.

schwer, Planungen dafür anzustellen, die sich als einigermaßen halt- und finanzierbar erweisen. Wenn Sie aber über ausreichend Mittel verfügen, dann bildet Ihr aktuelles Nettoeinkommen einen guten Ausgangspunkt für weitere Betrachtungen. Können Sie vielleicht sogar sagen, mit welchen Gehaltssteigerungen Sie in den Jahren bis zur Rente noch rechnen? Dann hätten Sie bereits

Schritt 2: Ihre derzeitige Versorgungssituation

Kommen Sie auf das Geld, das Sie im Alter brauchen? Rechnen Sie zusammen, was an Altersvorsorgebausteinen vorhanden ist – und stellen Sie ein paar Hochrechnungen an. Die Deutsche Rentenversicherung (DRV) rechnet selbst in ihren jährlichen Informationen beispielhaft aus, welche Rente Sie bei 1 Prozent bzw. 2 Prozent jährlicher Steigerung zu erwarten haben. Die vergangenen Jahre mit Anpassungen von über 3 Prozent täuschen gewaltig. Sie sind unter anderem durch die niedrige Arbeitslosigkeit determiniert.

Bei Betriebsrenten sowie staatlich geförderten Altersvorsorgeprodukten wie Riester- und Rürup-Policen sind möglicherweise auch 2,5 Prozent Gesamtverzinsung im Jahr drin. Die Verbraucherzentralen empfehlen, mit Garantiewerten zu rechnen. Das fällt allerdings für fondsgebundene Versicherungen nicht ganz leicht. 2,5 Prozent erzielen gute Versicherungen derzeit mit den Überschüssen. Welche Verzinsung Sie erreichen können, hängt unter anderem von der Wahl der Anlageprodukte ab. Es bietet sich an, mit unterschiedlichen Szenarien zu rechnen, ähnlich wie die DRV.

Beim privaten Sparen etwa über Aktien sind auch deutlich höhere Erträge möglich. Die Renditen, mit denen Sie (und auch die Versicherer bei ihren jährlichen Mitteilungen über die geschätzten Rentenhöhen) rechnen, haben einen erheblichen Einfluss darauf, wie Sie Ihre Versorgungslage beurteilen. Seien Sie daher stets zurückhaltend bei Ihren Prognosen. In jedem Fall gehören zur Schätzung Ihres Alterseinkommens Verträge, die eine lebenslange Rente vorsehen. Das sind:

→ gesetzliche Rente, Beamtenversorgung oder gleichwertige Versorgung,
→ Betriebsrente,
→ Riester-Rente,
→ Rürup-Rente,
→ private Rentenversicherungen,
→ Mieteinkünfte aus Immobilienbesitz.

Ebenso sollten Sie alle weiteren Vermögenswerte aufführen. Das sind unter anderem:

→ vermögenswirksame Leistungen (VL),
→ Kapitallebensversicherungen,
→ Banksparpläne,
→ Wertpapiervermögen,
→ sonstiges Vermögen.

Eine weitere wesentliche Rolle für die private Altersversorgung kann auch Ihre schuldenfreie selbst genutzte Immobilie sein.

INFLATIONSRATEN		
JAHRE	INFLATION 1%	INFLATION 2%
	FAKTOR	FAKTOR
1	1,010	1,020
2	1,020	1,040
3	1,030	1,061
4	1,040	1,082
5	1,051	1,104
6	1,061	1,126
7	1,072	1,148
8	1,082	1,171
9	1,093	1,195
10	1,104	1,219
15	1,160	1,345
20	1,220	1,485
25	1,282	1,640
30	1,347	1,811
35	1,416	1,999
40	1,488	2,208
45	1,546	2,437
50	1,644	2,691

Quelle: eigene Berechnungen

Um die Versorgungssituation realistisch zu bewerten und die Inflation auszugleichen, multiplizieren Sie Angaben aus dem Hier und Jetzt mit dem folgenden Kaufkraftfaktor, der die allgemeine Teuerung bzw. Geldentwertung ausgleicht. Dann wissen Sie, wie viel Geld Sie in Zukunft brauchen, um sich dasselbe leisten zu können wie heute. In den letzten Jahren war die Inflation relativ niedrig. In der Tabelle ist sie alternativ mit 1 und 2 Prozent angenommen.

Sie sehen: Bereits in 20 Jahren kosten die Dinge zum Leben im Schnitt vermutlich etwa anderthalbmal so viel wie heute. Anders ausgedrückt: 100 Euro sind dann gerade noch so viel wert wie 67 Euro heute. Und nach 35 Jahren haben sich bei 2 Prozent Inflation die Preise verdoppelt. Dann ist jeder Euro nur noch halb so viel wert. Die gute Nachricht: Staatlich geförderte Rentenbausteine sollten auf lange Sicht mit der Inflation mitwachsen. Die Bruttolöhne wiederum sind in den vergangenen Jahrzehnten sogar noch etwas stärker gestiegen als die Inflation (siehe Schritt 1 → Seite 19). Konkret sind die realen Bruttomonatsverdienste – das sind Löhne und Gehälter nach Abzug des Inflationsausgleichs – zwischen 2005 und 2018 in Westdeutschland um etwa 10 Prozent gestiegen, in Ostdeutschland um rund 17 Prozent. Ohne Beachtung der Inflation lag das Plus über zwölf Jahre bei 33 Prozent (West) bzw. 41 Prozent (Ost). Das zeigen Berechnungen des Wirtschafts- und Sozialwissenschaftlichen Instituts (WSI) der gewerkschaftsnahen Hans-Böckler-Stiftung.

Quellen: WSI-Verteilungsmonitor: www.wsi.de; Statistisches Bundesamt: www.destatis.de, Suchbegriffe „Verdienstunterschiede" und „Bruttomonatsverdienst"

Auch bei der privaten Vorsorge müssen Sie immer bedenken, dass die Inflation am Ergebnis nagt. Man spricht dann vom Realzins.

So rechnen Sie richtig:

Anlagezins/Rendite
– Inflation
_____
= **Realzins**

Beispiel: Bei einer Bruttorendite von 5 Prozent pro Jahr liegt der Realzins im Fall einer Inflation von 2 Prozent bei nur 3 Prozent.

 WICHTIG

Unterschiedliche Lebenshaltungskosten berücksichtigen

Bei den Berechnungen zum Altersvorsorgebedarf geht man in der Regel von Durchschnittswerten für die Bundesrepublik aus. Faktisch ist es aber so, dass die regionalen Unterschiede sehr hoch sind. Das liegt an den Lebenshaltungskosten. Das heißt, dass man je nach Wohnort unterschiedlich viel zusätzlich zur gesetzlichen Rente zurücklegen muss, um im Ruhestand 55 Prozent des durchschnittlichen Bruttoeinkommens (ohne Sozialversicherungsabgaben) zu erreichen. So muss beispielsweise ein Durchschnittsarbeitnehmer in München 360 Euro monatlich sparen, ein Gelsenkirchener nur 100 Euro.

Quelle: Prognos-Studie „Regionale Kosten der Altersvorsorge", 2020

Schritt 3: Was tun? Etwas tun!

Haben Sie nun einen ungefähren Überblick über den Finanzbedarf einerseits und Ihre Alterseinkünfte andererseits? Dann gibt es zwei Möglichkeiten:
1. Sie stellen erfreut fest, dass Ihre Einkünfte den Bedarf decken.

2. Sie stellen fest, dass Soll und Haben auseinanderklaffen, je jünger Sie sind, desto weiter.

Von diesem Unterschied haben Sie vermutlich bereits gehört: Er wird Ihnen gern von

Finanzberatern als sogenannte Renten- oder Versorgungslücke präsentiert und gefürchtet. Die Rechnung leuchtet in der Regel auch gleich ein. Es wird darauf verwiesen, dass das Nettorentenniveau vor Steuern aus der gesetzlichen Rentenversicherung in Zukunft nur 45 Prozent beträgt.

Das muss genauer betrachtet werden. Es wird aus der Relation zwischen einer Rente nach 45 Jahren Beitragszahlung auf Basis eines durchschnittlichen Einkommens und dem durchschnittlichen Einkommen eines Arbeitnehmers ermittelt. Während Sozialabgaben berücksichtigt sind, gilt das für Steuern nicht. Der Rentenversicherungsbericht prognostizierte für 2020 ein entsprechendes Nettorentenniveau vor Steuern von 48,2 Prozent, für 2030 von 46,6 Prozent. Das Nettorentenniveau ist eine theoretische Größe, die mit Ihrer persönlichen Realität nichts zu tun haben wird. Selbst wenn Sie sich ein wenig einschränken, kommen Sie kaum unter 30 Prozent Vorsorgebedarf. Ist dabei dann auch noch die schrumpfende Kaufkraft berücksichtigt, dann kann einem angesichts der Summen schwindelig werden.

Doch die Sache ist nicht einfach. Im Gegenteil: Die Rentenlücke ist ein genauso theoretisches Konstrukt wie die Renditekurve, die Ihnen der Berater auf den Tisch legt, um Ihnen zu zeigen, wie er sie schließen würde. Es weiß schließlich niemand wirklich, wie sich in den kommenden 30 Jah-

So können Selbstständige kalkulieren
Dipl.-Ökonomin Heide Härtel-Herrmann, Inhaberin des Frauenfinanzdienstes in Köln, erläutert: „Angestellte zahlen (zusammen mit dem Arbeitgeber) jeden Monat eine feste Pflichtabgabe in die gesetzliche Rente von etwa 20 Prozent vom Bruttogehalt. Daran können sich Selbstständige gut orientieren, wenn sie ihren verbindlichen Mindestsatz planen. Grundlage ist der Gewinn, also der Umsatz abzüglich der Betriebskosten. Stehen Ihnen beispielsweise 2.500 Euro im Monat vor Steuern zur Verfügung, sollten davon mindestens 500 Euro für die Rente abgezweigt werden. Noch ein Hinweis: Der Gesetzgeber plant schon seit Jahren eine Altersvorsorgepflicht für alle Selbstständigen, die noch nicht abgesichert sind. Wann das Gesetz verabschiedet wird, ist nicht abzusehen."

ren der Geldwert entwickelt, wie sich Ihre persönliche Einkommenssituation verändert, ob Ihre Familienplanung aufgeht, die gesellschaftlichen Verhältnisse stabil bleiben, welche Schicksalsschläge Sie verkraften müssen oder ob Ihnen das Glück hold ist. Berechnungen, die derart weit in die Zukunft reichen, können einfach nicht alle Unwägbarkeiten einbeziehen. Deshalb sollten Sie sich auch nicht davon verrückt machen lassen, wenn Ihnen jemand vorrechnet, dass Ihr Geld im Alter niemals zum Leben reicht.

Empfehlenswert ist ein pragmatischer Blick auf Ihre Vermögensverhältnisse. Sie sollten sich fragen, ob Sie überhaupt etwas bzw. wie viel Sie für das Alter zurücklegen können. Und das dann auch tun. Denn das steht fest: Je mehr Sie sparen und je früher Sie damit beginnen, desto besser. Selbst wenn man es als Zumutung empfinden mag, sich im Alter von 30 mit dem zu befassen, was in 40 Jahren sein wird, und sich dabei auch noch

um Familiengründung, Karriereschub, Hausbau und mehr kümmern möchte: Es ist eine simple Regel der Mathematik, dass die wichtigste Renditequelle für Sparer die Zeit ist.

Wie gut die Zeit für Sie arbeitet, können Sie an der folgenden Tabelle ablesen. Sie zeigt Ihnen, wie viel Geld Sie in einigen Jahren auf dem Konto haben, wenn Sie heute anfangen, jeden Monat 100 Euro anzulegen. Das Ergebnis hängt von den Zinsen bzw. Renditen ab, die Sie mit dem Geld pro Jahr erzielen, und es hängt am Faktor Zeit.

So lesen Sie die Tabelle: Wenn Sie beispielsweise 30 Jahre lang jeden Monat

SO WÄCHST EIN SPARGUTHABEN VON 100 EURO PRO MONAT IM LAUF DER ZEIT (IN €)									
BEI EINEM ZINS/EINER RENDITE VON JÄHRLICH …									
JAHRE	EINGEZAHL-TES KAPITAL	1%	2%	3%	4%	5%	6%	7%	8%
1	1.200	1.206	1.211	1.217	1.222	1.228	1.233	1.239	1.244
2	2.400	2.423	2.446	2.469	2.493	2.516	2.540	2.564	2.588
3	3.600	3.653	3.706	3.760	3.815	3.870	3.925	3.982	4.039
4	4.800	4.895	4.991	5.089	5.189	5.291	5.394	5.499	5.606
5	6.000	6.149	6.302	6.459	6.619	6.783	6.951	7.122	7.298
6	7.200	7.416	7.639	7.869	8.105	8.349	8.601	8.859	9.126
8	9.600	9.988	10.394	10.818	11.260	11.722	12.204	12.707	13.232
10	12.000	12.612	13.260	13.946	14.671	15.439	16.252	17.112	18.021
20	24.000	26.544	29.424	32.688	36.389	40.588	45.357	50.773	56.928
30	36.000	41.933	49.128	57.875	68.536	81.554	97.479	116.990	140.924
40	48.000	58.933	73.147	91.726	116.121	148.282	190.822	247.248	322.266

Quelle: eigene Berechnungen, nachschüssige Betrachtung

100 Euro für das Alter anlegen und damit nach Abzug aller Kosten 5 Prozent Rendite im Jahr erzielen, dann haben Sie am Ende 81.553,64 Euro angespart – bei einem Kapitaleinsatz von 36.000 Euro. Würden Sie 300 Euro pro Monat anlegen, wären es 3 x 81.554 Euro, also 244.664,06 Euro. Das ist allerdings nur theoretisch richtig. Aufgrund laufender Besteuerung oberhalb des Sparerfreibetrags wird das Ergebnis, nämlich 204.691,61 Euro, nie in voller Höhe erzielt werden können.

Denken Sie daher weniger über Ihre mögliche Rentenlücke in vielen Jahrzehnten nach, sondern rechnen Sie sich aus, wie viel Sie erzielen können, wenn Sie jetzt anfangen zu sparen.

 WICHTIG

Mindestens 10 Prozent für Altersvorsorge aufwenden

Sie sollten versuchen, etwa 10 Prozent Ihres Nettoeinkommens in die Altersvorsorge zu stecken. Das ist eine gute Faustregel für alle, die eine gesetzliche Rente erwarten. Zahlen Sie jedoch nicht in die gesetzliche Rentenversicherung oder eine andere Pflichtversicherung ein, dann sollten Sie mindestens 20 Prozent Ihres Einkommens für das Alter zurücklegen – das ganze Berufsleben lang.

Ergebnis: So viel Rente ist möglich

Zum Schluss schauen Sie sich an, wie viel Rente Sie aus dem frei angesparten Vermögen erwarten können. Es spielt am Ende kaum eine Rolle, ob das Vermögen aus einem Aktiendepot, einer ausgezahlten Lebensversicherung oder irgendeiner anderen Kapitalanlage stammt. Es zählt nur das Ergebnis zu Beginn des Ruhestands.

Mit dem Kapital, das Sie dabei angespart haben, können Sie dann dreierlei tun:

Variante 1: eine Versicherung abschließen

Wenn Sie sich fit fühlen und damit rechnen, ein bestimmtes Alter zu erreichen, kann eine sogenannte Sofortrente interessant sein. Dann zahlen Sie das Kapital in eine Police ein und bekommen im Gegenzug jeden Monat Geld zurück, egal wie alt Sie werden. Es ist quasi eine Wette auf ein langes Leben. Sie entgehen damit dem Risiko, länger zu leben,

als das Geld reicht. Sie können zudem Ihre Hinterbliebenen absichern, über Rentengarantiezeiten, eine Beitragsrückgewähr oder eine Hinterbliebenenrente.

Wie hoch die Rente ist, hängt von den genauen Versicherungsbedingungen und Ihrem Alter ab. Maßgeblich ist der sogenannte Rentenfaktor. Er gibt an, wie viel Rente Sie für Ihr Vertragsguthaben erwarten können. Dabei gilt: Ein Rentenfaktor von 25 bedeutet, dass es pro 10.000 Euro lebenslang 25 Euro Rente im Monat gibt. Angenommen, Sie hätten 50.000 Euro gespart, wären also 125 Euro Rente drin. Früher stand der Rentenfaktor meist bei Vertragsschluss fest, bei neuen Verträgen ist er oft nicht mehr garantiert. (Details → private Rentenversicherung, Seite 131).

Übrigens: Die gesetzliche Rentenversicherung zahlt ebenfalls lebenslange Renten. Aufgrund des Umlageverfahrens der gesetzlichen Renten ist eine Vergleichbarkeit nicht eins zu eins möglich. Um einen Anhaltspunkt zu erhalten für die Alternative, Kapital in die gesetzliche Rentenversicherung einzuzahlen, kann man für 10.000 Euro Kapital im Jahr 2020 mit einer Rente von rund 45 Euro kalkulieren. Für obigen Betrag von 50.000 Euro sind das rund 225 Euro. Eine Beteiligung an Gewinnen ist aufgrund des Umlageverfahrens nicht gegeben. Rentenerhöhungen werden in diesem System politisch entschieden.

Variante 2: anlegen und entnehmen

Sie legen das Geld weiterhin sicher an und entnehmen regelmäßig Geld, sodass Sie im Lauf der Zeit die Ersparnisse aufzehren. Der Vorteil: Sie können relativ viel entnehmen. Der Nachteil: Das Geld reicht nur für eine festgelegte Zahl von Jahren. Leben Sie länger, als Sie die Entnahme geplant haben, fehlt dieser Betrag. Daher sollten Sie Ihre Lebenserwartung nicht zu gering einschätzen.

Hier sehen Sie, wie viel Geld Sie pro Monat je 10.000 Euro Sparguthaben entnehmen können – abhängig vom Anlageertrag und der Zahl der Jahre, die das Geld reichen soll.

	ANLAGEERTRAG (ZINS/RENDITE) FÜR 10.000 € NACH KOSTEN							
JAHRE	1 %	2 %	3 %	4 %	5 %	6 %	7 %	8 %
1	837,13 €	840,89 €	844,61 €	848,29 €	851,93 €	855,53 €	859,09 €	862,62 €
2	420,65 €	424,61 €	428,55 €	432,46 €	436,35 €	440,22 €	444,07 €	447,90 €
3	281,83 €	285,87 €	289,90 €	293,92 €	297,94 €	301,94 €	305,94 €	309,93 €
4	212,42 €	216,51 €	220,60 €	224,71 €	228,81 €	232,92 €	237,04 €	241,15 €
5	170,77 €	174,90 €	179,05 €	183,22 €	187,40 €	191,60 €	195,82 €	200,05 €
6	143,02 €	147,18 €	151,37 €	155,60 €	159,85 €	164,13 €	168,44 €	172,78 €
8	108,32 €	112,54 €	116,82 €	121,15 €	125,53 €	129,97 €	134,46 €	138,99 €
10	87,51 €	91,78 €	96,13 €	100,56 €	105,07 €	109,66 €	114,31 €	119,03 €
15	59,78 €	64,16 €	68,69 €	73,36 €	78,17 €	83,10 €	88,15 €	93,31 €
20	45,93 €	50,42 €	55,12 €	60,02 €	65,11 €	70,37 €	75,79 €	81,35 €
25	37,64 €	42,23 €	47,09 €	52,21 €	57,57 €	63,14 €	68,90 €	74,82 €
30	32,12 €	36,81 €	41,84 €	47,17 €	52,78 €	58,64 €	64,70 €	70,95 €
35	28,18 €	32,98 €	38,16 €	43,70 €	49,55 €	55,67 €	62,01 €	68,53 €
40	25,24 €	30,14 €	35,48 €	41,21 €	47,28 €	53,64 €	60,22 €	66,98 €

Quelle: Auszahlplan für vorschüssige monatliche Renten, eigene Berechnungen

Beispiel: Angenommen, Sie sind 65 Jahre alt, haben 50.000 Euro gespart, erfreuen sich bester Gesundheit und guter Gene, schätzen also, dass Sie 100 Jahre alt werden. Dann können Sie Ihre Rente 35 Jahre lang jeden Monat um rund 190 Euro (5 x 38,16 Euro) aufbessern, wenn Sie zugleich 3 Prozent Rendite pro Jahr erzielen. Steuern sind dabei noch nicht berücksichtigt.

Variante 3: Zinsen verbrauchen, Kapital vererben

Wer auf Nummer sicher gehen will, nimmt immer nur so viel Geld aus dem Topf, dass die laufenden Erträge die Entnahmen wieder ausgleichen. Die sogenannte ewige Rente hat Charme: Ganz egal, wie lang Sie leben, am Ende wird das angesparte Geld immer

FÜR EINE „EWIGE RENTE" VON … PRO JAHR …	… BRAUCHEN SIE BEI … LAUFENDEN ERTRÄGEN (ZINSEN/RENDITEN) EINEN KAPITALSTOCK IN HÖHE VON … (IN €)							
	1 %	2 %	3 %	4 %	5 %	6 %	7 %	8 %
1.200	121.200	61.200	41.200	31.200	25.200	21.200	18.343	16.200
2.400	242.400	122.400	82.400	62.400	50.400	42.400	36.686	32.400
3.600	363.600	183.600	123.600	93.600	75.600	63.600	55.029	48.600
10.000	1.010.000	510.000	343.333	260.000	210.000	176.667	152.857	135.000
20.000	2.020.000	1.020.000	686.667	520.000	420.000	353.333	305.714	270.000
50.000	5.050.000	2.550.000	1.716.667	1.300.000	1.050.000	883.333	764.286	675.000

Quelle: eigene Berechnungen, vorschüssige Betrachtung

noch da sein – und beispielsweise als Erbe zur Verfügung stehen, denn Sie leben ausschließlich von den Zinsen. Oder Sie nutzen das Kapital, falls im hohen Alter außergewöhnliche Kosten auf Sie zukommen, etwa ein Umbau des Hauses. Der Nachteil: Sie brauchen bereits für kleine Auszahlbeträge sehr viel Kapital.

Beispiel: Wollen Sie Ihre Rente um 200 Euro im Monat bzw. 2.400 Euro im Jahr aufbessern, brauchen Sie bei 3 Prozent laufenden Erträgen Ersparnisse in Höhe von 82.400 Euro. Dafür haben Ihre Kinder und Enkel hinterher auch noch was davon. Haben Sie nur 50.000 Euro Kapital zur Verfügung, müssen Sie schon 5 Prozent Rendite erzielen, um die Monatsrente ewig um 200 Euro aufzustocken. Und wie gesagt, die Steuern sind auch hier noch nicht berücksichtigt.

Kardinalfrage 3: Sind Sie eigentlich vorsorgebereit?

Bis Sie in Rente gehen, kann Ihnen noch einiges passieren. Deshalb beginnt die Altersvorsorge auch nicht eines fernen Tages, sondern hier und jetzt. Es hat keinen Sinn, den Ruhestand abzusichern, solange die wichtigsten Lebensrisiken auf dem Weg dorthin nicht ausgeräumt sind. Die beste Planung nützt nichts, wenn Ihr Auto den Geist aufgibt und Ihnen das Geld fehlt, es zu reparieren, oder viel schlimmer, wenn Sie morgen berufsunfähig werden.

Für solche Fälle sollten Sie Vorsorge treffen, bevor Sie mit der eigentlichen Altersvorsorge beginnen – und dabei auch daran denken, Ihre Hinterbliebenen abzusichern, falls Sie früh sterben. Dieses Buch geht daher in einem Extrakapitel auf die wichtigsten Unwägbarkeiten ein, die dem geordneten Sparen im Weg stehen können (→ Seite 193). Für den Einstieg reichen drei Botschaften:

1. Bleiben Sie flüssig

Viele Bausteine der Altersvorsorge sind so konstruiert, dass Sie erst zum Rentenbeginn an das Geld kommen, das Sie eingezahlt haben. Aber auch anderes Sparguthaben, das Sie für das Alter reserviert haben, sollten Sie möglichst nicht antasten, selbst wenn es theoretisch möglich wäre. Denn die Zeit ist Ihr wichtigster Renditefaktor.

Deshalb sollten Sie stets flüssig bleiben, sodass Sie kleinere und größere finanzielle Notfälle schadlos überstehen, ohne Ihren Vorsorgeplan ändern zu müssen. Dafür und für andere Umbruchphasen im Leben sollten stets mindestens zwei bis drei Monatsgehälter zur Verfügung stehen. Legen Sie das Geld am besten auf ein Tagesgeldkonto. Gibt

Feste Raten, trotzdem flexibel bleiben
Dipl.-Ökonomin Heide Härtel-Herrmann, Inhaberin des Frauenfinanzdienstes in Köln, empfiehlt: „ Wenn Sie sich einerseits für eine feste Rate entscheiden und Verbindlichkeit schaffen möchten, und andererseits flexibel bleiben wollen, kommen als Zusatzbaustein eventuell moderne Privatrenten infrage, bei denen die Sparrate jedes Jahr verändert werden kann. Abschlusskosten entstehen nur für gezahlte Beiträge. Die Höhe der Beitragsgarantie lässt sich beliebig immer wieder neu anpassen, ebenso wie die Art der Geldanlage. Auch den Beginn der Rentenzahlung können Sie sich offenhalten. Und wenn es sein muss, sind Entnahmen in der Zwischenzeit möglich."

nun die Spülmaschine den Geist auf, können Sie davon eine neue kaufen. Danach füllen Sie erst Ihr Notgroschenkonto auf, bevor Sie wieder für das Alter sparen.

2. Sichern Sie Ihre Existenz ab

Die beste Vorsorge ist dahin, wenn Sie auf dem Weg zur Rente ernsthaft erkranken oder wenn Ihre Wohnung ausbrennt. Derartige Schicksalsschläge werfen Sie bzw. Ihre Angehörigen auch finanziell aus der Bahn, wenn Sie sich nicht dagegen absichern. Auch gegen Ihren frühen Tod sollten Sie Ihre Angehörigen zumindest finanziell absichern. Zur Altersvorsorge gehören daher je nach Lebenslage bestimmte Versicherungen für die Zeit bis zum Beginn des Ruhestands:

→ **Haftpflichtpolicen** für Schäden, die Sie anderen zufügen,

→ eine **Berufs-** oder **Erwerbsunfähigkeitspolice** für die Absicherung der Arbeitskraft,

→ eine **Risikolebensversicherung**, um Ihre Hinterbliebenen gegenüber finanziellen Härten im Fall Ihres frühen Todes abzusichern,

→ eine **Hausrat-** und gegebenenfalls **Wohngebäudeversicherung** für den Ersatz von Hab und Gut im Fall des Verlusts.

→ **TIPP Versicherungen prüfen**
Wenn Sie ganz genau wissen wollen, welche Versicherungen Sie brauchen und welche nicht, hilft Ihnen das Buch „Richtig versichert", das Sie im Shop der Verbraucherzentralen oder in den Beratungsstellen kaufen können, **www.ratgeber-verbraucherzentrale.de**. Die persönliche Beratung der Verbraucherzentralen steht Ihnen natürlich ebenfalls zur Verfügung (Adressen → Seite 226).

3. Tilgen Sie Schulden

Solange Sie Schulden haben, sei es der permanent ausgeschöpfte Dispo bei der Bank oder auch die Immobilienfinanzierung, gilt der Grundsatz: erst Kredite zurückzahlen, dann sparen.

Zinsen, deren Zahlung Sie sich ersparen, sind nämlich eine nicht zu unterschätzende Renditequelle. Nur in seltenen Fällen lohnt es, höhere Zinsen zu zahlen und gleichzeitig anderswo zu sparen.

Die wichtigsten
Vorsorgebausteine

Von der Theorie zur Praxis: Der Ruhestand und die Zeit des Arbeitslebens unterscheiden sich zunächst nur darin, dass Sie kein Geld mehr mit Arbeit verdienen. Sie müssen also auf andere Einkommensquellen zurückgreifen, um Miete, Essen, Reisen und mehr zu finanzieren. Haben Sie Ihr Leben lang angestellt gearbeitet, erhalten Sie schon mal einen guten Teil aus der gesetzlichen Rentenversicherung. Waren Sie überwiegend selbstständig tätig, sollten Sie über andere Einkünfte verfügen. In diesem Kapitel lernen Sie die wichtigsten Spar- und Anlagebausteine kennen, die als Geldquelle im Alter dienen können.

Altersvorsorge: typische Beispielfälle und mögliche Lösungen

Die Beratung zur Altersvorsorge ist einerseits geprägt von typischen Merkmalen, etwa Alter, Einkommen oder Familienstand. Andererseits weist jeder Einzelne individuelle Charakteristika und Besonderheiten auf. In einem Ratgeber wie diesem ist es nicht möglich, alle Varianten in Erwägung zu ziehen und darzustellen. Doch hilft es Ihnen sicher, wenn Sie anhand von typischen Fallbeispielen Ihre eigene Situation zumindest teilweise wiedererkennen und somit einschätzen können, welche Strategie und Produkte grundsätzlich für Sie infrage kommen.

Im Folgenden lesen Sie verschiedene Beispiele persönlicher und finanzieller Situationen, wie sie in den Beratungen der Verbraucherzentralen häufig vorkommen. Die Produktempfehlungen werden alle in diesem Ratgeber beschrieben, sodass Sie leicht entscheiden können, woran Sie sich orientieren sollten. Aber bitte nicht vergessen: Jeder Mensch ist anders, deshalb sind, auch wenn es sich um Standardsituationen handelt, immer eine individuelle Überprüfung und eine Beratung sinnvoll.

Beispiel 1:
Berufseinsteiger Lars, 20 Jahre alt

Lars ist 20 Jahre alt. Er hat eine Ausbildung zum Mechatroniker begonnen. Im zweiten Ausbildungsjahr beträgt seine Ausbildungsvergütung 955 Euro brutto. Lars wohnt noch bei seinen Eltern, plant aber, spätestens nach der Ausbildung in einer eigenen Wohnung zu leben. Ob er mit seiner Freundin zusammenzieht, weiß er noch nicht. Nach der Ausbildung besteht die Aussicht auf ein monatliches Einstiegsgehalt zwischen 2.000 und 2.500 Euro brutto. Sein Arbeitgeber schießt 13 Euro monatlich für die Anlage vermögenswirksamer Leistungen hinzu.

Was sollte Lars tun? Als Berufsanfänger sollte er

→ eine Berufsunfähigkeitsversicherung abschließen (→ Seite 196),
→ eine Liquiditätsreserve ansparen (→ Seite 190),
→ seinen Anspruch auf vermögenswirksame Leistungen mit Zahlungen in Investmentfonds realisieren (→ Seite 186),
→ einen Riester-Investmentfondssparplan einrichten (→ Seite 86).

Beispiel 2:
Ehepaar Ralf und Barbara, beide 58 Jahre alt

Ralf und Barbara sind beide in Vollzeit beschäftigt. Die Ausbildung der beiden Kinder müssen sie finanziell nicht mehr unterstützen. Das Reihenhaus, in dem sie wohnen, ist ihr Eigenheim mit einem geschätzten Wert von 280.000 Euro. Es ist mit einer Restschuld in Höhe von 52.000 Euro belastet. Die Zinsbindung beträgt noch sieben Jahre.

Die Regelaltersrente können beide mit 66 Jahren und 6 Monaten ab 1.12.2029 beziehen. Sie wollen die Möglichkeit prüfen, ob sie schon mit 65 Jahren oder früher in den Ruhestand gehen können.

Beide haben vor 25 Jahren jeweils eine Kapitallebensversicherung abgeschlossen, die mit dem vollendeten 65. Lebensjahr ausgezahlt wird. Die jeweils garantierte Ablaufleistung wird laut Angaben der Versicherungsgesellschaft 30.000 Euro betragen, die prognostizierte Leistung kann jeweils bei 33.000 Euro liegen. Außerdem hat jeder einen Riester-Bausparplan mit einem aktuellen Sparguthaben von 31.000 bzw. 17.000 Euro.

Was sollten Ralf und Barbara tun?
Das Ehepaar sollte
→ die Abschläge der gesetzlichen Rentenversicherung bei einem früheren Rentenbeginn ausrechnen lassen, um zu entscheiden, ob sie sich das finanziell leisten können,
→ ermitteln, wie hoch die Restschuld zum Zinsbindungsende sein wird, um alternativ die Ablaufleistung der Lebensversicherung zur Schuldentilgung zum Zinsbindungsende einzusetzen,
→ prüfen, ob Sondertilgungen möglich sind, um das Riester-Guthaben zur Schuldentilgung jetzt schon einzusetzen (→ Seite 76).

Beispiel 3:
Ehepaar Tim, 28 Jahre alt, und Sarah, 26 Jahre alt

Tim und Sarah haben vor Kurzem geheiratet, wichtige Zukunftsentscheidungen stehen an. Sie wollen eine Immobilie erwerben, die ausreichend Platz für sie und die beiden geplanten Kinder bietet. Den Immobilienwunsch wollen sie in sieben Jahren realisieren.

Das Einkommen von Sarah als Erzieherin beträgt in Vollzeit derzeit 30.000 Euro brutto. Tim verdient als Elektroingenieur mit zwei Jahren Berufserfahrung in einem kleinen Unternehmen 58.000 Euro. Das Gehalt wird in den kommenden Jahren noch erheblich steigen.

Nachdem Sarah das Studium von Tim mitfinanziert hat, haben sich beide in den vergangenen Jahren einige Reisen gegönnt.

Außerdem haben sie eine größere Wohnung eingerichtet und einen Jahreswagen gekauft. Den Konsumentenkredit, den sie dafür aufgenommen haben, zahlen sie noch weitere zwei Jahre ab. Die Restschuld beträgt noch 16.000 Euro. Als Sicherheitsreserve liegen auf einem Tagesgeldkonto 12.000 Euro.

Was sollten Tim und Sarah tun? Sie sollten

→ den Konsumentenkredit mit dem Geld aus der Sicherheitsreserve tilgen (→ Seite 190),

→ eine neue Sicherheitsreserve ansparen (→ Seite 190),

→ für jeden eine Berufsunfähigkeitsversicherung abschließen (→ Seite 196),

→ für jeden eine Risikolebensversicherung abschließen (→ Seite 220),

→ Eigenkapital für den Immobilienerwerb bilden, indem sie
  – die Möglichkeiten der Riester-Förderung prüfen (→ Seite 62),
  – sicherheitsorientierte Banksparpläne abschließen (→ Seite 153),
  – chancenorientierte ETF-Sparpläne abschließen (→ Seite 169).

Beispiel 4:
Bernd und Karin, beide 63 Jahre alt

Bernd und Karin wollten ursprünglich mit 65 Jahren in den Ruhestand gehen. Seit der schrittweisen Erhöhung des Renteneintrittsalters ist das jedoch ohne Abschläge nicht mehr möglich. Die Regelaltersrente können sie mit 65 Jahren und 11 Monaten beziehen. Jeder hat 1986 eine Kapitallebensversicherung abgeschlossen. Daraus erwarten sie eine Auszahlung von insgesamt knapp 82.000 Euro, wenn sie 65 Jahre alt sind. Außerdem bestehen noch Ansprüche aus einer betrieblichen Altersversorgung für Bernd in Höhe von monatlich 250 Euro.

Was sollten Bernd und Karin tun? Sie sollten

→ von der Rentenversicherung ermitteln lassen, wie hoch die Abschläge für die gesetzliche Rente sind (→ Seite 55),

→ prüfen, ob sie die Ausgleichszahlungen an die Rentenversicherung leisten wollen, um abschlagsfrei früher in Rente zu gehen (→ Seite 55),

→ prüfen, wie sie die Auszahlungen aus den Kapitallebensversicherungen anlegen wollen (→ Seite 143).

Beispiel 5:
Hubert, 43 Jahre alt

Hubert ist selbstständiger Handwerksmeister mit drei Angestellten. Als Chef einer in der Handwerkerrolle eingetragenen Personengesellschaft ist er in der gesetzlichen Rentenversicherung rentenversicherungspflichtig. Er zahlt seit Beginn seiner Selbstständigkeit vor 18 Jahren den Regelbeitrag ein. Dieser beträgt monatlich 611,94 Euro (Stand 2021, alte Bundesländer). Die Renteninformation weist derzeit Rentenansprüche in Höhe von ca. 600 Euro für ihn aus. Zahlt er weiterhin den Regelbeitrag, prognostiziert die Deutsche Rentenversicherung eine Bruttorente mit 67 Jahren von 1.535 Euro.

Da Hubert 18 Jahre lang Pflichtbeiträge geleistet hat, kann er beantragen, die Pflichtversicherung zu beenden. Er ist mit den zu erwartenden Leistungen der Deutschen Rentenversicherung nicht zufrieden und fragt sich, wie es mit seiner Altersversorgung weitergehen soll.

Was sollte Hubert tun? Er sollte

→ die Möglichkeiten der gesetzlichen Rentenversicherung ausschöpfen,
→ den Abschluss einer Rürup-Rente prüfen (→ Seite 99),
→ Kapital mit Investmentfonds aufbauen (→ Seite 164).

Beispiel 6:
Jessica, 29 Jahre alt

Jessica ist Friseurin und ledig. Ihr Bruttojahreseinkommen beträgt 22.000 Euro. Sie zahlt Miete für eine kleine Wohnung und kommt gerade so über die Runden. Die Renteninformation, die sie von der Deutschen Rentenversicherung erhalten hat, zeigt derzeit Rentenansprüche von knapp 230 Euro. Wenn sie bis zum 67. Lebensjahr weiterarbeitet und im Durchschnitt so viel verdient wie in den vergangenen fünf Jahren, werden die Rentenansprüche bei knapp 950 Euro liegen. Rentenanpassungen sind dabei nicht berücksichtigt. Jessica ist sich darüber im Klaren, dass es schwierig wird, weitere 38 Jahre Vollzeit in ihrem Beruf volle Leistung zu bringen. Einerseits ist ihr klar, dass sie etwas für die Altersversorgung tun sollte. Andererseits geht sie aber davon aus, ohnehin im Alter in die Grundsicherung zu fallen. Daher fragt sie sich, ob es sich für sie überhaupt lohnt, etwas zu sparen.

Was sollte Jessica tun? Sie sollte

→ auch bei ihrem niedrigen Einkommen wenigstens die Möglichkeiten der Riester-Förderung nutzen und einen Riester-Fondssparplan abschließen. Die Erträge aus einer Riester-Rente werden nicht auf die Grundsicherung angerechnet (→ Seite 62).

Beispiel 7:
Renate, 47 Jahre

Renate ist seit zwei Jahren geschieden. Der Versorgungsausgleich und die Aufteilung des Vermögens sind abgeschlossen. Sie hat die beiden Kinder erzogen und ist daher seit 15 Jahren aus dem Job. Eine Anstellung in ihrem Ausbildungsberuf als Industriekauffrau findet sie nicht mehr. Sie hat daher eine halbe Stelle an der Kasse in einem Supermarkt angenommen.

Durch den Versorgungsausgleich hat sie Rentenansprüche von ca. 690 Euro. Aus dem Vermögensausgleich hat sie 75.000 Euro auf ihrem Konto. Sie möchte dieses Vermögen für ihre Altersversorgung sicher anlegen.

Was sollte Renate tun? Sie sollte

→ eine Sicherheitsreserve auf einem Tagesgeldkonto anlegen (→ Seite 190),

→ sich mit den Möglichkeiten der Riester-Förderung auseinandersetzen und die Eignung der unterschiedlichen Produkte für ihre Risikoneigung prüfen (→ Seite 62),

→ einlagengesicherte Anlagen, wie Tagesgeld, Festgeld oder Sparbriefe, kombiniert mit Investmentfonds, als Ergänzung vorsehen (→ Seite 149).

Beispiel 8:
Rainer und Jutta, 65 Jahre alt

Rainer und Jutta werden im kommenden Jahr in den Ruhestand gehen. Sie wohnen in einer bezahlten Immobilie. Die Beamtenpension und die gesetzliche Rente werden zusammen 3.300 Euro brutto betragen. Ein sicher angelegtes Vermögen von 75.000 Euro soll für Instandhaltung und anstehende Sanierungen der Immobilie eingesetzt werden. Im Lauf des Jahres werden Sparpläne und Kapitallebensversicherungen mit insgesamt 85.000 Euro ausgezahlt werden. Diese sollen zur Aufstockung der Rente angelegt werden.

Was sollten Rainer und Jutta tun?
Sie sollten

→ überlegen und sich beraten lassen, ob sie eine private Sofortrente (→ Seite 134) abschließen, einen Entnahmeplan vereinbaren (→ Seite 201) oder die regelmäßige Entnahme aus dem Vermögen selbst organisieren (→ Seite 203),

→ den Betrag kombiniert einerseits in sicherheitsorientierte Anlagen stecken, zum Beispiel in einen Mix aus Tages- und Festgeld sowie Sparbriefen, und andererseits in chancenorientierte Anlagen, etwa aktiv oder passiv gemanagte Investmentfonds.

Beispiel 9:
Stefan, 40 Jahre alt, und Paul, 38 Jahre alt

Stefan und Paul sind verheiratet. Sie haben keine Kinder. Beide gehen ganz in ihrem Beruf auf. Jeder verdient deutlich über der Beitragsbemessungsgrenze und sieht keine Probleme für die eigene Altersvorsorge. Die gemeinsame Eigentumswohnung in guter Stadtlage sollte in zehn Jahren abgezahlt sein. Beide sind privat krankenversichert.

Ihnen ist bewusst, dass sie nur Rentenansprüche bis zur Beitragsbemessungsgrenze erwerben. Da ihr Lebensstandard hoch ist, sie diesen auch im Alter weitestgehend beibehalten wollen und sie dazu noch als privat Krankenversicherte mit steigenden Beiträgen rechnen müssen, wollen sie noch zusätzlich vorsorgen.

Was sollten Stefan und Paul tun?
Sie sollten

→ prüfen, welche Möglichkeiten der privaten Krankenversicherung es im Alter gibt,

→ klären, welche Möglichkeiten ihnen eine Rürup-Rente bietet (→ Seite 99),

→ 200 Euro pro Monat in einen weltweit investierenden ETF (→ Seite 169) anlegen. Den Betrag können sie im Lauf der Zeit flexibel erhöhen.

Vom Schichtenmodell zur Bausteinstrategie

Der Gesetzgeber teilt die Altersversorgung seit dem Inkrafttreten des Alterseinkünftegesetzes im Jahr 2005 in **drei Schichten** ein. Das Alterseinkünftegesetz geht auf ein Urteil des Bundesverfassungsgerichts aus dem Jahr 2002 zurück. Darin wurde die unterschiedliche Besteuerung von Renten und Pensionen für verfassungswidrig erklärt. Mit der Reform wurde die sogenannte nachgelagerte Besteuerung eingeführt. Das bedeutet: Altersvorsorgeaufwendungen werden zunehmend von der Besteuerung ausgenommen und in der Auszahlungsphase steuerlich zunehmend berücksichtigt.

1. Schicht: Sie umfasst Produkte der Basisversorgung. Dazu gehören Leistungen aus der gesetzlichen Rentenversicherung, Beamtenversorgung, aus berufsständischen Versorgungswerken, landwirtschaftlichen Alterskassen und der kapitalgedeckten Basisrente, umgangssprachlich Rürup-Rente. Die Produkte garantieren eine lebenslange Leibrente und sind weder beleihbar, vererbbar, veräußerbar, übertragbar noch kapitalisierbar.

2. Schicht: Sie umfasst die betriebliche Altersversorgung, die staatlich geförderte private Zusatzversorgung, umgangssprachlich Riester-Rente, und als Sonderform die Zusatzversorgung des öffentlichen Dienstes. Diese Möglichkeiten der Zusatzversorgung sind kapitalgedeckt. Auch die zweite Schicht unterliegt der nachgelagerten Besteuerung. In der Ansparphase ist die Steuerfreiheit dagegen auf Höchstbeiträge begrenzt.

3. Schicht: Sie umfasst die private Vorsorge. Dazu gehören private Kapitalanlageprodukte. Das können unter anderem klassische private Renten- und Kapitallebensversicherungen, Fondssparpläne, Banksparpläne, Wertpapiere und auch Immobilienbesitz sein. Bei ihnen ist Verwendung für die Altersversorgung möglich, aber nicht zwingend. Ihr Kennzeichen ist die vorgelagerte Besteuerung, da sie aus bereits versteuertem Einkommen gezahlt werden.

→ **TIPP**   **Die Begriffe der Anlageberater**
Den Begriff „Drei-Schichten-Modell" werden Sie von Anlageberatern vermutlich häufiger hören. Dahinter steckt allerdings vor allem eine Betrachtung unterschiedlicher Steuern und Sozialbeiträge. Es geht unter anderem darum, ob die Sparbeiträge steuerfrei sind und dafür dann hinterher die Rente besteuert wird – oder umgekehrt.
Für Ihren Vorsorgeplan hat das zunächst nur eingeschränkte Bedeutung. Eine Altersvorsorge muss nämlich nicht steueroptimiert sein, sondern ertragsoptimiert. Und sie muss flexibel genug für Ihre konkreten Bedürfnisse und Ruhestandspläne sein.

Das Bausteinmodell

Schichten mögen eine Hilfe darstellen, um Vorsorgeprodukte nach staatlicher Förderung zu unterscheiden. Für die individuelle Rentenplanung nützt das aber wenig. Denn Sie sollten immer so rechnen:

→ Wie viel kann ich sparen?
→ Was erzielt eine möglichst gute Rendite?
→ Welche Risiken will und kann ich eingehen?
→ Wie viel Zeit bleibt mir noch bis zum Ruhestand?

Für die meisten Menschen setzt sich das Einkommen im Ruhestand aus mehreren Bausteinen zusammen. Für sozialversicherungspflichtig Beschäftigte wird die gesetzliche Rentenversicherung weiterhin das starke Fundament bilden. Für Beamte wird es weiterhin die Beamtenversorgung sein.

In der Vergangenheit sind diese Fundamente durch Reformen schon schwächer geworden und haben die zusätzliche private Altersversorgung, zum Beispiel mit einer privaten Rentenversicherung, notwendig gemacht. Zukünftig wird dies zwingend werden. Das Einkommen im Alter wird sich aus mehreren, nicht unbedingt gleich starken Säulen zusammensetzen. Das können die betriebliche Altersversorgung, die Riester-Rente und die Rürup-Rente aus der Gruppe der geförderten Altersversorgung sein. Daneben werden aber auch die Möglichkeiten ungeförderter Sparformen, beispielsweise private Rentenversicherung, Wertpapiere, Investmentfonds, selbst genutztes Wohneigentum oder auch Mieteinnahmen aus einer Wohnung, wichtige Bestandteile sein.

Individuelle Lebensplanung und berufliche Lebensläufe müssen daher für die persönliche Altersversorgungsstrategie kombiniert werden. Der eine wird sein Einkommen im Alter zum Beispiel aus drei Bausteinen, ein anderer aus fünf oder gar sieben beziehen. Je nachdem wie intensiv Sie sich mit der Altersversorgung auseinandersetzen,

 WICHTIG

Altersvorsorgeplanung ist keine einmalige Angelegenheit

Sie entscheiden über Zeiträume von 20 bis 40 oder sogar noch mehr Jahren. Es ist also eher unwahrscheinlich, dass über solch lange Perioden alle Rahmenbedingungen so bleiben, wie Sie sie zu Beginn Ihres Berufs- oder Erwachsenenlebens angenommen haben. Familiengründung, Erbschaften, Arbeitslosigkeit, Hausbau, Berufswechsel, Scheidung, Krankheiten, Umzug ins Ausland ... Alles Mögliche wirkt sich auf Ihren Plan aus. Entsprechend sollten Sie alle fünf Jahre, mindestens aber bei jedem größeren Lebensereignis Ihre Vorsorgeprämissen und -bausteine unter die Lupe nehmen und prüfen, ob alles noch passt.

werden Sie vielleicht auch zwischenzeitlich die Strategie anpassen und neue oder andere Bausteine einbeziehen.

Die folgenden Kapitel stellen die wichtigsten Bausteine vor. Manche davon können Sie selbst platzieren, andere sind vorgegeben durch Pflicht oder schlichte Vernunft. Eines aber müssen Sie selbst tun: aus den Bausteinen Ihr eigenes Rentenhaus errichten. Diese Arbeit und die Entscheidungen kann Ihnen niemand abnehmen.

Darum geht es: die Bausteine der Altersvorsorge im Überblick

In den folgenden Kapiteln stellen wir Ihnen die **Bausteine der Altersvorsorge** im Einzelnen vor. Am Beginn einer jeden Bausteinbeschreibung finden Sie ein **Produktprofil**, das die Vor- und Nachteile aufführt sowie die wichtigen Zielgruppen des Produkts nennt. In Form von Plus- und Minuszeichen gibt es eine Kurzbewertung zu Bedeutung und Sicherheit des jeweiligen Produkts.

Für den schnellen Einstieg und den Überblick haben wir alle besprochenen Bausteine/Produkte in der nebenstehenden Tabelle aufgelistet und **ihre Eignung für verschiedene Alters- bzw. Berufsgruppen** grob bewertet.

So lesen Sie die Tabelle

Je mehr **Pluszeichen +** in einer Rubrik, desto wichtiger ist dieses Produkt für die jeweilige Gruppe. Sind **Punkte •** vermerkt, sollten Sie diesen Baustein eventuell als Ergänzung in Erwägung ziehen, wenn Sie andere Möglichkeiten der Vorsorge schon ausgeschöpft haben, sich aber noch weiter absichern oder Fördermaßnahmen nutzen wollen.

Bitte beachten Sie: Pauschale Aussagen lassen sich zu einem derart komplexen Vorhaben wie der individuellen Altersvorsorge nicht treffen. Die Tabelle dient daher lediglich der **ersten Orientierung**.

	BERUFS-EIN-STEIGER	AUF-STEIGER/ SINGLE	FAMILIEN-GRÜNDER/ JUNGE FAMILIE	SELBST-STÄNDIGE	ETABLIERTE/ GUTVER-DIENER	EINSTIEG INS RENTEN-ALTER
Baustein 1 **Gesetzliche Rente und berufsständische Versorgungswerke** → Seite 44	+++	+++	+++	+++ (sofern möglich)	+++	–
Baustein 2 **Riester-Rente** → Seite 62	–	●●	++	+ (sofern möglich)	●	–
Baustein 3 **Rürup- oder Basisrente** → Seite 99	–	+	+	+++	●●	–
Baustein 4 **Betriebliche Alters-versorgung** → Seite 110	+	+++	+++	–	++	–
Baustein 5 **Private Renten-versicherung** → Seite 131	–	–	++	+++	++	++
Baustein 6 **Kapitallebens-versicherungen** → Seite 143	–	–	–	–	–	–
Baustein 7 **Sparanlagen bei der Bank** → Seite 149	+	+	+	+++	+	++
Baustein 8 **Wertpapiere** → Seite 158	●	●	●	●●	++	+
Baustein 9 **Immobilien** → Seite 174	+	+	++	++	+++	+
Baustein 10 **Ergänzende Maßnahmen** → Seite 186	+	+	++	++	++	+

Baustein 1: gesetzliche Rentenversicherung und berufsständische Versorgungswerke

Produktprofil

Bedeutung	+++
Sicherheit	+++
Standard für	pflichtversicherte Arbeitnehmer und pflichtversicherte Selbstständige
Geeignet für	freiwillig versicherte Handwerker und Freiberufler
Geeignet als	Basisabsicherung
Vorteile	halber Beitrag vom Arbeitgeber, steuerbegünstigt in der Ansparphase, Erwerbsminderung und Hinterbliebenenabsicherung mitversichert
Nachteile	unflexibel, nicht vererbbar, zu versteuern in der Rentenphase, nicht beleihbar, nicht veräußerbar

Wie funktioniert die gesetzliche Rentenversicherung?

Grundsätzlich sind alle Arbeitnehmer pflichtversichert, außerdem selbstständige Handwerker, Künstler, Publizisten, Hebammen und freiberufliche Lehrer. Diese Pflichtversicherten zahlen in die gesetzliche Rentenversicherung ein, ob sie wollen oder nicht. Andere Selbstständige können auf Antrag pflichtversichert werden. Derzeit fließen 18,6 Prozent vom Bruttolohn in den Topf. Die eine Hälfte zahlen Sie, die andere Hälfte der Arbeitgeber bzw. bei einigen Pflichtversicherten die Künstlersozialkasse oder eine andere Kasse bis zu einer monatlichen Beitragsbemessungsgrenze von 7.100 Euro im Westen und 6.700 Euro im Osten (Stand 2021). Es fließen also bis zu 1.320,60 Euro pro Monat (im Osten: bis 1.246,20 Euro) in die gesetzliche Rente – Einkommen, das darüber hinausgeht, bleibt versicherungsfrei. Einen Anspruch auf die Regelaltersrente erwerben Sie, wenn Sie 60 Monate mit rentenrechtlichen Zeiten nachweisen können.

Die Höhe der späteren Renten hängt von verschiedenen Faktoren ab. Zentrale Größen sind die sogenannten Entgeltpunkte und der Rentenwert. Grundlage für die Ermittlung ist zunächst das Durchschnittseinkommen aller Versicherungspflichtigen, für das Jahr 2021 vorläufig 41.541 Euro. Wer dieses Einkommen erzielt, erhält einen Entgeltpunkt. Im Jahr 2020 konnten maximal 2,051 Entgeltpunkte erreicht werden.

Die Entgeltpunkte werden zu Beginn der Rente addiert und mit dem dann gültigen Rentenwert multipliziert. Ermittelt wird dieser mit der Rentenanpassungsformel. Dabei werden die Veränderung der Bruttolohn- und -gehaltsentwicklung, der Beitragssatz der Rentenversicherung und der Nachhaltigkeitsfaktor berücksichtigt. Der Rentenwert erhöht sich in der Regel zum 1. Juli eines jeden Jahres. Seit 1. Juli 2020 beträgt der Rentenwert 34,19 Euro im Westen und 33,23 Euro

Hat die gesetzliche Rente eine Zukunft?

Die gesetzliche Rentenversicherung basiert auf dem sogenannten Umlageverfahren. Das bedeutet, die Rentenzahlungen werden grundsätzlich aus den laufenden Beitragseinnahmen finanziert. In den kommenden Jahren wird die Zahl der Rentner im Verhältnis zu den Beitragszahlern stark steigen. Da die Rentner der kommenden Jahrzehnte und viele der künftigen Beitragszahler heute schon geboren sind, kann man recht genau vorhersehen, was kommt.

Erstens werden die Rentenbeiträge auf die Einkommen steigen. Zweitens werden die Renten weniger stark steigen als die Einkommen, sodass das sogenannte Rentenniveau sinkt. Das hat der Gesetzgeber bereits beschlossen und einen sogenannten **Nachhaltigkeitsfaktor** sowie einen **Beitragssatzfaktor** zur Berechnung der Rentenhöhe eingeführt. Steigt die Zahl der Rentner schneller als die Zahl der Beitragszahler, dämpft der Nachhaltigkeitsfaktor den Rentenanstieg. Zusätzlich wird die Anpassung der Renten noch über den Beitragssatzfaktor gedämpft, sobald die Rentenversicherungsbeiträge steigen.

Konkret ist das **Rentenniveau** – das ist das Verhältnis der Standardrente eines Eckrentners nach 45 Jahren Beitragszahlung zum Durchschnittsverdienst der Bevölkerung – auf 48,2 Prozent im Jahr 2020 gesunken. Es ist absehbar, dass der Wert weiter sinken wird. Die Renten sind mit Ausnahmen der Jahre, in denen es „Nullrunden" gab, jährlich gestiegen. Zum 1. Juli 2020 stiegen sie um 3,45 Prozent im Westen und 4,20 Prozent im Osten. Die gesetzliche Rente bleibt also vorerst sicher, aber ihr Anteil an der Altersversorgung wird schrumpfen.

im Osten. Die vollständige Angleichung der Renten in den neuen Bundesländern wird 2024 erreicht sein.

Einen Rentner, der 45 Jahre lang gearbeitet hat und immer das Durchschnittseinkommen aller Versicherungspflichtigen verdient hat, bezeichnet man als „Eckrentner". Er bekäme seit Juli 2020 entsprechend dem aktuellen Rentenwert eine Rente in Höhe von 1.538,55 Euro monatlich (West) bzw. 1.495,35 Euro (Ost). Das so ermittelte Standardrentenniveau ist für Sie und Ihre Planungen zur Altersversorgung nicht relevant. Es gibt lediglich an, wie sich Durchschnittsrente zu Durchschnittseinkommen verhält. Betrachtet man im Vergleich zum Eckrentner die Durchschnittsrenten von Männern und Frauen, ergeben sich deutlich andere Zahlen.

→ Männer erreichen im Durchschnitt eine Rente von 1.223 Euro nach 40,7 Jahren (West) bzw. 1.213 Euro nach 44,44 Jahren (Ost).

→ Frauen erreichen im Durchschnitt eine Rente von 649 Euro nach 28,7 Jahren (West) bzw. 1.004 Euro nach 41,3 Jahren (Ost).

Quelle: Deutsche Rentenversicherung: Rentenversicherung in Zahlen 2020; Stand: 31.12.2019

Die Rente kann nach der aktuellen Gesetzeslage niemals sinken. Sie wird in den kommenden Jahren aber weniger stark steigen als die Durchschnittseinkommen. 2004, 2005, 2006 und 2010 hatte es auch „Nullrunden" gegeben.

Wer ist rentenversichert, wer nicht?

Sobald Sie anfangen, angestellt zu arbeiten, sind Sie pflichtversichert. Davor können Sie freiwillige Beiträge zahlen, Voraussetzung dafür ist allerdings, dass Sie mindestens 16 Jahre alt sind und in Deutschland wohnen. Wenn Sie ehrenamtlich tätig sind, können Sie einen Antrag auf Versicherungspflicht stellen. Pflichtversicherte Arbeitnehmer sind:

→ alle Arbeitnehmer, die gegen Entgelt beschäftigt sind,

→ Auszubildende,

→ behinderte Menschen in geschützten Einrichtungen,

→ Personen in außerbetrieblicher Berufsausbildung,

→ Mitglieder geistlicher Genossenschaften (Ordensmitglieder etc.),

→ Vorstandsmitglieder einer AG,

→ Teilnehmer an dualen Studiengängen,

→ Personen, für die Kindererziehungszeiten anzurechnen sind,

→ nicht erwerbsmäßig tätige Pflegepersonen, die mit mindestens Pflegegrad 2 mindestens zehn Stunden wöchentlich, verteilt auf mindestens zwei Tage die Woche, eine pflegebedürftige Person mit Anspruch auf soziale Pflegeversicherung pflegen und daneben nicht mehr als 30 Stunden einer anderen Beschäftigung nachgehen,

→ freiwillig Wehrdienstleistende,

→ Teilnehmer an einem Freiwilligendienst (ohne eigene Beiträge),

→ Personen in einem Wehrdienstverhältnis besonderer Art (Zeitsoldaten),

→ Bezieher von Krankengeld, Verletztengeld, Versorgungskrankengeld, Übergangsgeld, Arbeitslosengeld, Pflegeunterstützungsgeld,

→ Personen, die Leistungen für den Ausfall von Arbeitseinkünften im Zusammenhang mit einer Organ-/Gewebespende nach dem Transplantationsgesetz beziehen,

→ Bezieher von Vorruhestandsgeld.

Selbstständige und die Rentenversicherungspflicht

Möglicherweise sind Sie auch trotz selbstständiger Tätigkeit versicherungspflichtig, dann zahlen Sie normalerweise einen festgelegten Regelbeitrag. Der Regelbeitrag liegt

 GESETZLICHE GRUNDLAGEN

Vorsicht vor Scheinselbstständigkeit

Manche Selbstständige sind aus Sicht der Sozialversicherungen, zu denen auch die gesetzliche Rentenversicherung zählt, eigentlich abhängig beschäftigt. Wer von einem Vertragspartner zwar als selbstständig bezeichnet wird und ihm auch Rechnungen schreibt, trotzdem aber stets in seinem Sinn handelt, regelmäßig Berichte über seine Arbeit abgeben muss, eine bestimmte Hard- und Software nutzt und in der Arbeitszeitgestaltung nicht frei ist, der könnte der Sozialversicherungspflicht unterliegen. Tatsächlich selbstständig ist, wer das volle Unternehmensrisiko allein trägt. Die Deutsche Rentenversicherung prüft das inzwischen regelmäßig und urteilt je nach Einzelfall. Falls Sie nicht sicher sind, können Sie auch bei der Clearingstelle der Deutschen Rentenversicherung Bund von sich aus Ihren sozialversicherungsrechtlichen Status prüfen lassen: **www.clearingstelle.de/drv.html**

für das Jahr 2021 bei monatlich 611,94 Euro (West) bzw. 579,39 Euro (Ost). Wenn Sie wenig verdienen, können Sie aber auch den Antrag stellen, Ihren Beitrag an Ihr Einkom

Genau unterscheiden!
Dirk Brauns, Altersvorsorgeexperte der Deutschen
Rentenversicherung West-
falen in Dortmund, erläutert:
„Häufig werden die Scheinselbstständi-
gen, also Personen, die von den Merkmalen her abhängig Beschäftigte sind, mit
den sogenannten arbeitnehmerähnlichen
Selbstständigen verwechselt. Bei Letzteren
handelt es sich nach den Wesensmerk-
malen um echte Selbstständige, die aber
auf Dauer und im Wesentlichen nur von
einem Auftraggeber abhängig sind und
im Zusammenhang mit ihrer Selbstständigkeit keine versicherungspflichtigen
Arbeitnehmer beschäftigen. Dieser Personenkreis muss unter Umständen Pflichtbeiträge in die Rentenversicherung einzahlen. Damit Sie keine Überraschungen
erleben, empfehle ich dringend eine Beratung durch die Experten der Deutschen
Rentenversicherung."

rungspflichtige Arbeitnehmer beschäftigen.
Im Zweifelsfall sollten Sie das bei der zuständigen Kammer, von einem Steuerberater oder
von der Deutschen Rentenversicherung prüfen lassen.

Wer ist als Selbstständiger pflicht-versichert?

Lehrer und Erzieher: Bei Lehrern steht das
Vermitteln von Wissen bzw. Können im Vor-
dergrund, die Einrichtung, in der das statt-
findet, ist irrelevant. Auch eine bestimmte
Qualifikation wird nicht vorausgesetzt. Damit zählen sowohl Nachhilfetätigkeiten als
auch beispielsweise das Unterrichten von
Yoga dazu. Auch wenn Sie als selbstständige
Erzieherin für Kinder tätig sind, wie zum Beispiel als Tagesmutter, fallen Sie in diesen Be-
reich.

Pflegeberufe: Wenn Sie in der Kranken-, Wo-
chen-, Säuglings- oder Kinderpflege selbstständig tätig sind, gilt für Sie die Versicherungspflicht. Allerdings nur, wenn Sie überwiegend auf Basis ärztlicher Anordnung
handeln. Das ist bei Krankenschwestern, Er-
gotherapeuten, Physiotherapeuten, Atemleh-
rern und Podologen der Fall. Als Sportmas-
seur sind Sie dagegen nicht versicherungspflichtig. Auch als praktizierender Arzt der
Humanmedizin, Heilpraktiker und Psycho-
therapeut sind Sie nicht rentenversicherungspflichtig.

men anzupassen. Wenn Sie gerade erst in die
Selbstständigkeit einsteigen, dann können
Sie zudem in den ersten drei Jahren nur die
Hälfte des Regelbeitrags bezahlen, Sie kön-
nen aber freiwillig auch mehr leisten.

In vielen Fällen ändert sich die Versicherungspflicht, sobald Sie Ihrerseits versiche-

Hebammen: Als Hebamme sind Sie pflichtversichert. Das gilt auch dann, wenn Sie einen versicherungspflichtigen Arbeitnehmer beschäftigen oder wenn Sie freiberuflich in einem Krankenhaus tätig sind.

Seelotsen: Wenn Sie als freiberuflicher Seelotse in öffentlichem Auftrag arbeiten, sind Sie pflichtversichert. Das gilt allerdings nicht für Binnenlotsen, Lotsen der Flensburger Förde und Travelotsen.

Küstenschiffer und -fischer: Wenn Sie zu einer Schiffsbesatzung gehören oder als Küstenfischer ohne Schiff fischen, sind Sie versicherungspflichtig. Allerdings nur, solange Sie nicht mehr als vier versicherungspflichtige Arbeitnehmer beschäftigen. Auch als Segel- und Tauchlehrer gehören Sie zu dieser Gruppierung, wenn Sie Ihre Tätigkeit auf Küstengewässern ausüben.

Künstler und Publizisten: Sie sind nach dem Künstlersozialversicherungsgesetz abgesichert. Dafür gelten allerdings mehrere Voraussetzungen. Zum einen müssen Sie die Tätigkeit als Künstler oder Publizist hauptberuflich ausüben und nicht nur vorübergehend. Zum anderen muss Ihr Jahreseinkommen 3.900 Euro übersteigen – es sei denn, Sie sind Berufsanfänger. Sie dürfen auch nur maximal einen versicherungspflichtigen Arbeitnehmer beschäftigen.

Erhebliche Vorteile durch die Versicherung bei der Künstlersozialkasse

Dirk Brauns, Altersvorsorgeexperte der Deutschen Rentenversicherung Westfalen in Dortmund, empfiehlt: „Für den Personenkreis der selbstständigen Künstler und Publizisten sieht das Künstlersozialversicherungsgesetz (KSVG) einen ganz besonderen Schutz vor. Die Versicherung nach dem KSVG umfasst sowohl die gesetzliche Rentenversicherung als auch die Kranken- und Pflegeversicherung. Besonders vorteilhaft ist, dass sich die Künstlersozialkasse (KSK) an den Beiträgen beteiligt, ähnlich wie die Arbeitgeber bei Beschäftigten. Das schont den Geldbeutel der Künstler und Publizisten. Von diesem Vorteil kann man frühestens ab dem Tag der Anmeldung bei der Künstlersozialkasse profitieren. Details sind unter **www.kuenstlersozialkasse.de** zu erfahren.“

Hausgewerbetreibende: Zu den Hausgewerbetreibenden gehören Sie, wenn Sie im Auftrag anderer Gewerbetreibender in einer eigenen Arbeitsstätte arbeiten, zum Beispiel als Schneider. Das Unternehmensrisiko trägt in diesem Fall Ihr Auftraggeber. Auch mit bis zu zwei Arbeitskräften bleibt die Versicherungspflicht bestehen.

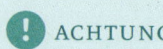 ACHTUNG

Meldepflicht

Als Lehrer, Publizist, Erzieher, Pflege-person, Hebamme, Künstler oder Selbst-ständiger mit überwiegend nur einem Auftraggeber müssen Sie sich innerhalb von drei Monaten nach der Tätigkeits-aufnahme bei Ihrem Rentenversiche-rungsträger melden. Nicht melden müs-sen Sie sich als Seelotse, Küstenschiffer, Küstenfischer, Hausgewerbetreibender.

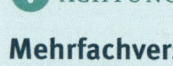 ACHTUNG

Mehrfachversicherungspflicht

Die Kombination verschiedener Selbst-ständigkeiten, zum Beispiel wenn Sie sowohl als Handwerker als auch als Nachhilfelehrer tätig sind, kann zu einer Mehrfachversicherung führen. In diesem Fall müssen Sie aus jeder Tätigkeit Bei-träge zur Rentenversicherung zahlen, das Maximum ist stets die Beitrags-bemessungsgrenze.

Arbeitnehmerähnliche Selbstständige mit nur einem Auftraggeber: Als Selbstständi-ger mit nur einem Auftraggeber gibt es für Sie einige Sonderregelungen. Sie sind nicht aufgrund Ihres Berufs versicherungspflich-tig, sondern aufgrund bestimmter Merkmale, wie Sie ihn ausüben.

Handwerker: Als selbstständiger Handwer-ker sind Sie in der Regel versicherungspflich-tig, wenn Sie in die Handwerksrolle einge-tragen sind. Entscheidend ist allerdings, ob Sie ein zulassungspflichtiges, zulassungs-freies oder handwerkähnliches Gewerbe aus-üben. Haben Sie 18 Jahre in die gesetzliche Rentenversicherung eingezahlt, können Sie sich als selbstständiger Handwerker von der Versicherungspflicht befreien lassen.

Handwerker als Gesellschafter: Sind Sie Gesellschafter in einer Personengesellschaft, die in die Handwerksrolle eingetragen ist, dann sind Sie versicherungspflichtig. Vor-aussetzung dafür ist, dass Sie persönlich die Voraussetzungen für die Eintragung in die Handwerksrolle erfüllen. Das erfordert eine gewisse Qualifikation, in der Regel den Meis-terbrief. Nicht versicherungspflichtig sind Sie dagegen als Gesellschafter einer in die Handwerksrolle eingetragenen Kapitalgesell-schaft.

Zulassungsfreie Handwerker: Wenn Sie ein zulassungsfreies Handwerk ausüben, sind Sie grundsätzlich nicht versicherungs-pflichtig.

Die freiwillige Pflichtversicherung

Jeder, der nicht der gesetzlichen Versicherungspflicht unterliegt, kann freiwillig in die gesetzliche Rentenversicherung einzahlen. Dazu müssen Sie einen Antrag auf freiwillige Versicherung innerhalb von fünf Jahren nach Aufnahme der Tätigkeit stellen. Haben Sie sich zur freiwilligen Versicherung angemeldet, dann entscheiden Sie sich dafür, versicherungspflichtig zu sein. Das können Sie auch nicht mehr kündigen. Der Gesetzgeber spricht deshalb auch nicht von einer freiwilligen Versicherung, sondern von der „Pflichtversicherung auf Antrag". Gemeint ist: Nicht die Versicherung ist Pflicht, aber wer sich einmal dafür entscheidet, kann den Entschluss nicht mehr rückgängig machen.

Die Beitragshöhe als freiwillig Versicherter können Sie frei wählen, im Jahr 2021 zwischen 83,70 Euro und 1.320,60 Euro pro Monat. Sie können die Zahlung jederzeit unterbrechen oder kündigen – und sogar noch bis 31.3. eines Jahres Beiträge für das Vorjahr nachzahlen. In bestimmten Fällen dürfen Sie sogar für weit zurückliegende Zeiten Beiträge nachzahlen, beispielsweise für bestimmte Zeiten der Schulausbildung.

Freiwillige Zahlungen sind fast immer sinnvoll, wenn Sie bereits eine Zeit lang in die Rente eingezahlt haben, aber nicht auf insgesamt 60 Beitragsmonate kommen. Erst dann haben Sie nämlich einen Anspruch auf eine Rente erworben. Zahlen Sie nun die fehlenden Monate freiwillig ein, sind auch frühere Beiträge nicht verloren. Wer schon durch Kindererziehungszeiten Rentenpunkte gesammelt hat, kann durch die Einzahlungen ebenfalls fehlende Monate bis zum Rentenanspruch auffüllen. Auch in anderen Fällen können freiwillige Zahlungen sinnvoll sein, beispielsweise um die sogenannten Wartezeiten zu erfüllen, die Sie brauchen, um möglicherweise früher ohne Abschläge in Rente gehen zu können.

Manchmal ist die gesetzliche Rentenversicherung für Selbstständige sogar grundsätzlich eine interessante Alternative zu anderen Vorsorgemöglichkeiten. Gerade ab etwa 50 Jahren, wenn nur noch wenige Jahre bis zur Rente bleiben, können sich freiwillige Einzahlungen rechnen. So können Sie den Rentenanspruch durch freiwillige Beiträge im Jahr 2021 erhöhen:

FREIWILLIGE EINZAHLUNG So viel zahlen Sie pro Jahr freiwillig ein (alle Daten für 2021)	ERHÖHUNG RENTENANSPRUCH So erhöht sich Ihr monatlicher Renten- anspruch mit jedem Jahr freiwilliger Beitragszahlung
1.004,40 € (12 x 83,70 €, Mindestbeitrag)	+ 4,44 €
7.343,28 € (12 x 611,94 €, Regelbeitrag)	+ 33,04 €
15.847,20 € (12 x 1.320,60 €, Höchstbeitrag)	+ 70,12 €

Was ist versichert?

Die gesetzliche Rentenversicherung zahlt nicht nur normale Altersrenten, fachsprachlich Regelaltersrenten, aus. Versicherte haben unter Umständen auch ein Anrecht auf Frührente, Erwerbsminderungsrente oder Rehamaßnahmen. Dazu kommt die Hinterbliebenenrente. Die wichtigsten Spezialleistungen:

Frührente. Außer den „besonders langjährig Versicherten" können auch Bergleute ohne Einbußen früher in Rente gehen. Voraussetzung: Sie haben 25 Jahre lang ständig unter Tage gearbeitet.

Hinterbliebene. Wer seinen Ehe- oder eingetragenen Lebenspartner verliert, hat Anspruch auf eine Witwen- bzw. Witwerrente. Die Anpassung des Renteneintrittsalters gilt für alle Rentenarten, also auch für die Hinterbliebenenrente.

Für die große und die kleine Witwenrente gelten zunächst dieselben Grundvoraussetzungen: fünf Jahre Wartezeit und bei neuem Recht mindestens ein Jahr Ehe. Um die große Witwenrente zu erhalten, muss zudem mindestens eine der folgenden Voraussetzungen erfüllt sein:

→ Als Witwe/Witwer müssen Sie mindestens 45 Jahre und 10 Monate alt (2021) sein **oder**

→ im Haushalt lebt ein minderjähriges oder behindertes Kind (leiblich oder adoptiert) oder auch ein Kind des Verstorbenen aus dessen früherer Ehe **oder**

→ beim Hinterbliebenen liegt eine teilweise bzw. vollständige Erwerbsminderung vor.

Die genannte Altersgrenze wird jährlich um einen Monat angehoben. Demnach können Hinterbliebene ab 2029 erst ab dem 47. Lebensjahr die große Witwenrente erhalten, sofern nicht eine der anderen beiden Voraussetzungen erfüllt ist.

Auch Halb- und Vollwaisen haben als Kinder und während der Ausbildung einen Anspruch auf einen Teil der Rente ihrer verstorbenen Eltern. Sie bekommen beim Tod eines Elternteils 10 Prozent, als Vollwaisen 20 Prozent der Versichertenrente des Verstorbenen, ergänzt um einen Zuschlag. Die Zahlungen enden mit 18 Jahren oder dem Ende der Ausbildungszeit, spätestens aber mit 27 Jahren.

Rehamaßnahmen. Die Versicherung zahlt für alle möglichen Leistungen, um Ihre Arbeitskraft zu erhalten oder Ihnen zu helfen, einen neuen Arbeitsplatz zu finden. Dazu gehört die klassische medizinische Rehabilitation, aber es kommen auch Fortbildungen, Ausbildungen und Umschulungen infrage.

Erwerbsminderungsrente. Wer wegen Krankheit oder Behinderung nur noch stundenweise oder gar nicht mehr arbeiten kann, kann je nach Schwere eine Erwerbsminderungsrente bekommen. Die Rentenversicherung prüft aber zunächst, ob man die Erwerbsfähigkeit durch medizinische oder berufliche Rehabilitation wiederherstellen kann. Zudem müssen Sie in der Regel zuvor fünf Jahre, davon drei Jahre mit Pflichtbeiträgen, versichert gewesen sein, außer bei Arbeitsunfall oder Berufskrankheit.

Die Höhe richtet sich danach, wie viel Sie bereits in die Rentenversicherung eingezahlt haben, wie hoch Ihr Einkommen war und wie stark die verminderte Erwerbsfähigkeit ist. Die Deutsche Rentenversicherung unterscheidet zwischen „Rente bei voller Erwerbsminderung" und „Rente bei teilweiser Erwerbsminderung". Die erste soll den Verdienst weitgehend ersetzen, wenn Sie aus gesundheitlichen Gründen gar nicht mehr arbeiten können oder nur drei Stunden täglich. Die zweite soll Einkommenseinbußen ausgleichen, wenn Ihre Gesundheit nur noch drei bis sechs Stunden Arbeit am Tag zulässt. Sie ist halb so hoch wie die volle Erwerbsminderungsrente.

 ACHTUNG

Nur niedrige Erwerbsminderungsrenten

Auch wenn die Erwerbsminderungsrenten den Verdienst ersetzen sollen: Im Schnitt erreichen sie nur etwa ein Viertel bis zur Hälfte des letzten Nettoeinkommens. Steuerpflichtig sind die Erwerbsminderungsrenten auch noch, was weitere finanzielle Spielräume kosten kann. Nur nach einem Arbeitsunfall ist die Versorgung besser. Hier tritt die gesetzliche Unfallversicherung für die Renten ein. Diese fallen regelmäßig höher aus und bleiben steuerfrei. Im Einzelfall sollten Sie das mit den zuständigen Kassen klären.

Wie sieht mein Rentenkonto aus?

Wie viel gesetzliche Rente Sie nach aktuellem Stand zu erwarten haben, können Sie der jährlichen Renteninformation entnehmen, die Ihnen zugesandt wird, sobald Sie mindestens 27 Jahre alt sind und fünf Jahre mit Beitragszeiten zurückgelegt haben. Ab dem Alter von 55 Jahren erhalten Sie dann alle drei Jahre eine noch ausführlichere Rentenauskunft.

Die Renteninformation weist unter anderem den Bezug der Regelaltersrente, die Höhe einer Rente wegen Erwerbsminderung und die bislang erreichte Rentenanwartschaft aus. Ebenso umfasst sie eine Prognose Ihrer Regelaltersrente unter der Prämisse, dass Sie weiter so verdienen wie im Durchschnitt der vergangenen fünf Jahre. Zukünftige Rentenanpassungen werden als Varianten mit 1 Prozent und 2 Prozent Steigerung angegeben.

Die Rentenauskunft weist die aktuell bei der Rentenversicherung gespeicherten rentenrechtlichen Zeiten und die bisher gesammelten Entgeltpunkte aus. Sie gibt Auskunft über die Höhe der aktuellen vollen Erwerbsminderungsrente sowie der Witwen- bzw. Witwerrente. Ebenso finden Sie Informationen über die voraussichtliche Höhe der Rente bei Erreichen der Regelaltersrente sowie eine mögliche Frührente. Insbesondere Letzteres

dürfte, da auch mögliche Abzüge bei vorzeitiger Inanspruchnahme berücksichtigt werden, interessant für Sie sein. Wichtig für Sie ist, den Versicherungsverlauf zu prüfen. Sie haben dann noch ausreichend Zeit, fehlende Monate im Rahmen der Kontenklärung zu belegen und nachzumelden. Beispielsweise werden Zeiten der Schulausbildung, Kindererziehungszeiten, die häusliche Pflege Angehöriger nicht immer bzw. nur auf Antrag ergänzt.

Falls Ihnen Ihre aktuelle Renteninformation nicht vorliegt, können Sie diese über **www.deutsche-rentenversicherung.de** → Online-Dienste (Stichwort „Renteninformation" in die Suchmaske eingeben) anfordern. Sie erhalten dann von der Deutschen Rentenversicherung per E-Mail innerhalb einer Woche das gewünschte Dokument. Sie können sich auch jederzeit den aktuellen Versicherungsverlauf zuschicken lassen.

Wie viel Rente bekommen Sie wirklich?

Auf die Rentenhöhe wirken individuelle Faktoren, unter anderem die Erwerbsbiografie, die relative Beitragshöhe und die Art der Rente. Ebenso spielen die Entwicklung des Lohnniveaus und die Veränderungen im Rentenrecht eine Rolle.

Für die in Euro gemessene absolute Höhe der Renten sind die Höhe des aktuellen Rentenwerts und die Anpassung im Zeitverlauf die entscheidenden Größen. Aber nicht nur. Denn selbst wenn Sie all das einschätzen könnten, sollten Sie bedenken, dass es sich um die Bruttorente handelt. Das heißt, es gehen davon noch Sozialabgaben und Steuern ab. Derzeit fließen von der Rente ca. 10 Prozent monatlich in die gesetzliche Kranken- und Pflegeversicherung. Da die Rentenkasse die Hälfte zur Krankenversicherung zuschießt, sind es *nur* 10 Prozent. Sind Sie privat versichert, zahlen Sie einen einkommensunabhängigen Krankenversicherungsbeitrag.

Leistungen aus der gesetzlichen Rentenversicherung unterliegen der nachgelagerten Besteuerung. Der steuerpflichtige Anteil der Rente steigt seit dem Jahr 2021 bis 2040 um 1 Prozent jährlich. Ab 2040 sind die Leistungen für erstmals ausgezahlte Renten zu 100 Prozent steuerpflichtig. Bis 2040 wird allerdings ein steuerfreier Anteil der Rente zu Beginn des Jahres des erstmaligen Rentenbezugs als fester Betrag lebenslang festgeschrieben. Je später der Rentenbeginn, desto niedriger ist der steuerfreie Anteil. Rentenerhöhungen, die nach Renteneintritt erfolgen, sind bereits seit 2005 immer zu 100 Prozent einkommensteuerpflichtig.

Bedingungen erfüllen: Ausgleichszahlungen für Rentenabschläge bei Rente mit 63
Joachim Fox, Rentenberater für das Gebiet der gesetzlichen Rentenversicherung, erläutert: „Die Ausgleichszahlung ist nur auf der Grundlage einer Rentenauskunft durch den Rentenversicherungsträger möglich. Der Versicherte muss dazu erklären, dass er künftig eine Altersrente in Anspruch nehmen möchte, die wegen der vorzeitigen Inanspruchnahme einen Abschlag enthält. Er ist allerdings nicht an diese Erklärung gebunden. Voraussetzung ist aber auch, dass zum Zeitpunkt der Erklärung, spätestens aber zum Zeitpunkt der Beitragszahlung, die versicherungsrechtlichen Voraussetzungen für den Anspruch auf eine vorzeitige Altersrente zum beabsichtigten Rentenbeginn vorliegen. Der Versicherte kann die Rentenminderung ganz oder teilweise ausgleichen."

Ab wann und wie lang gibt es Rente vom Staat?

Altersrenten aus der gesetzlichen Rentenversicherung werden stets lebenslang ausgezahlt. Bis zum Jahr 2029 wird die Regelaltersgrenze schrittweise auf 67 Jahre erhöht. Wer 45 Jahre

GEBURTSJAHRGANG	RENTENEINTRITT In diesem Alter gehen Sie regelgerecht in Rente	FRÜHRENTE In diesem Alter können Sie in Frührente gehen. Ohne Abschläge aber nur, wenn Sie 45 Versicherungsjahre zusammenhaben oder 35 Versicherungsjahre und eine Schwerbehinderung von mindestens 50 Prozent.
1955	65 Jahre, 9 Monate	63 Jahre, 6 Monate
1956	65 Jahre, 10 Monate	63 Jahre, 8 Monate
1957	65 Jahre, 11 Monate	63 Jahre, 10 Monate
1958	66 Jahre	64 Jahre
1959	66 Jahre, 2 Monate	64 Jahre, 2 Monate
1960	66 Jahre, 4 Monate	64 Jahre, 4 Monate
1961	66 Jahre, 6 Monate	64 Jahre, 6 Monate
1962	66 Jahre, 8 Monate	64 Jahre, 8 Monate
1963	66 Jahre, 10 Monate	64 Jahre, 10 Monate
1964 und jünger	67 Jahre	65 Jahre

lang Beiträge eingezahlt hat, kann ohne Abschläge auch eher in Rente gehen – abhängig vom Geburtsjahrgang im Alter zwischen 63 und 65 Jahren. Das nennt sich „Altersrente für besonders langjährig Versicherte". Ebenfalls früher in Rente gehen können die „langjährig Versicherten", die mindestens 35 Jahre lang eingezahlt haben bzw. versichert waren. Auch Mutterschutz- und Kindererziehungszeiten, Arbeitslosigkeit und Schulausbildung werden für diesen Status berücksichtigt. Wer als langjährig Versicherter früher in den Ruhestand geht, muss allerdings lebenslang Abschläge auf die Rente in Kauf nehmen, und zwar genau 0,3 Prozent pro Monat, den der Rentenbeginn vorgezogen wird – maximal 14,4 Prozent.

Sie können Sonderzahlungen leisten, die von der Rentenversicherung errechnet werden, um die Kürzung teilweise oder vollständig auszugleichen. Sie können bereits ab dem Alter von 50 Jahren in dieser Weise aktiv werden, um sich einen Vorruhestand ohne Renteneinbußen zu sichern. Überlegen Sie es sich mit 63 Jahren anders und wollen doch weiterarbeiten, verfallen die geleisteten Sonderzahlungen nicht, sondern kommen später auf Ihre Regelaltersrente obendrauf.

Schwerbehinderte können nach 35 Versicherungsjahren ohne Abschläge in Frührente gehen. Auch diese beginnt gestaffelt nach Geburtsjahrgängen mit 63 bis 65 Jahren.

Insbesondere durch stufenweise Verschiebung des Renteneintrittsalters auf 67 Jahre sind die Berechnungen für die gesetzliche Rente nicht einfach. Sie können ein Beratungsgespräch bei der Deutschen Rentenversicherung vereinbaren, das gibt Planungssicherheit. **www.deutsche-rentenversicherung.de** Wer seine Regelaltersrente bezieht, kann im Übrigen so viel hinzuverdienen, wie er mag, ohne dass seine Rente schrumpft.

→ **TIPP Die Flexirente nutzen**
Das sogenannte Flexirentengesetz erleichtert einen gleitenden Übergang vom Arbeitsleben in die Rente. Die wichtigste Regel: Vorruheständler dürfen seit Juli 2017 nicht mehr nur einen Minijob wahrnehmen, sondern bis zu 6.300 Euro im Jahr hinzuverdienen, ohne dass die Rente reduziert wird. Was sie darüber hinaus verdienen, wird zu 40 Prozent auf die Rente angerechnet. Hinzuverdienst plus Rente dürfen jedoch nicht höher liegen als das höchste Einkommen innerhalb der letzten 15 Berufsjahre. Wer umgekehrt über das Rentenalter hinaus weiterarbeitet, kann neuerdings freiwillig weiter Beiträge in die Rentenversicherung einzahlen und so seinen Rentenanspruch erhöhen.
Für die Jahre 2020 und 2021 hat der Gesetzgeber die Hinzuverdienstgrenzen ausnahmsweise auf 44.590 Euro bzw. 46.060 Euro erhöht. Das Ziel: Frührentner aus Medizin und Pflege zu reaktivieren, um die Covid-19-Pandemie zu bewältigen.

Mütterrente

Die Mütterrente ist im Prinzip nichts Neues. Sie ist ein politisches Schlagwort aus dem Bundestagswahlkampf 2013. Der Begriff steht für die Einführung eines zusätzlichen Jahres als Kindererziehungszeit bei Müttern und Vätern für Kinder, die vor 1992 geboren wurden. Eine Gleichstellung mit Kindern, die ab 1992 geboren wurden, ist aber auch 2019 noch nicht erreicht. Es gilt:
→ für Kinder, die vor 1992 geboren sind, werden 2,5 Entgeltpunkte gutgeschrieben,
→ für Kinder, die ab 1992 geboren sind, werden 3 Entgeltpunkte gutgeschrieben.

Die Mütterrente gilt für alle Kindererziehenden. Das bedeutet, auch eine Beamtin, die nie in der gesetzlichen Rentenversicherung pflichtversichert war, bekommt diese Punkte.

→ **TIPP Freiwillige Einzahlung prüfen**
Hat die Beamtin im Beispiel oben nur ein Kind, erfüllt sie die 60 Monate Mindestversicherungszeit nicht und hat keinen Anspruch auf die Rente im

Alter. Sie kann allerdings durch freiwillige Einzahlungen für diese zwei
Jahre den Anspruch erhalten.

Die sogenannte Mütterrente kann nur ein
Elternteil in Anspruch nehmen, eben derjenige, der das Kind überwiegend erzieht
oder erzogen hat. Grundsätzlich hat zunächst
die Mutter Anspruch auf die Kindererzie-
ziehungszeit, auf gemeinsame Erklärung beider Eltern lässt sie sich aber auch auf den Vater übertragen – allerdings nur im Vorhi-

nein. Auf Antrag werden nicht nur leiblichen
Eltern, sondern auch Adoptiv-, Stief- und
Pflegeeltern die Rentenzeiten angerechnet,
ebenso Großeltern oder Verwandten, wenn
ein Kind bei ihnen aufwächst.

Wer während der Erziehungszeit arbei-
tet, bekommt die Entgeltpunkte für die
Erziehungszeiten zur normalen Rente bis zur
Höchstgrenze von monatlich 6.900 Euro
(West) bzw. 6.450 Euro (Ost) zusätzlich oben-
drauf (seit 2020).

Neu: die Grundrente

Am 2. Juli 2020 beschloss der Bundestag die Einführung einer Grundrente für die Zeit ab Januar 2021. Auch der Bundesrat stimmte am Tag darauf zu. Grundmotiv für die Einführung dieser neuen Rente ist die Anerkennung der Lebensleistung. Denn trotz jahrzehntelanger Arbeit ist für viele Menschen die Rentenleistung gering, zum Beispiel weil ihr Lohn dauerhaft niedrig war oder längere Zeiten von Arbeitslosigkeit oder Teilzeitarbeit/-beschäftigung vorliegen. Mit der Grundrente sollen diese Rentner und Rentnerinnen bessergestellt werden. Demnach gilt: Frauen und Männer mit Minirenten, die **mindestens 33 Jahre Rentenbeiträge** hauptsächlich aus Beschäftigung, Kindererziehung und Pflegetätigkeit aufweisen, erhalten einen Zuschlag zur Rente. Der Zuschlag soll zunächst gestaffelt werden – bei 35 Beitragsjahren soll er die volle Höhe erreichen.

Die Berechnung erfolgt aus allen Grundrentenzeiten, in denen der Verdienst mindestens 30 Prozent vom Durchschnittsverdienst betragen hat. Auf der Internetseite der Deutschen Rentenversicherung finden Sie eine Tabelle mit Orientierungswerten, wie der Zuschlag ermittelt wird. **www.deutsche-rentenversicherung.de/DRV/DE/Rente/Grundrente/grundrente.html,** Suchbegriff „Grundrente".

Wichtig bei der Grundrente ist, dass es **keine Bedürftigkeitsprüfung** gibt, die Empfänger müssen also nicht ihre Einkommens- und Vermögensverhältnisse offenlegen. Auch soll die Grundrente nicht dazu führen, dass man selbst genutztes Wohneigentum aufgeben muss. Geplant ist (Stand August 2020), dass der Grundrentenzuschlag automatisch ausgezahlt werden soll, ohne Antragstellung.

Männer und Frauen, deren Rente zwar niedrig ist, die aber über Mieteinnahmen oder andere Einkünfte verfügen, müssen das Einkommen oberhalb des Freibetrags von 1.250 Euro für Alleinstehende und 1.950 Euro für Paare (Stand August 2020) auf die Grundrente anrechnen lassen. Der darüberliegende Betrag wird zu 60 Prozent angerechnet. Eine **vollständige Anrechnung** erfolgt ab einem Einkommen von 1.600 bzw. 2.300 Euro.

Nicht verwechseln: Grundrente und Grundsicherung

Die Grundsicherung im Alter und bei Erwerbsminderung wurde im Jahr 2005 eingeführt. Sie ist keine Rentenart, sondern eine Sozialleistung, die aus Steuermitteln finanziert wird. Anspruch haben Personen, deren Rente zusammen mit anderen Einkommen für den Lebensunterhalt nicht ausreicht. Anders als bei der Sozialhilfe bleibt das Einkommen von Kindern oder Eltern unberücksichtigt.

Seit 2018 gilt außerdem ein Freibetrag für zusätzliche Altersversorgung. Bei der Anrechnung auf die Grundsicherung bleibt für die geförderte Altersvorsorge – die betriebliche Altersversorgung, die Riester-Rente und die private Rürup-Rente – ein Sockelbetrag von 100 Euro unangetastet. Von Renten bleiben immerhin 30 Prozent anrechnungsfrei – diese Regelung gilt für weitere 223 Euro im Jahr 2021. Wer also zum Beispiel 250 Euro Betriebsrente erhält, kann 100 Euro plus 30 Prozent von 150 Euro in jedem Fall behalten – das sind insgesamt 145 Euro. 105 Euro werden dagegen auf die staatliche Grundsicherung angerechnet. Ausführliche Informationen zur Grundsicherung erhalten Sie bei den Sozialämtern.

Die Versorgung der Beamten

Bestimmte Berufsgruppen in Deutschland müssen per Gesetz nicht in die Rentenkasse einzahlen, sondern erhalten eine gesetzliche Pension. Dazu gehören Beamte, verbeamtete Lehrer, Richter, Soldaten, Polizisten, Zoll- und JVA-Beamte sowie Pfarrer.

Wie wird die Pension berechnet?

Beamte müssen keine Beiträge zur gesetzlichen Rentenversicherung zahlen. Ihre Pension ist abhängig vom zuletzt verdienten Bruttogehalt und den absolvierten Dienstjahren. Pro Dienstjahr in Vollzeit wird ein Pensionssatz von 1,79375 Prozent angesetzt. Maximal können 71,75 Prozent erreicht wer-

den. Das entspricht 40 Dienstjahren. Ein Beamter, der mehr als 40 Dienstjahre absolviert hat, kann nicht mehr als 71,75 Prozent erreichen. Ähnlich wie bei der gesetzlichen Rentenversicherung sind die Höhe Ihres Einkommens sowie Ihre absolvierten Dienstjahre grundlegend für die Berechnung Ihrer Ansprüche.

Auch die weiteren Leistungen der Beamtenversorgung entsprechen weitgehend den Regeln der gesetzlichen Rentenversicherung. So existieren beispielsweise auch für diese Berufsgruppe bestimmte Versorgungsansprüche für Hinterbliebene.

Was ist, wenn man in Teilzeit gearbeitet hat?

Dann wird ein sogenannter Teilzeitfaktor in die Berechnung einbezogen, der den Anspruch leicht erhöht, auch wenn dieser trotzdem geringer als bei Vollzeitbeamten ausfällt. Analog zur gesetzlichen Rentenversicherung können auch Beamte vor dem 65. Lebensjahr in den Ruhestand gehen – allerdings mit Kürzungen. Auch die gesetzliche Regelaltersgrenze für Beamte wird stufenweise auf das 67. Lebensjahr angehoben.

Die berufsständischen Versorgungswerke

Die berufsständische Versorgung ist genau wie die gesetzliche Rentenversicherung eine auf einer Pflichtmitgliedschaft beruhende Altersvorsorge. Die Pflicht gilt für Freiberufler vieler Berufsgruppen – und dann auch unabhängig davon, ob sie selbstständig oder angestellt arbeiten, die Beitragshöhe ist allerdings unterschiedlich. In jedem Fall ersetzt das System die gesetzliche Rentenpflicht.

Der wichtigste Unterschied zur gesetzlichen Rentenversicherung: Die berufsständischen Versorgungswerke funktionieren nicht nach dem Umlageverfahren, sondern nach dem sogenannten Kapitaldeckungsverfahren. Das bedeutet: Jeder Versicherte spart sein eigenes Vorsorgekapital an.

 HINTERGRUND

Versorgungswerke der Kammern

Die freien Berufe, die jeweils ein eigenes berufsständisches Versorgungswerk unterhalten, sind grundsätzlich in Kammern organisiert. Dazu gehören unter anderem Ärzte, Zahnärzte und Tierärzte, Apotheker, Notare, Rechtsanwälte, Steuerberater und Steuerbevollmächtigte, Wirtschaftsprüfer und vereidigte Buchprüfer sowie Architekten.

Wenn Sie einen freien Beruf ausüben und der entsprechenden Kammer beitreten, müssen Sie auch an der berufsständischen Versorgung teilnehmen. Im Alter bekommen Sie dann eine Rentenzahlung aus Ihrem zuständigen Versorgungswerk. Es gibt derzeit 90 Versorgungswerke mit insgesamt fast einer Million Mitgliedern, die meisten davon sind Ärzte. Jede Versichertengemeinschaft steht immer nur Angehörigen eines bestimmten Berufsstands offen, häufig auch noch regional beschränkt. Beitragshöhe und Höchstbeiträge orientieren sich an den Sätzen der gesetzlichen Rentenversicherung. Maßgeblich sind das Gehalt bzw. die Berufseinkünfte. Selbstständige können freiwillig auch weniger oder mehr einzahlen.

Wie viel Rente fließt, hängt vom eingezahlten Beitrag und vom Anlageerfolg des jeweiligen Versorgungswerks ab. Außer klassischen Altersrenten bieten die Versorgungswerke grundsätzlich auch Erwerbsminderungsrenten, Todesfallschutz für Angehörige, Sterbegeld und teilweise sogar eine Absicherung gegen Berufsunfähigkeit an.

Baustein 2: die Riester-Rente

Produktprofil

Bedeutung	++
Sicherheit	+++
Geeignet für	pflichtversicherte Arbeitnehmer und pflichtversicherte Selbstständige, vor allem für Familien mit Kindern
Geeignet als	Zusatzbaustein
Vorteile	Zulage vom Staat, unter Umständen steuerbegünstigt in der Ansparphase, pfändungssicher, Hartz-IV-sicher
Nachteile	unübersichtlich, weil vielfältige Formen; je nach Produktform nur geringe Rendite; zu versteuern in der Rentenphase, hohe Kosten

Die Riester-Grundlagen

Die Riester-Rente wurde im Jahr 2002 zur Kompensation des abgesenkten Rentenniveaus aufgrund der Rentenreform des Jahres 2001 eingeführt. Als alleiniger Baustein einer privaten Altersversorgung eignet sie sich nicht für ein ausreichendes Einkommen im Alter. Das gesetzliche Regelwerk bleibt außerdem trotz mehrerer Vereinfachungen kompliziert, der Sparer muss sich sehr genau informieren.

Die Förderung ist so konstruiert, dass ein gesetzlich festgelegter Personenkreis in der Ansparphase mit Zulagen und eventuellen Steuererleichterungen durch Sonderausgabenabzug gefördert wird. Die Kapitalauszahlung ist dann einkommensteuerpflichtig und frühestens ab dem 62. Lebensjahr – für Abschlüsse vor 2012 ab dem 60. Lebensjahr – ausschließlich als regelmäßig wiederkehrende Leistung bis zum Tod möglich.

Außer diesen Bedingungen stellt der Gesetzgeber zusätzlich Ansprüche an die Ausgestaltung der förderfähigen Sparprodukte: Riester-Banksparpläne, Riester-Investmentfondssparpläne, Riester-Rentenversicherungen und seit 2008 Riester-Bausparverträge. Im Jahr 2008 wurde die Riester-Systematik auf die Förderung von selbst genutztem Wohneigentum ausgeweitet. Entsprechend wurde die Produktpalette um Riester-Annuitätendarlehen, Riester-Kombifinanzierungen und Riester-Bauspardarlehen erweitert. Seit 2008 differenziert man umgangssprachlich zwischen „Geld"-Riester und „Wohn"-Riester.

→ **Geld-Riester** sind Sparverträge, aus denen ab Rentenbeginn eine lebenslange Rente geleistet wird.

→ **Wohn-Riester** bezeichnet die Finanzierung selbst genutzten Wohneigentums.

Seit 2018 tragen zwei Gesetzesänderungen zur Attraktivität der Riester-Rente bei. Bis Ende 2017 wurden unter anderem Riester-Renten in der Auszahlungsphase auf die Grundsicherung im Alter angerechnet. Seit 2018 gibt es einen Anrechnungsfreibetrag in Höhe von 100 Euro. Dieser gilt nicht nur für die Riester-Rente, sondern auch für Betriebs- und private Rürup- oder Basisrenten. Zusätzlich sind noch 30 Prozent der darüber hinausgehenden Renten bis maximal 223 Euro (für 2021) anrechnungsfrei. Ebenso wird die Riester-Rente im Rahmen der betrieblichen Altersvorsorge seit 2018 in der Auszahlungsphase nicht mit Beiträgen zur gesetzlichen Kranken- und Pflegeversicherung belastet.

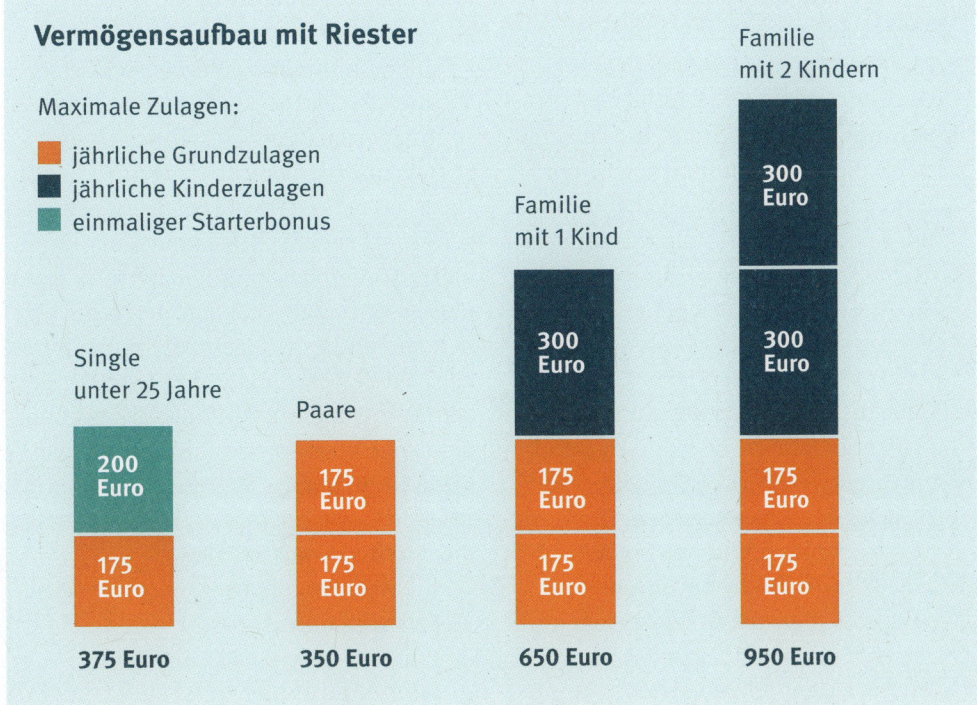

Vermögensaufbau mit Riester

Maximale Zulagen:

- jährliche Grundzulagen
- jährliche Kinderzulagen
- einmaliger Starterbonus

Single unter 25 Jahre

200 Euro
175 Euro
375 Euro

Paare

175 Euro
175 Euro
350 Euro

Familie mit 1 Kind

300 Euro
175 Euro
175 Euro
650 Euro

Familie mit 2 Kindern

300 Euro
300 Euro
175 Euro
175 Euro
950 Euro

Wer ist förderberechtigt?

Förderungen erhalten alle unbeschränkt Steuerpflichtigen, die von der Absenkung des Rentenniveaus in der gesetzlichen Rentenversicherung oder vergleichbarer Versorgungssysteme des Jahres 2001 betroffen sind. Entsprechend teilt der Gesetzgeber in **unmittelbar** und **mittelbar** Förderberechtigte ein.

Unmittelbar Förderberechtigte

→ rentenversicherungspflichtige Arbeitnehmer, Beamte, Richter, Soldaten, Amtsträger, freiwillig Wehrdienstleistende, Personen im Bundesfreiwilligendienst

Besonderheiten: Beamte, die keine Sozialversicherungsnummer aus einem früheren Arbeitsverhältnis haben, müssen eine sogenannte Zulagennummer bei ihrer Dienststelle beantragen. Außerdem müssen Beamte ihre Versorgungsstelle ermächtigen, die Daten über ihre Dienstbezüge der Zentralen Zulagenstelle für Altersvermögen (ZfA) bei der Deutschen Rentenversicherung Bund mitzuteilen;

→ Bezieher von Arbeitslosengeld, ALG-II-Empfänger, Bezieher von Krankengeld, vollständig erwerbsgeminderte oder dienstunfähige Personen, Bezieher von Vorruhestandsgeld, sofern sie vorher pflichtversichert waren, und über die Künstlersozialkasse versicherte Künstler und Publizisten;

→ nicht erwerbsmäßig tätige Pflegepersonen (etwa bei Pflege von Angehörigen);

→ geringfügig Beschäftigte – Minijobber –, die eigene Sozialversicherungsbeiträge leisten;

→ Kindererziehende bis zur Vollendung des dritten Lebensjahrs des Kindes – dies gilt für das gesamte Kalenderjahr, in dem sie Geburtstag feiern.

Mittelbar Förderberechtigte

→ nicht förderberechtigte Ehepartner aller unmittelbar Zulageberechtigten – auch der Partner in eingetragenen Partnerschaften.

Mittelbar Förderberechtigte werden mit Zulagen gefördert, wenn sie einen eigenen Sparvertrag abschließen. Dazu muss der unmittelbar Förderberechtigte seinerseits einen Riester-Vertrag abschließen, den er mit eigenen Mitteln bespart. Seit 2012 müssen mittelbar Förderberechtigte einen Mindesteigenbeitrag in Höhe von 60,00 Euro jährlich sparen. Ohne diesen Mindesteigenbeitrag gibt es keine Förderung.

Nicht förderberechtigt sind

→ nicht rentenversicherungspflichtige Selbstständige;

→ Pflichtversicherte in Einrichtungen der berufsständischen Versorgung (Ärzte,

Apotheker, Tierärzte, Architekten, Rechtsanwälte etc. – sogenannte verkammerte Berufe);

→ Bezieher von Renten wegen teilweiser Erwerbsminderung ohne rentenversicherungspflichtige Beschäftigung oder Tätigkeit;

→ geringfügig Beschäftigte – Minijobber –, die keine eigenen Sozialversicherungsbeiträge leisten,

→ Studenten, die nicht rentenversicherungspflichtig beschäftigt sind.

→ **TIPP** **Kleine Chance nutzen**
Diese eigentlich nicht förderberechtigten Personenkreise können unter Umständen über den Umweg der mittelbaren Förderberechtigung doch einen eigenen Vertrag abschließen (→ Seite 64).

Für wen lohnt sich Riester?

Riester-Verträge lohnen sich vor allem aufgrund der staatlichen Förderungen mit Zulagen und der Steuerersparnisse durch den Sonderausgabenabzug. Die Höhe des zusätzlichen Steuervorteils hängt allerdings vom Einkommensteuersatz ab. Der Steuervorteil wird mit den Zulagen verrechnet. Bei kinderreichen Familien sind Grund- und Kinderzulagen in der Regel höher. Vom Steuervorteil profitieren in erster Linie alleinveranlagte Gutverdiener.

Auf Kostenfallen achten!
Die Bankbetriebswirtin Dana Rittig, bei der Verbraucherzentrale NRW Beraterin für Altersvorsorge, Geldanlage und Immobilienfinanzierung, warnt: „Riester kann sich für viele lohnen – aber nicht, wenn die Kosten des Vertrags die Förderung wieder aufzehren! Lassen Sie sich nicht von Anbietern mit einer hohen Förderquote blenden, sondern überprüfen Sie vor allem die Kosten, damit viel von der Förderung bei Ihnen bleibt. Beachten Sie den Interessenkonflikt des Verkäufers: Häufig liegt der höhere Nutzen beim Verkäufer und nicht beim Verbraucher, also Ihnen!"

Bisher war die Riester-Rente für Geringverdiener unattraktiv. Sie haben geringe Rentenansprüche aus der gesetzlichen Rentenversicherung zu erwarten. Eine Riester-Rente wäre im Alter auf die Grundsicherung angerechnet worden. Sie hätten daher die Riester-Sparbeiträge umsonst gezahlt. Dies hat sich 2018 geändert. Riester-Rentner dürfen nun maximal 223 Euro (Stand 2021) behalten.

Die Frage, für wen welche Riester-Variante geeignet ist, lässt sich pauschal nicht beantworten. Wichtige Faktoren sind die Risikoneigung, das Alter und die damit noch verbundene Zeit bis zum Beginn des Ruhestands. Auch der Niedrigzins spielt derzeit eine große Rolle.

Junge Riester-Sparer, die noch einen Sparhorizont von mehreren Jahrzehnten haben, sollten sich mit den Riester-Fondsvarianten auseinandersetzen: die fondsgebundene Riester-Rentenversicherung und „reine" Riester-Fondssparpläne. Für Letztere sprechen im Vergleich niedrigere Kosten. Sie sind aber eingeschränkt auf den angebotenen Fonds. Dies ist bei fondsgebundenen Riester-Rentenversicherungen anders. Hier kann in der Regel aus einer Reihe von Investmentfonds gewählt oder aber auch zwischenzeitlich der Fonds gewechselt werden. Außerdem gibt es Anbieter, die Verträge nur noch für eine bestimmte Mindestlaufzeit annehmen.

Riester-Banksparpläne werden zurzeit nur von wenigen Sparkassen und Volksbanken angeboten. Aufgrund der nicht vorhersehbaren, seit Jahren andauernden Niedrigzinsphase sind die Erträge auch für alte Verträge gering. Sie waren und sind geeignet für sicherheitsorientierte Sparer. Auch für Sparer, die den Kauf einer Immobilie planen, sind sie eine Alternative, Eigenkapital zu bilden. Für sicherheitsorientierte Sparer eignen sich „klassische" Riester-Rentenversicherungen. Sie haben im Vergleich zwar einen garantierten Zins auf den Sparanteil, allerdings sind die Kosten je nach Anbieter erheblich. Ein Vergleich mehrerer Angebote ist daher unbedingt nötig.

Wie wird gefördert?

Die Riester-Förderung besteht aus zwei Teilen – den Altersvorsorgezulagen und eventuellen Steuererleichterungen durch Sonderausgabenabzug. Förderberechtigte erhalten eine Altersvorsorgezulage, die nach Beantragung und Prüfung der Förderberechtigung direkt auf das persönliche Altersvorsorgekonto überwiesen wird. Zusätzlich können unmittelbar Förderberechtigte mit der Einkommensteuererklärung für die geleisteten Sparbeiträge – inklusive Zulagen – des Beitragsjahrs einen Sonderausgabenabzug bis maximal 2.100 Euro beantragen.

Grund- und Kinderzulage

Anspruch auf die Grundzulage haben sowohl unmittelbar als auch mittelbar Förderberechtigte. Letztere allerdings nur, wenn sie mit einem Förderberechtigten verheiratet bzw. verpartnert sind, der einen eigenen Vertrag bespart. Die Kinderzulage wird für kindergeldberechtigte Kinder des Zulageberechtigten maximal bis zur Vollendung des 25. Lebensjahrs des Kindes gewährt. Unabhängig von der tatsächlichen Kindergeldzahlung wird die Kinderzulage auf den Vertrag der Mutter überwiesen. Nur auf gemeinsamen schriftlichen Antrag der Ehepartner kann die Kinderzulage auf den Vertrag des Vaters überwiesen werden.

Die Zulagen werden nicht automatisch auf den Riester-Vertrag überwiesen. Sie müs-

 **Riester bei Ehepartnern: Herausforderung für die optimale Förderung**
Die Bankbetriebswirtin Dana Rittig, bei der Verbraucherzentrale NRW Beraterin für Altersvorsorge, Geldanlage und Immobilienfinanzierung, erläutert: „Bei Ehepartnern muss immer genau geprüft werden, wer die Zulagen bekommt. Es kann sinnvoll sein, mit den Zulagen zu jonglieren, also bewusst zu entscheiden, bei welchem Ehepartner die optimale Förderung bei geringster Einzahlung zu erreichen ist."

sen spätestens bis zum Ende des zweiten Kalenderjahrs nach dem jeweiligen Beitragsjahr vom Sparer beantragt werden, zum Beispiel für 2021 spätestens am 31.12.2023.

Stellen Sie einen Dauerzulageantrag, damit die Zulagen nicht verloren gehen. Änderungen der familiären Situation müssen Sie dem Anbieter mitteilen.

Sonderausgabenabzug

Die Gesamtsparleistung – Eigenbeitrag plus Zulagen – kann von unmittelbar Förderberechtigten als Sonderausgabe zusätzlich mit der Einkommensteuererklärung für das jeweilige Beitragsjahr geltend gemacht werden. Sie beträgt pro unmittelbar förderberechtigtem Steuerpflichtigen maximal 2.100 Euro.

 WICHTIG

Zulagen sichern

Die Anbieter versenden zum Anfang des Folgejahrs den sogenannten Zulageantrag, der ausgefüllt und unterschrieben zurückgeschickt werden muss. Erst dann werden die Zulagen an den Anbieter ausgezahlt und von diesem auf den Riester-Sparvertrag überwiesen. Da viele Förderberechtigte in der Vergangenheit die Zulagen nicht bzw. nicht rechtzeitig beantragt haben, hat der Gesetzgeber im Jahr 2005 zusätzlich die Möglichkeit geschaffen, dem Anbieter eine Vollmacht bis auf Widerruf zur Beantragung der Zulagen zu erteilen – man nennt dies „Dauerzulageantrag". Die Beantragung kann also auf zwei Wegen erfolgen: jährlich oder bis auf Widerruf mittels Dauerzulageantrag.

ZULAGENHÖHE	
Grundzulage je Förderberechtigten[1]	175,00 €
Kinderzulage	
Geburt des Kindes **vor** 2008	185,00 €
Geburt des Kindes **ab** 2008	300,00 €
Einmaliger Berufseinsteigerbonus[2]	200,00 €

1) 154,00 € bis Ende 2017; 175,00 € seit 2018
2) Im Jahr des Vertragsabschlusses darf das 25. Lebensjahr noch nicht vollendet sein

Das Finanzamt berücksichtigt die Höhe des Zulagenanspruchs automatisch und prüft im Rahmen der sogenannten Günstigerprüfung, ob der Zulagenanspruch höher oder geringer als die sich ergebende Steuererstattung ist. Eine über den Zulagenanspruch hinausgehende Steuerermäßigung wird dem Steuerpflichtigen ausgezahlt bzw. mit eventuellen Steuerschulden verrechnet.

 BEISPIEL

Zahlen Sie 2.100 Euro ein, dann ergibt der Sonderausgabenabzug bei 35 Prozent Grenzsteuersatz rund 735 Euro Steuerersparnis. Davon zieht das Finanzamt die Grundzulage und etwaige Kinderzulagen wieder ab. Faktisch investieren Sie also noch weniger in den Riester-Vertrag. Damit sinkt der effektive Eigenbeitrag für den Riester-Vertrag. Das eingesetzte Kapital erhöht sich durch die Förderung noch stärker.

Eigenbeitrag und Gesamtsparbeitrag

Die Riester-Förderung setzt grundsätzlich eigene Sparleistungen des Förderberechtigten voraus. Dazu sollte der unmittelbar Förderberechtigte bis zu 4 Prozent seines rentenversicherungspflichtigen Vorjahresbruttoeinkommens – maximal den Förderhöchst-

betrag von 2.100 Euro – einzahlen. Von diesem ermittelten Gesamtsparbeitrag werden die Zulagen abgezogen. Nur wenn der so ermittelte Mindesteigenbeitrag gespart wird, gibt es die Zulagen ungekürzt. Bei Unterschreitung des Mindesteigenbeitrags wird die Zulage im Verhältnis des tatsächlich gezahlten Eigenbeitrags gekürzt. Um die Zulagen ungekürzt zu erhalten, muss der Gesamtsparbeitrag

→ **4 Prozent** des rentenversicherungspflichtigen Vorjahresbruttoeinkommens pro Jahr ausmachen,

→ und mindestens **60 Euro pro Jahr** betragen.

Mehr als 2.100 Euro Einzahlung werden nicht gefördert.

Eine Zulagenförderung für unmittelbar Förderberechtigte ohne jeden Mindestbeitrag ist gesetzlich nicht vorgesehen. Daher müssen alle, deren Eigenbeitrag durch Abzug der Zulagen unter 60 Euro pro Jahr liegt, mindestens auf den Sockelbetrag in Höhe von 60 Euro aufstocken.

Ändern sich die Familien-, Arbeits- oder Einkommensverhältnisse, wird der gesparte Mindesteigenbeitrag unter Umständen zu niedrig, die Zulagen werden dann gekürzt.

Beispiel zur Ermittlung des Mindesteigenbeitrags

Rentenversicherungspflichtiges Bruttoeinkommen im Vorjahr: 35.000 €

	MINDESTENS	MAXIMAL
Gesamtsparleistung 4 % von 35.000,00 €	1.400,00 €	2.100,00 €
./. Grundzulage[1]	175,00 €	175,00 €
./. Kinderzulage[2]	0,00 €	0,00 €
= Eigenbeitrag	1.225,00 €	1.925,00 €
./. Einmaliger Berufseinsteigerbonus	0,00 €	0,00 €
= Einmaliger Eigenbeitrag[3]	1.225,00 €	1.925,00 €

1) 154,00 € bis Ende 2017; 175,00 € seit 2018
2) Entsprechend dem Geburtsjahr des Kindes: 185,00 € bei Geburt vor 2008 oder 300,00 € bei Geburt ab 2008
3) Mögliche Steuerersparnisse durch Sonderausgabenabzug sind hier nicht berücksichtigt

→ TIPP Eigenbeitrag prüfen

Überprüfen Sie jedes Jahr anhand der Abrechnung im Dezember, ob der aktuelle Eigenbeitrag auch für das Folgejahr noch ausreicht. Falls nicht, passen Sie den Eigenbeitrag entsprechend an, um die vollen Zulagen zu erhalten. Umgekehrt können Sie den Beitrag auch senken, wenn Sie im Vorjahr weniger verdient haben. Auch wenn Ihnen das seltsam erscheint: Der Riester-Beitrag hinkt Ihren tatsächlichen Einkommensverhältnissen immer ein Jahr hinterher. Wechseln Sie also beispielsweise von einer Halbtags- auf eine Vollzeitstelle und im Folgejahr wieder zurück auf eine Halbtagsstelle, dann zahlen Sie in dem Vollzeitjahr niedrigere Riester-Beiträge, im Jahr darauf aber höhere.

 WICHTIG

Zertifizierung muss sein

Unabhängig von der Wahl der Anlageform müssen bestimmte gesetzliche Normen erfüllt sein. Man spricht in diesem Zusammenhang von „Zertifizierung".

Geld-Riester-Kriterien

Anlageformen, die in der Auszahlungsphase – also im Alter – eine Monatsrente auszahlen, werden als Geld-Riester bezeichnet. Als Sparformen kommen dafür Riester-Banksparpläne, Riester-Rentenversicherungen und Riester-Investmentfondssparpläne infrage. Auch Riester-Bausparverträge fallen in der Ansparphase unter Geld-Riester. Die Verträge müssen die folgenden Bedingungen erfüllen:

→ Der Vertrag muss eine **lebenslange** und unabhängig vom Geschlecht berechnete Altersvorsorge vorsehen. Bei Vertragsabschlüssen bis 2012 kann die Rente schon ab dem 60. Lebensjahr bezogen werden, für Abschlüsse ab 2012 ab dem 62. Lebensjahr.

! WICHTIG

Wechselgebühren sind begrenzt

Beim Vertragswechsel mit Kapitalübertragung zu einem anderen Anbieter dürfen zukünftig vom bisherigen Anbieter maximal 150 Euro verlangt werden. Der neue Anbieter darf maximal 50 Prozent des übertragenen Kapitals als Bezugsgröße für die Berechnung seiner Abschluss- und Vertriebskosten berücksichtigen.

→ **Ergänzende Absicherungen** der verminderten Erwerbsfähigkeit oder Dienstunfähigkeit und eine zusätzliche Hinterbliebenenabsicherung – für Ehegatten und kindergeldberechtigte Kinder – können gegen einen Beitrag von in der Regel maximal 20 Prozent (bis 2013: 15 Prozent) der Gesamtsparleistung vereinbart werden.

Zu Beginn der Auszahlungsphase müssen mindestens die eingezahlten Beiträge aus Eigenbeiträgen und Zulagen – die sogenannte Beitragsgarantie – für die Verrentung zur Verfügung stehen.

→ Die Auszahlung muss in Form
  – einer lebenslangen **Leibrente** oder
  – im Rahmen eines **Auszahlplans** mit einer anschließenden Teilkapitalverrentung spätestens ab dem 85. Lebensjahr erfolgen.

→ Die Leistungen dürfen während der gesamten Auszahlung nicht sinken.

→ Bis zu **30 Prozent** des zu Beginn der Auszahlungsphase zur Verfügung stehenden Kapitals können einmalig ausgezahlt werden, ohne dass es nachträglich der Förderung schadet.

→ **Abschluss- und Vertriebskosten** müssen auf mindestens fünf Jahre gleichmäßig verteilt werden.

→ Der Sparer kann bis zum Beginn der Auszahlungsphase
  – den **Vertrag ruhen** lassen,
  – den Vertrag mit einer Kündigungsfrist von drei Monaten zum Ende eines Kalendervierteljahrs kündigen und das gebildete Kapital auf einen anderen auf seinen Namen lautenden Altersvorsorgevertrag **übertragen**,
  – mit einer Frist von drei Monaten zum Ende eines Kalendervierteljahrs eine Auszahlung des gebildeten Kapitals für den Erwerb einer selbst genutzten Wohnimmobilie verlangen.

Wohn-Riester-Kriterien

Anlageformen, die in der Auszahlungsphase – also im Alter – die ersparte Miete als vergleichbare Geldleistung vorsehen, bezeichnet man als Wohn-Riester. Entsprechend ersetzt die Immobilie die Rentenzahlung.

Für diese Form kommen Riester-Annuitätendarlehen oder Riester-Kombifinanzierungen infrage. Riester-Bausparverträge gehören dann zu Wohn-Riester, wenn das Bauspardarlehen in Anspruch genommen wird. Die Verträge müssen folgende Bedingungen erfüllen:

→ Das Darlehen darf nur für eine begünstigte Wohnung zur **Selbstnutzung** verwendet werden.

→ Die **Abschluss- und Vertriebskosten** müssen gleichmäßig mindestens auf die ersten fünf Jahre verteilt werden, wenn sie nicht als Prozentsatz von den Beiträgen/Tilgungsleistungen abgezogen werden.
→ Die **Darlehenstilgung** muss bis spätestens zum 68. Lebensjahr des Darlehensnehmers erfolgt sein.

Neue Zertifizierungsregeln

Produkte, die nach dem 1. Januar 2014 eingeführt wurden, müssen neue Zertifizierungskriterien erfüllen. Im Wesentlichen handelt es sich um erweiterte Informationspflichten des Anbieters, zum Beispiel ein neues Produktinformationsblatt und neu eingeführte Informationspflichten zu Beginn der Auszahlungsphase. Dies gilt auch für Altverträge. Enthält das Produktinformationsblatt Fehler, kann der Kunde innerhalb von zwei Jahren nach Vertragsabschluss vom Vertrag zurücktreten. Für vor dem 1. Januar 2014 abgeschlossene Verträge ergeben sich dadurch keine Nachteile.

Außerdem gibt der Gesetzgeber seit dem 1. Januar 2014 für neu zertifizierte bzw. umgestellte Verträge die zulässigen Kosten vor. Zur Verbesserung der Kostentransparenz werden diese in folgende Gruppen eingeteilt:

→ **Abschluss- und Vertriebskosten sowie Verwaltungskosten:** Dies kann ein monatlich oder jährlich fester Betrag sein oder ein prozentualer Anteil – zum Beispiel des vereinbarten Darlehensbetrags oder des gebildeten Kapitals.

→ **Anlagebezogene Kosten:** Diese können aufgrund eines bestimmten Anlasses – zum Beispiel Entnahme des Kapitals zur Eigenheimfinanzierung oder Kündigung des Vertrags – verlangt werden.

> 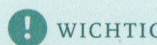 **WICHTIG**
>
> ### Zertifizierung keine Qualitätsaussage
>
> Der Gesetzgeber betont ausdrücklich, dass bei der Zertifizierung nicht das wirtschaftliche Leistungsversprechen des Anbieters ausgezeichnet, sondern lediglich bestätigt wird, dass die gesetzlichen Kriterien als staatlich geförderter Altersvorsorgevertrag erfüllt sind. Die Zertifizierung eines Riester-Produkts ist also kein Gütesiegel.

Was passiert bei Kündigung, schädlicher Verwendung oder Tod?

Eine vorzeitige Rückzahlung des angesparten Kapitals gilt sowohl in der Anspar- als auch in der Auszahlungsphase als schädliche Verwendung. Sie kann die unmittelbare Rückforderung der Fördergelder – also Zulagen und Steuerersparnisse zur Folge haben. Außerdem sind die erwirtschafteten Kapitalerträge steuerpflichtig.

Folgende Sachverhalte gelten als unschädliche Verwendung:

→ **Kündigung des Geld-Riester-Vertrags und Auszahlung des Kapitals:** Wenn Sie den Vertrag kündigen und das vorhandene Kapital auf einen anderen Riester-Vertrag bei demselben oder einem anderen Anbieter übertragen, handelt es sich nicht um eine schädliche Verwendung. Ebenso wenig ist es schädlich, wenn Sie den Riester-Vertrag nur ruhend oder beitragsfrei stellen, also das Guthaben nicht ausgezahlt wird.

→ **Tod des Förderberechtigten in der Ansparphase:** Stirbt der Förderberechtigte, kann ausschließlich der Ehepartner das vorhandene Kapital förderunschädlich erben. Der Ehepartner muss das Kapital allerdings auf einen auf seinen Namen lautenden Riester-Vertrag einzahlen.

Wechselrechte nutzen

Sind Sie mit der Kosten- und Ertragsentwicklung Ihres Riester-Vertrags unzufrieden, sollten Sie vor einer Kündigung mit den Folgen der schädlichen Verwendung folgende Alternativen überlegen:

→ Sie können den Vertrag beitragsfrei stellen und sich das Guthaben als lebenslange Leistung auszahlen lassen.

→ Sie können das Kapital auf einen anderen Riester-Vertrag bei demselben oder einem anderen Anbieter übertragen. Für den Wechsel fallen allerdings Kosten an. Diese sind auf 150 Euro für den alten Anbieter begrenzt. Der neue Anbieter darf maximal 50 Prozent des übertragenen Kapitals als Bezugsgröße für die Berechnung der Abschluss- und Vertriebskosten ansetzen. Das verbleibende Guthaben und die weiteren Sparleistungen sind dann zum Laufzeitende garantiert. Ob sich der Wechsel dann noch rechnet oder Sie den Vertrag besser beitragsfrei stellen sollen, müssen Sie entscheiden.

→ Auszahlung für den Immobilienerwerb (mehr dazu → Seite 89).

Die Auszahlung im Alter

Wer als Riester-Sparer einmal das für ihn geeignete Riester-Produkt abgeschlossen hat, braucht sich nur noch wenig um seinen Vertrag zu kümmern. Für die Auszahlung ergeben sich aus den Riester-Bedingungen allerdings mehrere Möglichkeiten, die unter anderem abhängig von der Wahl des Riester-Produkts in der Sparphase sind. Außerdem wird die Auszahlung nachgelagert mit dem persönlichen Steuersatz versteuert. Es gelten folgende Bedingungen:

→ Für Vertragsabschlüsse **vor 2012:** Die Auszahlung darf nicht beginnen vor Vollendung des 60. Lebensjahrs.

→ Für Vertragsabschlüsse **nach 2012:** Die Auszahlung darf nicht beginnen vor Vollendung des 62. Lebensjahrs.

→ Die Auszahlung muss in Form einer lebenslangen **Leibrente** oder im Rahmen eines Auszahlplans mit anschließender Teilkapitalverrentung ab dem 85. Lebensjahr erfolgen (→ Seite 74).

→ Bis zu **30 Prozent** des zu Beginn der Auszahlungsphase zur Verfügung stehenden Kapitals können einmalig förderunschädlich ausgezahlt werden.

→ Die Auszahlung des gesamten Kapitals ist möglich zur Tilgung von Schulden einer selbst genutzten **Wohnimmobilie** im Rahmen von Wohn-Riester.

→ **Kleinstbetragsrenten** können abgefunden werden.

Lebenslange Auszahlung

Die Riester-Rente soll nach dem Willen des Gesetzgebers als lebenslange Auszahlung die Absenkung des Rentenniveaus aufgrund der Rentenreform des Jahres 2001 ausgleichen. Sie darf während der Auszahlungsphase nicht sinken. Als Ansparmöglichkeiten stehen

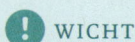

⚠ WICHTIG

Förderschädliche Verwendung möglich

Selbstverständlich kann das Kapital auch vor den erreichten Altersgrenzen oder zu Beginn der Auszahlungsphase komplett ausgezahlt werden. Das wäre allerdings eine förderschädliche Verwendung. Sie müssen dann alle Förderbeträge zurückzahlen sowie unter Umständen die Kapitalerträge versteuern.

Rentenversicherungen, Bank- und Fondssparpläne zur Auswahl.

Eine lebenslange Rente ist die meistgewählte Variante für die Auszahlung, nur Versicherer bieten sie an. Diese kalkulieren schon bei Vertragsabschluss die garantierte Rente im Alter. Zwar läuft die Auszahlung auch bei Banken und Kapitalanlagegesellschaften auf eine lebenslange Leistung hinaus. Sie bieten Riester-Banksparpläne bzw. Riester-Fondssparpläne an. Sie garantieren aber nur die eingezahlten Sparbeiträge zum Ende der Sparphase. Die Auszahlung wird erst zu Beginn des Ruhestands kalkuliert. Dafür ergeben sich zwei Optionen:

1. die Auszahlung des Kapitals als **lebenslange Rente** durch Einzahlung des Kapitals bei einem Versicherer, also eine sofort beginnende Rente oder

2. die Auszahlung eines Teilkapitals in Form eines **Entnahmeplans** bis zum vollendeten 85. Lebensjahr und die Einzahlung des anderen Teilkapitals in eine **aufgeschobene Rentenversicherung** bei einem Versicherer.

Die zweite Option stößt bei den meisten Riester-Sparern auf Unverständnis. Daher hier eine Erläuterung: Die zentrale Bedingung der Riester-Rente sind Leistungen bis zum Tod. Da Sie auch älter als 85 Jahre werden können, hätten Sie bei einer Leistung, die nur bis zum 85. Lebensjahr liefe, anschließend monatlich weniger Geld zur Verfügung. Daher wird Ihnen bis zum vollendeten 85. Lebensjahr nur ein Teil des Kapitals ausgezahlt, das damit aufgebraucht wird. Damit die monatliche Leistung auch anschließend weitergezahlt werden kann, wird zu Beginn ein anderer Teil des Kapitals in eine Rentenversicherung eingezahlt, die dann die Leistung bis zum Tod übernimmt. Die Rente ist bis zum vollendeten 85. Lebensjahr aufgeschoben.

Je nach Produktart gibt es Vor- und Nachteile. Sparer, die eine **Riester-Rentenversicherung** in der Ansparphase abgeschlossen haben, wissen **von Beginn an die Höhe der garantierten Rente**. Insbesondere wenn der Vertrag früh abgeschlossen wurde, sind die garantierten Zinsen für die Rentenphase deutlich höher. Von 2004 bis 2006 lagen sie zum Beispiel bei 2,75 Prozent. Für Neuabschlüsse seit 2017 werden nur noch 0,9 Prozent gezahlt.

BEISPIEL

Nehmen wir einen Auszahlplan mit Teilkapitalverrentung ab dem 85. Lebensjahr an. Zu Beginn der Auszahlungsphase stehen 50.000 Euro zur Verfügung. Davon werden 35.000 Euro zu 2 Prozent angelegt und in den folgenden 17 Jahren mit monatlich ca. 200 Euro ausgezahlt. Um diese Auszahlung auch ab dem vollendeten 85. Lebensjahr leisten zu können, werden 15.000 Euro in eine aufgeschobene Rentenversicherung eingezahlt. Diese leistet dann bis zum Tod weiterhin 200 Euro monatlich.

Der Garantiezins sinkt 2022 weiter ab, auf nur noch 0,25 Prozent.

Einfluss auf die Form der Auszahlung haben auch die **Vererbungsmöglichkeiten**. Grundsätzlich ist die förderunschädliche Vererbung nur an Ehegatten und kindergeldberechtigte Kinder möglich. Grundsätzlich sind aber auch Leibrenten personenbezogen. Daher endet mit dem Tod der versicherten Person die Rentenzahlung. Soll also die Rente noch weiter an die Hinterbliebenen förderunschädlich geleistet werden, können **Rentengarantiezeiten** vereinbart werden. Diese kosten allerdings Geld und führen je nach Länge der Garantiezeit zu einer niedrigeren Rente. Für die Auszahlung im Rahmen eines

Entnahmeplans wird das noch vorhandene Teilkapital an die Erben ausgezahlt. Ist das beispielsweise der Ehegatte, kann es in einen auf dessen Namen lautenden Riester-Vertrag förderunschädlich eingezahlt werden. Andere Erben können das Teilkapital förderschädlich erben. Sie müssen allerdings die anteiligen Förderungen zurückzahlen.

→ TIPP Vererbungsmöglichkeit prüfen
Lassen Sie sich für die Auszahlungsphase die unterschiedlichen Vererbungsmöglichkeiten genau erklären oder fragen Sie bei den Verbraucherzentralen nach.

Teilauszahlung und lebenslange Rente

Riester-Rentner können sich zu Beginn der Auszahlungsphase 30 Prozent ihres Altersvorsorgevermögens einmalig auszahlen lassen, ohne dass die Förderungen zurückzuzahlen wären. Da weniger Kapital zur Verrentung zur Verfügung steht, ist die lebenslange Auszahlung vergleichsweise niedriger.

 ACHTUNG

Steuern berücksichtigen

Eine Teilauszahlung muss versteuert werden. Prüfen Sie vorher, wie hoch die Versteuerung ausfallen wird, und entscheiden Sie erst dann.

Die Teilauszahlung zu Beginn des Ruhestands kann durchaus sinnvoll sein. Damit kann man eine Notreserve aufbauen, vorhandene Schulden tilgen, einen eigenen Entnahmeplan abschließen oder sich einfach auch etwas gönnen.

Schuldentilgung für das Eigenheim

Eine weitere Möglichkeit bietet sich Wohneigentümern, die zu Beginn der Auszahlungsphase noch einen Kredit abbezahlen müssen oder den altersgerechten Umbau ihrer Immobilie anstreben. Sofern Sondertilgungsmöglichkeiten bestehen oder die Zinsbindungszeit gerade ausläuft, kann das Riester-Kapital zur Tilgung eingesetzt werden. Damit erledigen sich die weiteren Kreditraten bzw. reduziert die Sondertilgung die Gesamtlaufzeit und spart Zinsen. Auch dieses eingesetzte Riester-Kapital muss versteuert werden. Dafür bestehen zwei Alternativen:

→ sofortige Versteuerung von 70 Prozent des Kapitals oder

→ gleichmäßige Versteuerung des Gesamtbetrags bis zum vollendeten 85. Lebensjahr.

Welche der beiden Varianten günstiger für Sie ist, kann nicht pauschal gesagt werden – das müssen Sie mit Ihrem Steuerberater besprechen.

 **ACHTUNG**

Steuern bedenken

Die Einmalauszahlung bedeutet nicht, dass Sie die Förderung zurückzahlen müssen, aber der Betrag muss versteuert werden. Je nach Höhe des Einkommens können die zu zahlenden Steuern die erhaltenen Förderungen übersteigen.

→ **TIPP** **Sondertilgungsrechte frühzeitig klären**

Wie Sie mit Riester-Kapital Schulden für selbst genutzte Immobilien tilgen können, sollten Sie schon einige Zeit vor Beginn der Auszahlungsphase überlegen. Möglicherweise bieten sich Sondertilgungsrechte schon ein paar Jahre vorher an. Um Restschulden zu Beginn der Auszahlungsphase zu tilgen, müssen sie deren Höhe genau wissen. Außerdem fällt das Ende der Zinsbindungszeit des Darlehens nicht unbedingt mit dem Beginn der Auszahlungsphase des Riester-Kapitals zusammen. Das könnte Vorfälligkeitsentschädigungen zur Folge haben.

Abfindung von Kleinstbetragsrenten

Wenn das Riester-Kapital zu Beginn der Auszahlungsphase zu gering ist, kann der Anbieter sich entscheiden, keine Rente zu zahlen. Stattdessen wird das gesamte Kapital einmalig ausgezahlt. Die Höhe der Abfindung solcher Kleinstbetragsrenten wird jährlich neu berechnet. Für das Jahr 2021 liegt der Maximalbetrag bei 32,90 Euro West und 31,15 Euro Ost im Monat. Der Abfindungsbetrag kann bis zu 10.000 Euro betragen.

Für Riester-Renten, die ab 2018 abgeschlossen wurden, kann entschieden werden, ob die Abfindung der Kleinstbetragsrente zu Beginn der Auszahlungsphase oder erst zum 1. Januar des darauffolgenden Jahres ausgezahlt werden soll. Damit berücksichtigt der Gesetzgeber, dass im ersten vollen Rentnerjahr das Einkommen und damit auch die Steuerlast in der Regel deutlich geringer sind. Außerdem gilt seit 2018 eine ermäßigte Besteuerung für die Abfindung von Kleinstbetragsrenten. Die sogenannte Fünftelregelung verteilt die gesamte Abfindung auf fünf Jahre und ermittelt die darauf anfallende Steuer. Dieser Betrag wird anschließend mit fünf multipliziert und ergibt die zu zahlenden Steuern.

Riester: So verschaffen Sie sich Klarheit

Welches Produkt genau auf Ihre Bedürfnisse und Anlageziele passt und was Ihrer persönlichen Risikoneigung entspricht, zeigt erst ein Blick auf die Details. Mit der folgenden Checkliste können Sie sich orientieren.

1. Prüfen Sie vor Vertragsabschluss und während der Vertragslaufzeit Ihre Förderberechtigung.
Sind Sie
→ unmittelbar förderberechtigt?
→ mittelbar förderberechtigt?
→ gar nicht förderberechtigt?

2. Ermitteln Sie die erforderliche Sparleistung – Mindesteigenbeitrag oder maximalen Eigenbeitrag –, um die Ihnen zustehenden Zulagen ungekürzt zu erhalten.
Berücksichtigen Sie, dass Änderungen der Lebens-, Arbeits- oder Einkommensverhältnisse Auswirkungen auf Ihre Förderberechtigung und die Höhe des Eigenbeitrags haben können.

! WICHTIG

Teilauszahlung und Abfindung lassen sich nicht kombinieren

Wer erst durch die Teilauszahlung von 30 Prozent des Kapitals unter die Geringfügigkeitsgrenze kommt, muss mit einer lebenslangen Minirente leben.

Beispiele:

Kindererziehende in der dreijährigen Elternzeit: Während der ersten drei Lebensjahre Ihres Kindes sind Sie auch ohne Einkommen aus Berufstätigkeit unmittelbar förderberechtigt. Um die Grund- und Kinderzulage zu bekommen, müssen Sie im ersten Jahr zwingend den Mindesteigenbeitrag auf Basis des sozialversicherungspflichtigen Vorjahresbruttoeinkommens sparen. In den beiden Folgejahren muss dann der sogenannte Sockelbetrag in Höhe von 60,00 Euro als Mindestbeitrag gespart werden.

Berufseinsteiger: Als Berufseinsteiger werden Ihnen im ersten Jahr die Grundzulage und der Berufseinsteigerbonus in Höhe von 200,00 Euro von der ermittelten Gesamtsparleistung abgezogen. Ab dem zweiten Jahr muss der Mindesteigenbeitrag entsprechend erhöht werden.

Mittelbar Förderberechtigte: Mittelbar Förderberechtigte können nur dann gefördert werden, wenn der Ehepartner unmittelbar förderberechtigt ist. Der Ehepartner muss seinerseits einen eigenen Riester-Vertrag mit dem Mindestbeitrag besparen. In diesem Fall zieht der unmittelbar Förderberechtigte auch die Zulagen des Ehepartners von seiner ermittelten Gesamtsparleistung ab.

3. Beantragen Sie die Ihnen zustehenden Zulagen jährlich oder stellen Sie einen Dauerzulageantrag bis auf Widerruf, um dies nicht zu vergessen.

→ Sind die Ihnen zustehenden Zulagen gutgeschrieben?

4. Prüfen Sie das jährlich vom Anbieter übermittelte Datenblatt, auch wenn Sie einen Dauerzulageantrag gestellt haben.

→ Besteht für die Kinder noch Kindergeldberechtigung?

→ Wurde die Geburt eines Kindes mitgeteilt?

→ Hat sich aufgrund eines Umzugs die Nummer der Familienkasse geändert?

→ Haben sich die Familienverhältnisse durch Heirat oder Scheidung geändert?

5. Teilen Sie dem Anbieter Ihre eigene Steueridentifikationsnummer und die aller geförderten Angehörigen – auch der Kinder – mit.

→ Wenn Sie dies unterlassen, ist zukünftig der Sonderausgabenabzug über das Finanzamt nicht mehr möglich.

6. Besonderheit für Beamte und Beamtinnen beachten.

→ Sie müssen zunächst bei Ihrer Besoldungsstelle eine Zulagennummer beantragen.

PERSON 1 – BERECHNUNG EIGENBEITRAG		
	MINDESTENS	MAXIMAL
Gesamtsparleistung 4 % von [1] ....€	€	2.100,00 €
./. Grundzulage[2]	€	€
./. Kinderzulage[3]	€	€
= Eigenbeitrag	€	€
./. Einmaliger Berufseinsteigerbonus[4]	€	€
= Einmaliger Eigenbeitrag[3]	€	€

1) Rentenversicherungspflichtiges Vorjahresbruttoeinkommen
2) 154,00 € bis Ende 2017; 175,00 € seit 2018
3) Entsprechend dem Geburtsjahr des Kindes: 185,00 € bei Geburt vor 2008 oder 300,00 € bei Geburt ab 2008
4) Einmaliger Berufseinsteigerbonus 200,00 €; das 25. Lebensjahr darf noch nicht vollendet sein

PERSON 2 – BERECHNUNG EIGENBEITRAG		
	MINDESTENS	MAXIMAL
Gesamtsparleistung 4 % von [1] ....€	€	2.100,00 €
./. Grundzulage[2]	€	€
./. Kinderzulage[3]	€	€
= Eigenbeitrag	€	€
./. Einmaliger Berufseinsteigerbonus[4]	€	€
= Einmaliger Eigenbeitrag[3]	€	€

1) Rentenversicherungspflichtiges Vorjahresbruttoeinkommen
2) 154,00 € bis Ende 2017; 175,00 € seit 2018
3) Entsprechend dem Geburtsjahr des Kindes: 185,00 € bei Geburt vor 2008 oder 300,00 € bei Geburt ab 2008
4) Einmaliger Berufseinsteigerbonus 200,00 €; das 25. Lebensjahr darf noch nicht vollendet sein

7. Informationen in Zweifelsfragen einholen.

→ Kontaktieren Sie das Bürgertelefon des Bundesministeriums für Arbeit und Soziales, 030/22 19 11 001, Festpreis 14 Cent/Minute aus den Festnetzen und maximal 42 Cent/Minute aus den Mobilfunknetzen. Erreichbar Montag bis Donnerstag von 08.00 Uhr bis 20.00 Uhr.

 WICHTIG

Riester nur ein Beitrag zur Rente

Die Riester-Rente wurde eingeführt, um eine freiwillige Vorsorgemöglichkeit als Ausgleich der mit der Rentenreform 2001/2002 verbundenen Absenkung des Rentenniveaus von 70 auf 67 Prozent für einen idealtypischen Rentner zu schaffen. Um Alters-armut zu vermeiden, sind auf jeden Fall noch zusätzliche Sparleistungen notwendig.

Geld-Riester

Als Geld-Riester kommen alternativ infrage:

→ Riester-Rentenversicherungen,

→ Riester-Bankssparpläne,

→ Riester-Investmentfondssparpläne,

→ in der Ansparphase auch Riester-Bausparverträge (→ Seite 92).

Riester-Rentenversicherungen

Riester-Rentenversicherungen werden von Versicherungsgesellschaften angeboten. Je nach Anlage der Sparbeiträge werden „klassische" und „fondsgebundene" Riester-Rentenversicherungen unterschieden.

Prinzip der Rentenversicherung

Das Prinzip klassischer Riester-Rentenversicherungen entspricht dem Prinzip ungeförderter privater Rentenversicherungen. Aus dem angesparten Kapital oder einer Einmaleinzahlung wird die Rente als regelmäßig wiederkehrende Zahlung in der Regel lebenslang gezahlt. Sie erlischt mit dem Tod des Versicherten. Daher wird sie auch als Leibrente bezeichnet. Renten aus Riester-Rentenversicherungen sind unbefristet.

Die lebenslange Leistung der Rente verlangt eine vorsichtige Kalkulation des Versicherers. Als Rentenbezieher kann man sie sich als eine „Wette auf die Lebenserwartung" vorstellen. Stirbt der Sparer kurz nach Renteneintritt, hat sich der Vertrag oft „nicht gelohnt". Wird er sehr alt, profitiert er von der sicheren und lebenslangen Zahlung, die dann über das gebildete Kapital hinausgehen kann. Rentenversicherungen werden nach dem Beginn ihrer Auszahlung unterschieden:

→ **Aufgeschobene Rentenversicherung:** Die Leibrente beginnt erst nach einer vereinbarten Zeit, der sogenannten Aufschubzeit. Bis dahin wird das für die Rentenzahlung erforderliche Kapital durch laufende oder eine einmalige Zahlung über viele Jahre angespart.

→ **Sofortrente:** Gegen Einmalbeitrag wird ab „sofort" eine Leibrente gezahlt. Für klassische Riester-Rentenversicherungen ist dies nur zu Beginn der Auszahlungsphase der Fall, wenn Kapital aus anderen Sparformen, zum Beispiel einem Riester-Bausparplan, verrentet werden soll.

Die Versicherungsprämie, also der Sparbeitrag, wird nicht komplett für die Kapitalbildung verwendet. Er setzt sich aus einem Sparanteil, einem Risikoanteil und einem Kostenanteil zusammen. Der Sparanteil wird für das Verrentungskapital, das sogenannte Deckungskapital, angespart. Der Risikoanteil wird für ein wahlweise mitversichertes Risiko, zum Beispiel eine Hinterbliebenenrente, verwendet. Der Kostenanteil enthält unter anderem die mit dem Vertragsabschluss verbundenen Kosten für Verwaltung und Provisionen. Je nach Versicherer betragen Risiko- und Kostenanteil 10 bis 30 Prozent der Versicherungsprämie. Bei fondsgebundenen Versicherungen mindern noch die Kosten des Investmentfonds die Rendite.

„Klassische" Riester-Rentenversicherung

Bei der „klassischen" Variante werden Sparanteil und Guthaben maximal mit dem Höchstrechnungszins, auch Garantiezins genannt, verzinst. Er ist gesetzlich festgelegt und wird regelmäßig an die Kapitalmarktentwicklung angepasst. Auf Basis des sich so ergebenden Kapitals zum Laufzeitende wird die garantierte Rente bei Vertragsabschluss ermittelt und angegeben.

Entsprechend der Zinsentwicklung an den Kapitalmärkten und dem Datum des Vertragsabschlusses haben private Rentenversicherungen unterschiedliche „Garantiezinsen". Das Kapital eines zum Beispiel 2001 abgeschlossenen Vertrags muss auch heute noch mit 3,25 Prozent verzinst werden.

Die Höchstrechnungszinsen betragen je nach Zeitpunkt des Vertragsabschlusses:

VERTRAGSABSCHLUSS	HÖCHSTRECHNUNGSZINS
07/2000 – 12/2003	3,25 %
01/2004 – 12/2006	2,75 %
01/2007 – 12/2011	2,25 %
01/2012 – 12/2014	1,75 %
01/2015 – 12/2016	1,25 %
01/2017 – 12/2021	0,90 %
ab 1/2022	0,25 %

Die gesetzlichen Vorgaben verlangen für die Anlage der Sparbeiträge einen Mix aus festverzinslichen Wertpapieren bester Bonität, Immobilien und Aktien. Der Aktienanteil durfte bis Ende 2015 35 Prozent nicht überschreiten. Er lag in der Vergangenheit bei al-

ACHTUNG

Wechsel genau überlegen

Den Wechsel aus bestehenden „Klassik-tarifen" mit hohen Garantiezinsen in vermeintlich höher rentierliche Riester-Verträge sollte man nur nach reiflicher Überlegung vollziehen. Für sicherheits-orientierte Sparer mit alten Verträgen gibt es derzeit keine Alternative.

len Versicherern deutlich darunter und erreichte selten mehr als 10 Prozent.

Mit dem Anlagemix kann die Versicherungsgesellschaft Überschüsse erwirtschaften, an denen die Versicherten beteiligt werden müssen. Sie erhöhen das Verrentungskapital bzw. die Rente. Die Höhe der Überschüsse steht jedoch bei Vertragsbeginn nicht fest. Welche Entwicklung das Kapital während der Ansparphase nimmt, zeigen die jeweils im Jahreskontoauszug ausgewiesenen sogenannten Rückkaufswerte.

Die klassische Riester-Rentenversicherung ist oft mit hohen Kosten und im Verhältnis dazu niedriger Verzinsung verbunden. Auch die gesetzlich vorgeschriebene vorsichtige Kalkulation macht sie nicht attraktiver. Immer weniger Versicherer bieten sie an. Sie müssten gezielt danach fragen. Ein Vergleich

verschiedener Angebote ist gerade deswegen unabdingbar. Um wirklich vergleichen zu können, sollten Sie sich die Angaben für die Rente, den Sparbeitrag und die Höhe der Leistung im Todesfall während der Anspar- und Rentenphase ausweisen lassen.

Fondsgebundene Riester-Rentenversicherung

Bei der fondsgebundenen Variante wird der Sparanteil für den Kauf von Anteilen an Investmentfonds verwendet, mit denen das Verrentungskapital gebildet wird. Der Versicherer kümmert sich bei fondsgebundenen Riester-Rentenversicherungen nicht selbst um die Investition der Beiträge. Sie werden von der Kapitalanlagegesellschaft in Investmentfonds investiert.

In der Regel kann der Versicherungsnehmer aus einer breiten Palette einen oder mehrere Fonds auswählen. Die Fondspalette wird vom Versicherer vorgegeben. Das können Aktienfonds, Rentenfonds, Immobilienfonds oder ETFs sein. Teilweise werden auch Spezialitätenfonds wie Länder- und Regionenfonds oder Branchenfonds angeboten. Mit der breiten Risikostreuung von Investmentfonds im Vergleich zur Anlage in zum Beispiel nur eine Aktie wird das Risiko reduziert. Die Höhe der Rente ist **abhängig von der Entwicklung des Fondsvermögens**.

Mit der Anlage der Sparbeiträge in Investmentfonds sollen überdurchschnittliche

Renditen erzielt werden. Die angegebenen Renditen sind allerdings nur prognostiziert, sie können am Ende so aussehen, müssen es aber nicht. Kalkuliert werden kann nur mit einer Rente auf Basis der Beitragsgarantie zum Ende der Ansparphase.

Einige Versicherer sprechen dennoch Garantien aus, beispielsweise dass zu Rentenbeginn eine bestimmte Summe zur Verfügung steht. Die Höhe der garantierten Monatsrente hängt von den unterschiedlichen Garantievarianten ab. So wird zum Beispiel ein Teil des Sparbeitrags in Investmentfonds investiert, um von den höheren Ertragschancen der Kapitalmärkte zu profitieren. Ein anderer Teil des Sparbeitrags wird in eine klassische Rentenversicherung investiert, die versicherungsmathematisch so kalkuliert ist, dass zum Rentenbeginn exakt die eingezahlten Beiträge zur Verfügung stehen.

Der Versicherer muss mit seinen Anlagen dafür sorgen, dass zum Beginn der Auszahlungsphase die Beitragsgarantie erfüllt ist. Daher kann er nicht wie bei der ungeförderten Variante den gesamten Sparanteil in Investmentfonds investieren.

Die fondsgebundene Riester-Rentenversicherung ist oft mit hohen Kosten und im Verhältnis dazu niedriger Rendite verbunden. Wer sein Altersvorsorgekapital mit Investmentfonds ansparen will, findet in der Regel in Riester-Fondssparplänen die bessere Alternative.

Die „neue Klassik"

Seit dem Jahr 2017 findet man für die klassische Riester-Rentenversicherung fast nur noch Verträge, die das Etikett „neue Klassik" tragen. Diese Produkte weisen durchaus Parallelen zu den beiden oben beschriebenen Varianten – der klassischen und der fondsgebundenen Riester-Rentenversicherung – auf. Die Tarife der „neuen Klassik" sollen eine Lösung für die Niedrigzinssituation bieten. Indem die Garantien reduziert werden, muss man weniger Kapital in sichere Anlagen investieren. Geringere Garantien ermöglichen so eine höhere Aktienquote oder andere Anlageformen. Das Risiko von Verlusten, aber auch die Chance von Gewinnen soll im Vergleich zu alten Klassiktarifen höher sein. Die Versicherungsgesellschaften können so höhere Renditechancen unverbindlich in Aussicht stellen.

Die Produkte der neuen Klassik sind sehr unterschiedlich. Einige Verträge garantieren den Erhalt der eingezahlten Beiträge. So werden gezahlte Beiträge ähnlich sicher angelegt, beispielsweise in festverzinsliche Wertpapiere. Der Unterschied: Die Versicherer können das Geld der Anleger zum Teil offensiver und auch breiter gestreut anlegen als bei den Klassikpolicen, für die der Gesetzgeber strengere Vorgaben macht. Überschüsse fließen zum Beispiel in Aktien- oder Indexfonds, bei denen die Renditechancen größer sind. Allerdings gibt es bei der „neuen Klassik" keine

Nur mit den garantierten Werten rechnen

Elke Weidenbach, Rechtsanwältin und Referentin für Versicherungen bei der Verbraucherzentrale NRW, warnt: „Bei einem Riester-Vertrag der ‚neuen Klassik‘ sollten Sie bedenken, dass nicht nur die Gewinnchancen, sondern auch die Verlustrisiken größer sind. Aus diesem Grund sollten Sie bei der Planung der Altersvorsorge nur die garantierten Renten/Kapitalabfindungen berücksichtigen. Mit den sich außerdem möglicherweise ergebenden Gewinnen sollten Sie nicht rechnen."

oder nur geringere Zinsgarantien – und auch die Kosten sind oft höher. Die Höhe der zukünftigen Rente ist also nicht gewiss. Versicherungsgesellschaften stellen unverbindlich eine im Schnitt höhere Rente in Aussicht. Abgesehen davon gilt für alle Riester-Produkte die Beitragsgarantie zum Vertragsende.

Riester-Banksparpläne

Banksparpläne sind den meisten Sparern als Ratensparvertrag mit Zins und Bonus bekannt. Riester-Banksparpläne sind ähnlich aufgebaut. Die regelmäßigen Sparleistungen werden mit einem variablen Basiszins verzinst. Je nach Anbieter gibt es zusätzlich von der jeweiligen Laufzeit abhängige Boni oder

Zinsaufschläge. Auch wird je nach Anbieter ein Schlussbonus gezahlt, wenn der Sparer den Vertrag bis zum vorgesehenen Ende erfüllt. Für die Auswahl ist der Vergleich der Rendite aus Zins und Boni entscheidend.

Nach einem Urteil des Bundesgerichtshofs (BGH) aus dem Jahr 2004 müssen die Anbieter von Banksparplänen den variablen Basiszins an einen Referenzzins des offiziellen Kapitalmarkts koppeln. Steigt oder sinkt der Referenzzins, muss der Anbieter die Verzinsung des Sparvertrags in Höhe des ursprünglichen Abstands beider Zinssätze anpassen. Üblich für Riester-Banksparpläne ist die Kopplung an die Umlaufrendite festverzinslicher Wertpapiere des Staates mit einer bestimmten Laufzeit oder eine Kombination mit Gewichtung unterschiedlicher Laufzeiten. Im Gegensatz zur Riester-Rentenversicherung, bei der eine garantierte Rente schon bei Vertragsbeginn zugesagt wird, hat der Sparer bei Riester-Banksparplänen diese Gewissheit nicht.

Riester-Banksparpläne haben den Vorteil, dass sie einfach zu handhaben sind. Es fallen keine bzw. keine nennenswerten Kosten an – in der Regel verlangen die Anbieter für die Kontoführung eine Gebühr von 10 Euro bis 15 Euro pro Jahr.

Riester-Banksparpläne werden vor allem von regionalen Sparkassen und Genossenschaftsbanken angeboten. Allerdings gibt es in vielen Städten und Bundesländern keine

Angebote. In diesem Fall bleiben nur die Suche und der Abschluss übers Internet.

Riester-Banksparpläne sind geeignet für Sparer, die

→ **risikolos** sparen wollen,

→ sich noch nicht für eine Produktart entschieden haben, die **Zulagen** aber sichern wollen,

→ ab Mitte 40 die **Förderung** nutzen wollen,

→ einen **Immobilienerwerb** planen und das gesparte Kapital später entnehmen bzw. für Sondertilgungen teilweise einsetzen wollen.

Auch wenn bei einem Riester-Banksparplan keine oder nur geringe Kosten anfallen, bedeutet dies im Umkehrschluss nicht, dass er damit anderen Riester-Produktklassen überlegen sein muss. Zum einen muss man berücksichtigen, dass Banken und Sparkassen ihren Gewinn über einen Zinsabschlag realisieren. Den Referenzzins, an dem sich das Kreditinstitut orientiert, erhalten Anleger nicht 1:1, sondern mit einem Zinsabschlag zwischen 0,5 Prozent und 1 Prozent. Im Gegensatz zu Riester-Fondssparplänen können Anleger keine Kursgewinne erzielen, die zu einer überdurchschnittlichen Rendite beitragen können. Auch Überschüsse, die bei Riester-Rentenversicherungen über den Höchstrechnungszins hinaus erwirtschaftet werden, fallen nicht an.

Die Entwicklung des Riester-Banksparplans ist dennoch insgesamt transparent und berechenbar. Böse Überraschungen in Form von Verlusten gibt es ebenso wenig wie positive Überraschungen in Form von zusätzlichen Gewinnen.

Der sinkende Referenzzins hat in den vergangenen Jahren dazu geführt, dass immer mehr Banken den Vertrieb dieser Riester-Sparform eingestellt haben. Denn aktuell wird die Rendite bei Verzinsungen nahe Null in erster Linie über die Zulagen erzielt.

Im Anschluss an die Sparphase müssen Sie sich entscheiden, wie es weitergeht: Ent-

---

 ACHTUNG

Neue Zinsbindungen nicht akzeptieren

Manche Banken fordern ihre Kunden auf, neuen Vertragsbedingungen zuzustimmen, die negative Zinsen erlauben. Damit wären dann negative Sparzinsen nicht mehr ausgeschlossen. Ob dies zulässig ist, muss noch gerichtlich geklärt werden. Sie sollten daher neue Zinsbedingungen nicht akzeptieren. In aller Regel kann die Bank den Vertrag nicht kündigen. Warten Sie deshalb ein Gerichtsurteil ab. Alternativ können Sie sich auch an den Ombudsmann wenden, **www.bankenombudsmann.de**

weder können Sie das Guthaben in eine lebenslange Rente wandeln (→ Seite 73). Oder Sie entschließen sich zu einem Auszahlplan mit Teilkapitalverrentung (→ Seite 74).

→ **TIPP** **Banksparplan als Option**
Wenn Sie mit dem Gedanken spielen, in ein paar Jahren ein Haus zu bauen oder zu kaufen, kann ein Banksparplan eine Option sein – vor allem, wenn die Zinsen mal wieder etwas steigen. Sie können nämlich Ihr angespartes Kapital ohne Abschläge für den Erwerb von Wohneigentum oder für Sondertilgungen entnehmen (→ Seite 76). Sie können das Produkt später auch wechseln, ohne die Förderung zu verlieren.

Riester-Investmentfondssparplan

Riester-Investmentfondssparpläne sind vom Prinzip genauso aufgebaut wie konventionelle Investmentfondssparpläne. Im Gegensatz zu ungeförderten Fonds ist jedoch die Summe der gesparten Beiträge zum Ende der Laufzeit garantiert.

Kapitalverwaltungsgesellschaften sammeln die Sparbeiträge der Anleger und bündeln sie im sogenannten Sondervermögen, dem Investmentfonds. An dem Gesamtvermögen wird der Anleger Miteigentümer. Das Vermögen wird nach vorher festgelegten Anlagegrundsätzen in einen oder mehrere Anlagebereiche investiert, zum Beispiel in Ak-

tien, festverzinsliche Wertpapiere, am Geldmarkt und/oder in Immobilien. Der Sparer erhält dafür Anteilscheine, die in der Regel börsentäglich gehandelt werden. Investmentfonds müssen den Grundsatz der Risikomischung beachten. Nicht das gesamte Fondsvermögen darf in zum Beispiel nur eine Aktie oder Anleihe investiert werden. Durch die Streuung auf verschiedene Anlagegegenstände wird das Anlagerisiko reduziert.

Je nach Höhe des Anlagebetrags erhalten die Anleger eine bestimmte Anzahl von Anteilen am Sondervermögen. Zur Ermittlung des Anteilspreises wird das Sondervermögen durch die Gesamtzahl der Anteile geteilt. Bei steigendem Wert des Sondervermögens – etwa durch steigende Aktienkurse bei gleichbleibender Anzahl von Anteilen – erhöht sich der Anteilswert und umgekehrt. Jeder Anteil nimmt in gleichem Maß am Anlageerfolg bzw. -misserfolg teil.

Für einen Riester-Investmentfondssparplan kommt nicht jeder verfügbare Investmentfonds infrage. Jedoch haben alle großen deutschen Kapitalverwaltungsgesellschaften Riester-Fondsspläne im Angebot, die die gesetzlichen Normen der Riester-Förderung erfüllen. Die Investmentfondsgesellschaften haben in der Vergangenheit unterschiedliche Modelle für die Sparer entwickelt:

→ **Aktienfondsvariante.** Der Sparbeitrag wird ausschließlich in Aktien investiert und erst gegen Ende der Laufzeit in si-

chere Geldanlagen übertragen. Damit ist das Risiko zwischenzeitlicher Verluste aufgrund der Börsenschwankungen hoch. Es bietet sich aber andererseits die Chance auf hohe Erträge. Die Anbieter dieser Variante legen dafür in der Regel breit anlegende Standardfonds zugrunde.

→ **Lebenszyklusmodell.** Das Kapital des Anlegers wird nach Lebensalter in sichere Geldanlagen umgeschichtet. Das schränkt die Möglichkeiten ein, mit Ak-

tienfonds hohe Erträge zu erzielen. Beispielsweise beginnt ein 25-Jähriger mit 100 Prozent Aktienfonds. Mit Erreichen des 30. Lebensjahrs wird die Quote auf 90 Prozent reduziert und 10 Prozent werden in sichere Anlageformen investiert. Mit zunehmendem Alter verschiebt sich die Quote weiter.

→ **Ein-Fonds- oder Mischfonds-Variante.** In einem Mischfonds sind, wie der Name schon sagt, Fonds mit verschiedenartigen Anlagen wie Aktien,

Rentenpapieren, Immobilien, Rohstoffen usw. vertreten. Das Kapital wird unabhängig vom Alter immer in einen Fonds mit niedriger Aktienquote investiert. Die Chancen auf hohe Erträge sind daher von Beginn an eingeschränkt. Das soll große Schwankungen des Anlagevermögens vermeiden, senkt aber auch die Renditechancen.

→ **Dynamische Konzepte.** Das Kapital wird je nach Marktlage flexibel in chancenorientierte und/oder eher sichere Rentenfonds investiert. Moderne Varianten passen die Aktienquote im Portfolio laufend für jeden Sparer individuell an bzw. verteilen sein Guthaben je nach Situation auf verschiedene Fonds mit unterschiedlichen Aktienquoten. Oft sind über die Laufzeit bestimmte Mindestaktienquoten garantiert. Der Anleger muss der Qualität des Managements vertrauen und gegebenenfalls auf Transparenz verzichten.

Es kommen immer wieder neue Varianten von Riester-Fondssparplänen hinzu. Derzeit sind Lebenszyklus-Modelle und dynamische Verträge, die individuell auf den Kunden eingehen, sehr beliebt. Was nun am Ende die höheren Renditen einbringt, also die Umschichtung nach Lebensalter oder die aktive Depotsteuerung für jeden einzelnen Kunden, weiß heute noch niemand – denn die Verträge sind dafür zu jung. Unabhängig davon sollten Sie als Anleger grundsätzlich Fonds mit den höchsten Aktienquoten auswählen, vor allem wenn die Verträge mindestens noch 20 Jahre lang laufen. Darüber hinaus sollten Sie auf eine breite Streuung des Kapitals achten, möglichst international und ohne Eingrenzungen etwa auf spezielle Anlagethemen oder Regionen.

Sicherheit, Kosten und Ertrag

Verwaltungskosten, Depotgebühren und Gebühren für die Kontoführung summieren sich auf jährliche Kosten von teilweise 1,5 Prozent und mehr. Dazu kommen möglicherweise noch Abschlusskosten und Ausgabeaufschläge von bis zu 5 Prozent und mehr, die für den Kauf der Fondsanteile anfallen. Einen Teil der Kosten können Sie vermeiden, indem Sie Sparpläne ohne Abschlussgebühren und zudem kostengünstige Fonds wählen, zum Beispiel Indexfonds ohne Ausgabeaufschlag (auch ETFs genannt).

Indexfonds sind Fonds, die einen bestimmten Börsenindex genau nachbilden, zum Beispiel den Dax oder den MSCI. Sie sind dann immer genauso gut oder schlecht wie der Index, können auf jeden Fall nicht besser sein. Bei provisionsfreien Fondssparplänen mit ETFs liegen die Kosten zum Teil unter 1 Prozent pro Jahr – das ist nicht mal halb so viel wie eine durchschnittlich teure fondsgebundene Rentenversicherung.

Wohn-Riester

Seit dem Jahr 2008 kann man die staatliche Förderung auch zur Finanzierung der eigenen Immobilie einsetzen. Dafür hat sich der Begriff „Wohn-Riester" etabliert. Die Ausweitung der staatlichen Förderung auf die Finanzierung von selbst genutzten Immobilien dient dem Ziel, dass der Sparer in der Rentenphase mietfrei wohnen kann und so geringere Kosten für die Lebenshaltung hat. Da die Darlehenstilgung in der Regel mehrere Jahrzehnte dauert, liegt der Gedanke nahe, mittels der Förderungen von Wohn-Riester die Rückzahlung zu beschleunigen.

Eine Bemerkung vorab: Wohn-Riester ist ein sehr komplexes Produkt mit vielen Bedingungen, die hier nicht im Detail dargestellt werden können. Im Folgenden erhalten Sie einen Überblick über die wesentlichen Merkmale. Weder sollten Sie eine Förderung über Wohn-Riester von vornherein ausschließen noch Ihre Finanzierung darauf stützen. Vor einer Entscheidung für Wohn-Riester sollten Sie sich jedoch unbedingt beraten lassen, um zu entscheiden, ob sich Wohn-Riester für Sie lohnen kann.

Zusätzliche Förderbedingungen

Die für „Geld-Riester" aufgeführten Bedingungen gelten gleichermaßen für Wohn-Riester. Dazu kommen aber für die Finanzierung noch folgende Bedingungen:

→ Das Darlehen darf nur für eine **begünstigte Wohnung** zur **Selbstnutzung** verwendet werden.

→ Die **Abschluss- und Vertriebskosten** müssen gleichmäßig mindestens auf die ersten fünf Jahre verteilt werden, wenn sie nicht als Prozentsatz von den Beiträgen/Tilgungsleistungen abgezogen werden.

→ Die **Darlehenstilgung** muss spätestens zum vollendeten 68. Lebensjahr des Darlehensnehmers erfolgt sein.

Begünstigte Wohnungen

Grundsätzlich kann Wohn-Riester für unterschiedliche Immobilieninvestitionen genutzt werden. **Voraussetzung ist aber immer der Bau oder Kauf eines Hauses oder einer Eigentumswohnung für die Selbstnutzung.** Unterschieden wird zwischen Anschaffung und Herstellung der Immobilie.

→ **Als angeschafft** gilt eine Immobilie, wenn Nutzen und Lasten auf den Erwerber übergehen. Dies ist in der Regel im notariellen Kaufvertrag geregelt.

→ **Hergestellt** ist eine Immobilie, wenn sie bezugsfertig ist. Das ist in der Regel der Fall, wenn unter anderem Ver- und Entsorgungsanschlüsse, Türen und Fenster, Heizung, Sanitäreinrichtungen und Kochgelegenheit vorhanden bzw. funktionsfähig sind.

Umbau einer Immobilie mit wohnwirtschaftlichen Maßnahmen
Diese hängen vom Zeitpunkt der Umbaumaßnahme nach Anschaffung oder Herstellung ab und beziehen sich auf unterschiedliche Mindesthöhen:

→ **mindestens 6.000 Euro**, wenn der Umbau innerhalb eines Zeitraums von drei Jahren nach Anschaffung oder Herstellung der Wohnung für den Umbau verwendet wird;

→ **mindestens 20.000 Euro**, wenn das dafür entnommene Kapital wenigstens zu 50 Prozent auf Maßnahmen entfällt, die den Vorgaben der DIN 18040 Teil 2, Ausgabe 2011, zum barrierefreien Bauen entsprechen und der verbleibende Teil der Kosten der Reduzierung von Barrieren in oder an der Wohnung dient. Die zweckgerechte Verwendung muss ein anerkannter Sachverständiger bestätigen. Der Zulageberechtigte oder ein Mitnutzer dürfen ferner für die Umbaukosten weder eine Förderung durch Zuschüsse noch durch Steuerermäßigungen nach § 35a EStG beantragen oder beantragt haben. Dies muss gegenüber der ZfA bestätigt werden.

Genossenschaftsanteile werden begünstigt, wenn das angesparte geförderte Kapital für den Erwerb von Pflichtanteilen an einer eingetragenen Genossenschaft für die Selbstnutzung einer Genossenschaftswohnung eingesetzt wird. Als Pflichtanteile gelten Anteile, die der Zulageberechtigte mindestens erwerben muss, um die Genossenschaftswohnung selbst beziehen zu können.

Für den Kauf einer Ferienwohnung oder eines Wochenendhauses dürfen Sie Wohn-Riester nicht verwenden.

Finanzierungen mit Entnahme und/oder regelmäßiger Darlehenstilgung

Die Riester-Förderung kann auf zwei Arten in Anspruch genommen werden: zum einen als Kapitalentnahme aus bestehenden **Geld-Riester-Verträgen** und zum anderen als **regelmäßige Tilgung** für Darlehen, die der laufenden Finanzierung selbst genutzter Wohnimmobilien dienen.

Entnahmemöglichkeiten aus Geld-Riester-Verträgen

Es stehen zwei Entnahmemöglichkeiten zur Verfügung: Sie können das in einem Geld-Riester-Vertrag gebildete und geförderte Kapital in vollem Umfang oder teilweise entnehmen und zur Tilgung einsetzen. Im Fall der teilweisen Entnahme muss der entnommene Betrag mindestens 3.000 Euro betragen. Das im Geld-Riester-Vertrag verbleibende geförderte Restkapital muss anschließend mindestens 3.000 Euro betragen. Die Entnahme müssen Sie beim Anbieter beantragen.

WICHTIG

Versteuerung der Tilgungsleistungen

Sämtliche Tilgungsleistungen müssen später versteuert werden. Dafür wird ein Wohnförderkonto gebildet (→ Seite 93).

1. Entnahme zu Beginn der Finanzierung. Zu Beginn der Finanzierung ist die vollkommene oder teilweise Entnahme von Kapital aus bestehenden Geld-Riester-Verträgen möglich. Das entnommene Kapital wird als Eigenkapital eingesetzt. Damit reduziert sich die alternativ aufzunehmende Gesamtdarlehenssumme.

2. Tilgung mithilfe von Riester beschleunigen. Die Entnahme während der Finanzierung ist auch für bestehende Finanzierungen möglich. Unter der Voraussetzung vereinbarter Sondertilgungsrechte kann Guthaben aus Geld-Riester-Verträgen die Tilgung beschleunigen.

3. Entnahme bei Entschuldung. Zu Beginn der Auszahlungsphase kann ebenfalls Kapital aus bestehenden Geld-Riester-Verträgen entnommen werden, um Restschulden komplett oder teilweise zu tilgen.

Regelmäßige Tilgung mit Wohn-Riester-Darlehen

Die selbst genutzte Wohnimmobilie kann auch mit zertifizierten Riester-Darlehen getilgt werden. Der Gesetzgeber hat dafür drei Möglichkeiten geschaffen:
→ sogenannte Riester-Annuitätendarlehen,
→ Riester-Bausparkombikredite,
→ Riester-Bauspardarlehen.

1. Riester-Annuitätendarlehen

Ein Annuitätendarlehen ist ein Kredit, der mit gleichen Raten getilgt wird. Die Annuität ist die vereinbarte jährliche, immer gleichbleibende Rate für die Kapitalschuld. Sie besteht aus einem Zins- und einem Tilgungsanteil:
Annuität = Zins + Tilgung

Da die periodische Tilgung die Darlehensschuld mindert, sinkt der Zinsanteil der Rate, während der Tilgungsanteil entsprechend steigt. Man bezeichnet Annuitätendarlehen auch als „klassische Form der Immobilienfinanzierung". Im Vergleich dazu werden für die Riester-Annuitätendarlehen die Beiträge allerdings ausschließlich zur Tilgung eingesetzt. Die Zulagen werden von der Zulagenstelle zur Tilgung auf das Annuitätendarlehen überwiesen.

2. Riester-Bausparkombikredite

Bausparkombikredite sind keine neuen Formen im Rahmen der Immobilienfinanzierung. Bezeichnet werden sie auch als „Bausparsofortfinanzierung". Charakteristisch ist eine konstante Rate vom Beginn bis zum Ende der Finanzierung.

Diese Finanzierungsform teilt sich in zwei Phasen. In der ersten Phase wird das Darlehen nicht getilgt. Als „Tilgungsersatz" wird ein Bausparvertrag abgeschlossen, der mit monatlichen und/oder jährlichen Sparleistungen – im Fall Riester mit den geförderten Altersvorsorgebeiträgen und Zulagen – zunächst bis zur Zuteilung angespart wird. In der zweiten Phase löst die Bausparsumme das tilgungsfreie Darlehen ab. Das Bausparguthaben reduziert einen Teil der Schuld. Für die verbleibende Restschuld wird das Bauspardarlehen mit einer gleichbleibenden Rate – der Annuität – getilgt. Für die Tilgung werden die geförderten Altersvorsorgebeiträge und Zulagen eingesetzt.

3. Riester-Bauspardarlehen

Bausparverträge sind eine Kombination aus einem Sparvertrag mit anschließender Option auf ein zinsgünstiges Darlehen. Sie werden in zwei Phasen eingeteilt, die **Ansparphase** und die **Darlehensphase**. In der Ansparphase ist der Riester-Bausparvertrag wie ein Geld-Riester-Vertrag zu betrachten. Entsprechend unterstützen die Zulagen den Kapitalbildungsprozess.

Beim Bausparen handelt es sich um Zwecksparen mit dem Ziel, ein zinsgünstiges Darlehen für eine wohnwirtschaftliche Verwendung zu erhalten. Dazu schließt der Sparer mit der Bausparkasse einen Bausparvertrag ab, der über eine bestimmte Bausparsumme lautet. Diese setzt sich aus dem zu erbringenden Bausparguthaben und dem bei Zuteilung zu gewährenden Darlehen zusammen. Auf Basis der Bausparsumme werden Abschlussgebühr, regelmäßige Sparleistung und der erforderliche Tilgungsbeitrag für das Bauspardarlehen berechnet.

In der **Sparphase** leistet der Sparer zunächst die vereinbarte Sparleistung bis zu einem festgelegten Prozentsatz der Bausparsumme. Bei sogenannten klassischen Bausparverträgen sind dies in der Regel 40 bzw. 50 Prozent der Bausparsumme. Die regelmäßige Sparleistung ist grundsätzlich veränderbar, wie auch höhere Einmalsparbeiträge mit Zustimmung der Bausparkasse geleistet werden können. Der Sparzins für die Spareinlage steht von Beginn an fest und ist nicht veränderbar. Die Sparzinsen neuer Bausparverträge betragen zurzeit je nach Bauspartarif 0,25 Prozent bis 1,00 Prozent jährlich.

In der **Darlehensphase** wird das bereitgestellte Darlehen zu einem bei Abschluss des Bausparvertrags festgeschriebenen Darlehenszins verzinst. Dieser liegt in der Regel um 1 Prozent bis 2,5 Prozent über dem Sparzins. Insofern stellt er eine kalkulierbare Größe im Vergleich zu einem in Zukunft möglicherweise steigenden Marktzinsniveau dar.

Die für das Bauspardarlehen zu zahlende monatliche Rate, der sogenannte Tilgungsbeitrag – bestehend aus Zins und Tilgung –, wird als Promillesatz der Bausparsumme vereinbart. Die sich so ergebende Annuität ist im Allgemeinen deutlich höher als bei „normalen" Annuitätendarlehen. Bauspardarlehen werden daher je nach Bauspartarif in einem Zeitraum von 8 bis zu ca. 18 Jahren getilgt.

Besonderheiten von Riester-Bausparverträgen

Riester-Bausparverträge unterscheiden sich von den oben beschriebenen ungeförderten Bausparverträgen durch die spezielle Zertifizierung. Der förderfähige Betrag für die Sparleistung und in der Darlehensphase für die Tilgungsleistung beträgt maximal 2.100 Euro pro Jahr. Das angesparte Guthaben darf nur dann förderunschädlich entnommen werden, wenn es zum Bau, zum Kauf oder zur Entschuldung einer selbst genutzten Wohnimmobilie eingesetzt wird. In jedem Fall muss das Riester-Bauspardarlehen bis spätestens zum vollendeten 68. Lebensjahr getilgt sein.

Alternativ kann der Riester-Bausparvertrag auch nur zur Ansparung von Altersvorsorgevermögen genutzt werden. Dies kann sich dann ergeben, wenn der Vertrag zur Zinssicherung eines heute noch unkonkreten Immobilienwunsches abgeschlossen wurde. Wie bei jedem anderen Geld-Riester-Vertrag schließt sich nach der Ansparphase die Aus-

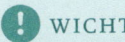 **WICHTIG**

Realistische Bausparsumme abschließen

Achten Sie darauf, dass Sie mit Ihren Sparleistungen auch das Mindestsparguthaben in der vorgegebenen Zeit erreichen können. In vielen Fällen werden zu hohe Bausparsummen abgeschlossen.

zahlungs-/Rentenbezugsphase an. Je nach Vertrag wird der Anbieter dann entweder eine Rentenversicherung mit sofort beginnender lebenslanger Rentenzahlung oder einen Auszahlplan mit Restverrentung ab dem 85. Lebensjahr abschließen.

Der Gesetzgeber verlangt für diese Riester-Finanzierungsform von den Anbietern die Angabe des sogenannten Gesamteffektivzinssatzes, der Kombination aus tilgungsfreiem Sparguthaben und späterem Bauspardarlehen.

Besteuerung Ihrer Tilgungsleistungen: das Wohnförderkonto

Grundsätzlich sieht die staatlich geförderte Riester-Rente die nachgelagerte Besteuerung zum persönlichen Steuersatz in der Auszahlungsphase vor.

Doch bei Wohn-Riester ist, anders als bei Geld-Riester, zum Beginn des Ruhestands, also im Rentenalter, kein Vertragsguthaben mehr vorhanden. Die geförderten Tilgungsleistungen bis maximal 2.100 Euro und die Kapitalentnahmen werden im sogenannten Wohnförderkonto registriert. Das Wohnförderkonto ist ein fiktives Konto und mit einem Girokonto nicht zu vergleichen. Der Gesetzgeber ermittelt damit ein fiktives Vertragsguthaben, das sich während der Laufzeit bei einer Verzinsung in Höhe von 2 Prozent angesammelt hätte. Die Verzinsung erfolgt bezogen auf das Kalenderjahr, also unabhängig vom Datum der Einstellung in das Wohnförderkonto.

Der Zinssatz in Höhe von 2 Prozent ist vom Gesetzgeber vorgegeben. Er ist nicht an die Zinsentwicklung des Kapitalmarkts gekoppelt. Nur die geförderten Beiträge bis maximal 2.100 Euro werden registriert und verzinst. Mit Beginn der sogenannten Auszahlungsphase muss der Förderberechtigte den fiktiven Betrag des Wohnförderkontos mit seinem individuellen Steuersatz versteuern. Der Zeitpunkt wird zwischen Zulageberechtigtem und Zentraler Zulagenstelle für Altersvermögen (ZfA) bei der Deutschen Rentenversicherung Bund vereinbart. Ist kein Zeitpunkt vereinbart, gilt die Vollendung des 67. Lebensjahrs als Beginn der Auszahlungsphase.

→ **TIPP Zulagenstelle informieren**
Das Wohnförderkonto wird von der ZfA geführt. Informieren Sie daher bei jeder Veränderung Ihrer Finanzierung auch die ZfA.

Auflösung des Wohnförderkontos: die Auszahlungs- bzw. Besteuerungsphase
Beginnt die Auszahlungsphase, wird das Wohnförderkonto nicht weiter verzinst. Es besteht also Gewissheit über die Höhe des zu versteuernden Betrags. Für die Versteuerung sind zwei Alternativen möglich.

1. Verminderungsbetrag
Der Verminderungsbetrag ist ein jährlicher Wert, um den das Wohnförderkonto vermindert wird. Er wird ermittelt, indem der fiktive Betrag des Wohnförderkontos zu Beginn der Auszahlungsphase durch die Anzahl der verbleibenden Jahre bis zum vollendeten 85. Lebensjahr dividiert wird. Bis zu diesem Datum wird der ermittelte Betrag zu den übrigen einkommensteuerpflichtigen Einkünften addiert und versteuert.

2. Auflösungsbetrag
Mit dem Auflösungsbetrag besteht die Möglichkeit, sich zu Beginn der Auszahlungsphase einmalig von der Steuerpflicht befreien zu lassen. In diesen Fällen wird der Gesamtbetrag des Wohnförderkontos um einen Rabatt in Höhe von 30 Prozent gemindert. Der

verbleibende Betrag erhöht in voller Höhe das zu versteuernde Einkommen des Steuerpflichtigen für das betreffende Steuerjahr. Diese Möglichkeit ist zu jedem Zeitpunkt der gesamten Auszahlungsphase gegeben. Auch wenn Sie den Verminderungsbetrag gewählt haben, kann das Wohnförderkonto jederzeit unter Inanspruchnahme des 30-prozentigen Rabatts aufgelöst werden.

 ACHTUNG

Nachbesteuerung bei frühzeitiger Veräußerung

Wird die Immobilie in den auf Beginn der Auszahlungsphase folgenden 20 Jahren veräußert und der Erlös nicht wieder in einen Riester-Vertrag investiert, müssen die erlassenen 30 Prozent nachversteuert werden.

Aufgabe der Selbstnutzung

Gibt der Zulageberechtigte die Selbstnutzung der Immobilie auf – sei es, weil er verkauft oder vermietet –, handelt es sich prinzipiell um eine steuerlich relevante schädliche Verwendung, die der ZfA anzuzeigen ist. Der Stand des Wohnförderkontos gilt als Leistung aus einem Altersvorsorgevertrag, der dem Zulageberechtigten mit diesem Datum zufließt und unmittelbar zu versteuern ist. Das Wohnförderkonto wird aufgelöst.

 WICHTIG

Versteuerung des Kapitalstands

Anders als bei der schädlichen Verwendung von Geld-Riester-Verträgen müssen die Zulagen und Steuervorteile nicht zurückgezahlt werden. Stattdessen wird unverzüglich der Kapitalstand des Wohnförderkontos voll versteuert.

Ausnahmen bei Aufgabe der Selbstnutzung

Das Gesetz akzeptiert eine Reihe von Ausnahmen, bei denen es nicht bzw. nur vorübergehend zur Aufgabe der Selbstnutzung kommt. Die Konsequenzen der schädlichen Verwendung mit sofortiger Versteuerung des Stands des Wohnförderkontos treten dann nicht in Kraft bzw. unter Umständen erst deutlich später.

→ **Umzug und Wohnsitzwechsel.** Um eine Benachteiligung von Personen zu vermeiden, die berufsbedingt einen Teil ihres Arbeitslebens an anderen Orten als dem als künftigem Alterswohnsitz geförderten Wohnobjekt verbringen müssen bzw. wollen, sind Ausnahmeregelungen vorgesehen. Die Aufgabe der Selbstnutzung tritt nicht ein, wenn
– für die begünstigte Wohnung während dieser Zeit mit einer anderen Person ein Nutzungsrecht vereinbart wird, das entsprechend befristet ist,

– beabsichtigt wird, die Selbstnutzung wieder aufzunehmen,
– die Selbstnutzung spätestens mit Vollendung des 67. Lebensjahrs wieder aufgenommen wird.

Ein entsprechender Antrag muss bei der ZfA gestellt und die erforderlichen Nachweise müssen erbracht werden. Entsprechend muss auch angezeigt werden, wenn die Voraussetzungen entfallen. Treffen diese Ausnahmen nicht zu, ist das Wohnförderkonto unmittelbar nach Ablauf der Frist zu versteuern.

Entscheidet man sich nicht nur vorübergehend für einen Wohnsitzwechsel, sondern verkauft die Immobilie, sind zwei Aspekte zu beachten:

1. Kauft man innerhalb von zwei Jahren vor und fünf Jahren nach Ablauf des Veranlagungszeitraums, in dem die Wohnung letztmalig zu eigenen Wohnzwecken genutzt wurde, ein Folgeobjekt zur Selbstnutzung, wird das Wohnförderkonto nicht aufgelöst. Es erfolgt eine Stundung.

2. Der noch nicht zurückgeführte Betrag des Wohnförderkontos aus dem verbliebenen Verkaufserlös kann auch auf einen eigenen Geld-Riester-Vertrag eingezahlt werden. Diese einmalige Einzahlung ist allerdings nicht förderfähig.

 WICHTIG

Änderung von Wohnverhältnissen melden

Das Darlehen schließen Sie zwar mit der Bank und zahlen es an sie zurück. Das Wohnförderkonto wird aber nicht von der Bank, sondern von der ZfA geführt. Sämtliche Änderungen Ihrer Wohnverhältnisse müssen Sie dort selbst anzeigen.

→ **Scheidung der Zulageberechtigten.** Geht infolge einer Scheidung der Eigentumsanteil des Zulageberechtigten an der Wohnung auf den anderen Ehepartner ganz oder teilweise über, wird auch der Stand des Wohnförderkontos im Verhältnis des Eigentums auf den anderen Ehegatten übertragen.

→ Bei Übergang *vor* der Auszahlungsphase wird der Stand des Wohnförderkontos weiterhin mit 2 Prozent verzinst und muss später in der Auszahlungsphase versteuert werden.

→ Bei Übergang *nach* Beginn der Auszahlungsphase geht der Stand des Wohnförderkontos auf den Ehepartner über, der damit auch die Steuerpflicht übernimmt.

Die Übertragung des Wohnförderkontos erfolgt erst im Rahmen der Ehescheidung. Die aufgeführten Scheidungsfolgen sind hier nicht umfassend ausgeführt und in der Praxis wesentlich komplexer.

→ **Schenkung.** Will der Zulageberechtigte die geförderte Immobilie verschenken, wird dies als Aufgabe der Selbstnutzung gewertet. Der eigentliche Förderzweck einer lebenslangen Rente in Form mietfreien Wohnens bleibt nur bestehen, wenn ein lebenslanges Wohnrecht vereinbart wird. Sonst muss der Stand des Wohnförderkontos unmittelbar versteuert werden.

→ **Tod des Zulageberechtigten.** Stirbt der Zulageberechtigte und nutzt der überlebende Ehepartner die begünstigte Wohnung nicht selbst weiter, so ist der zu versteuernde Betrag des Erblassers in dessen letzter Einkommenssteuererklärung hinzuzurechnen. Nutzt der überlebende Ehepartner die Immobilie weiter, geht der Kapitalstand des Wohnförderkontos des Verstorbenen auf den überlebenden Ehepartner über.

Beim Tod des letztversterbenden Ehegatten geht der Stand des Wohnförderkontos auf die Erben über. Diese müssen die verbleibende Steuerschuld begleichen.

 **ACHTUNG**

Begleichen der Steuerschuld

Bei Singles muss die verbleibende Steuerschuld von den Erben unmittelbar beglichen werden.

Flexibilität der Darlehensbedingungen

Wichtig sind flexible Rückzahlungsbedingungen der finanzierenden Bank, um Zulagen und mögliche Steuerersparnisse als zusätzliche Tilgung einzusetzen. Die Sondertilgungsmöglichkeiten sollten so wenig wie möglich reglementiert sein. So kann im Kontext der Riester-Bedingungen nachjustiert werden, wenn sich Änderungen ergeben hinsichtlich

→ der Einkommensverhältnisse,

→ der Familiensituation und/oder

→ des beruflichen Status.

Herausforderungen für Ehepaare/Lebenspartnerschaften

Für Ehepaare, die Riester optimal nutzen wollen, besteht die Herausforderung in einer umfangreichen Rechenaufgabe, um die Darlehenssummen, die Laufzeiten und die Tilgungsraten so zu synchronisieren, dass die Riester-Förderung optimal ausgeschöpft wird und beide Verträge rechtzeitig bis spätestens zur Vollendung des jeweils 68. Lebensjahrs getilgt sind.

→ **Darlehenshöhe:** Ehepaare müssen, um die Förderung optimal zu nutzen, jeweils einen eigenen Darlehensvertrag abschließen. Je nach Alter und Einkommen der Ehepartner sind unterschiedliche Darlehenshöhen bis zur Auflösung des Wohnförderkontos zu tilgen und zu ermitteln. Dies erfordert zum Beispiel eine Entscheidung, auf welchen Darlehensvertrag die Kinderzulagen fließen sollen.

→ **Kleindarlehen:** Ist nur ein Ehepartner förderberechtigt, hat zwar der andere Ehepartner einen sogenannten abgeleiteten Anspruch. Es stellt sich aber die Frage, ob der Kreditgeber dafür auch Kleindarlehen anbietet.

→ **Eigentumsverhältnisse:** Ehepaare müssen die Eigentumsverhältnisse in Bezug auf die Immobilie regeln. Förderberechtigt ist nur der Eigentümer.

Darlehenshöhe

Im Rahmen der Einbeziehung von Riester-Darlehen kann es, bedingt durch den verbleibenden Zeitraum bis zur Auflösung des Wohnförderkontos, mit spätestens dem vollendeten 68. Lebensjahr notwendig sein, weitere ungeförderte Darlehen aufzunehmen. Damit stellt sich die Frage unterschiedlicher Zinssätze für die Einzeldarlehen und damit auch die Frage nach dem Gesamtzinssatz der Finanzierung.

→ **TIPP Beratung nutzen**
Lassen Sie sich unbedingt zu diesem komplexen Thema beraten, zum Beispiel von der Verbraucherzentrale. Mehr zur Immobilienfinanzierung finden Sie auch im Ratgeber „Meine Immobilie finanzieren", **www.ratgeber-verbraucherzentrale.de**

Wohn-Riester: Fazit und Entscheidungshilfen

Die eigene Immobilie kann für die Altersvorsorge durchaus interessant sein. Allerdings spart man sich nur dann die Miete, wenn Haus oder Wohnung auch schuldenfrei ist. Ebenso sollte man berücksichtigen, dass nicht nur Sie in die Jahre kommen, sondern auch die Immobilie. Möglicherweise sind substanzielle Sanierungen, Modernisierungen oder altersgerechte Umbauten notwendig.

Zur schnelleren Entschuldung kann die Finanzierung mit Wohn-Riester sicherlich einen Beitrag leisten. Doch sind neben den Effekten schneller Tilgung auch die komplexen Bedingungen zu beachten. Es ist leider weder ratsam, Wohn-Riester unbedingt nutzen zu wollen, noch die Förderung von vornherein auszuschließen. Es müssen viele Aspekte berücksichtigt werden, bevor man eine Entscheidung pro oder kontra Wohn-Riester trifft.

Baustein 3: die Rürup- oder Basisrente

Produktprofil

Bedeutung ++

Sicherheit ++

Geeignet für Selbstständige, die keine Möglichkeit haben, staatlich geförderte Produkte abzuschließen, sowie für Personen mit höherem Steuersatz

Geeignet als Zusatzbaustein

Vorteile verschiedene Produktformen, steuerbegünstigt in der Ansparphase, pfändungssicher, Hartz-IV-sicher, häufig variable Einzahlungsmöglichkeiten

Nachteile zu versteuern in der Rentenphase, nicht vererbbar, nicht veräußerbar, nicht beleihbar, nicht übertragbar, nicht kapitalisierbar

Die Rürup-Rente gehört zusammen mit der gesetzlichen Rentenversicherung und den berufsständischen Versorgungswerken als Basisversorgung im Schichtenmodell (→ Seite 39) der Altersversorgung zur ersten Schicht. Anders als zum Beispiel die gesetzliche Rentenversicherung ist sie nicht umlagefinanziert, sondern privatwirtschaftlich kapitalgedeckt. Umgangssprachlich wird sie nach ihrem Erfinder Bert Rürup „Rürup-Rente" genannt.

Der Gesetzgeber führte diese Form der privaten Altersversorgung im Jahr 2005 ein. Die staatliche Förderung der Altersvorsorgebeiträge sieht in der Ansparphase die steuerliche Abzugsfähigkeit als Sonderausgaben bis zu einem Höchstbetrag vor. Dieser beläuft sich im Jahr 2021 auf 92 Prozent von maximal 25.787 Euro. Im Gegenzug werden die Renten im Alter nachgelagert besteuert.

Die Regeln schränken den Personenkreis der Förderberechtigten nicht wie für die Riester-Rente oder für Betriebsrenten ein. Sie richten sich aber primär an Personen, die mangels Pflichtversicherung in der gesetzlichen Rentenversicherung oder in berufsständischen Versorgungswerken keinen Zugang zu staatlich geförderter Altersvorsorge haben. Daher ist sie in erster Linie für Selbstständige oder „Besserverdienende" geeignet.

Wer eine private Rürup-Rente abschließt, sollte sich zuvor mit den Besonderheiten vertraut machen. Denn auch hier gelten gesetzliche Bedingungen.

Aufpassen, ob Sie wirklich von Rürup profitieren können
Die Bankbetriebswirtin Dana Rittig, bei der Verbraucherzentrale NRW Beraterin für Altersvorsorge, Geldanlage und Immobilienfinanzierung, erläutert: „Die Erfahrungen der Verbraucherzentrale NRW zeigen, dass die Rürup-Rente nicht nur Selbstständigen, sondern auch normalverdienenden Arbeitnehmern als geeignete Vorsorgeform vorgestellt wird. Die Aussicht auf hohe Steuerersparnisse, die Letztere aber gar nicht haben, ist regelmäßig das ‚schlagende' Argument. Rürup ist äußerst unflexibel! Im Notfall kommt man nicht an das Ersparte heran. Es wird später ausschließlich als lebenslange Rente ausbezahlt, Kapitalabfindungen sind nicht möglich!"

Wie funktioniert die Rürup-Rente?

Förderbedingungen

Die Rürup-Rente als privater Altersvorsorgevertrag ähnelt dem Prinzip der Altersrenten der gesetzlichen Rentenversicherung. Die Beiträge sind seit 2005 als Sonderausgabe anerkannt, wenn der Anbieter für den Vertrag eine staatliche Zertifizierung hat. Seit 1. Januar 2010 müssen die Angebote zertifiziert sein.

Die Sparleistungen sind als Sonderausgaben absetzbar, wenn folgende Bedingungen erfüllt sind:
→ Der Vertrag darf nur eine monatliche, auf das Leben des Steuerpflichtigen bezogene, lebenslange Leibrente vorsehen.
→ Die Leibrente darf für Vertragsabschlüsse vor dem 1. Januar 2012 erst ab Vollendung des 60. Lebensjahrs ausgezahlt werden und für Vertragsabschlüsse nach dem 31. Dezember 2011 ab Vollendung des 62. Lebensjahrs.

Gegen Zusatzbeitrag lassen sich auch Berufsunfähigkeit (Berufsunfähigkeitsrente), verminderte Erwerbsfähigkeit (Erwerbsminderungsrente) sowie ein Schutz für Hinterbliebene absichern (→ Seite 106).

Von besonderer Bedeutung sind die Einschränkungen der Rürup-Rente im Zusam-

 **WICHTIG**

Eingeschränkter Kreis von berücksichtigten Hinterbliebenen

Hinterbliebene sind ausnahmslos der Ehegatte oder Partner eingetragener Lebenspartnerschaften des Steuerpflichtigen und die Kinder, für die Anspruch auf Kindergeld oder einen Kinderfreibetrag besteht.

menhang mit ihrer Verfügbarkeit. Rürup-Verträge sind

→ **nicht vererbbar:** Die Verträge dürfen keine Regelungen enthalten, die beim Tod des Versicherten die Zahlung von nicht verbrauchtem Kapital an Hinterbliebene vorsieht.

→ **nicht übertragbar:** Die Verträge bzw. Ansprüche daraus dürfen nicht, zum Beispiel durch Schenkung, auf andere Personen übertragen werden.
Ausnahme: Bei Ehescheidung ist im Rahmen des Versorgungsausgleichs die unmittelbare Übertragung des Kapitals auf einen anderen Rürup-Vertrag beim selben oder einem anderen Unternehmen gestattet.

→ **nicht beleihbar:** Guthaben des Vertrags dürfen nicht beliehen werden. Der beliehene Betrag stünde sonst unter Umständen nicht für den eigentlichen Förderzweck – nämlich die Rentenzahlung – zum Rentenbeginn zur Verfügung.

→ **nicht veräußerbar:** Der Vertrag kann während der Laufzeit nicht wie zum Beispiel bei Kapitalversicherungen zurückgekauft oder vorzeitig aufgelöst werden.

→ **nicht kapitalisierbar:** Kapitalabfindungen oder Teilkapitalentnahmen sind nicht gestattet, anders als zum Beispiel bei Riester-Renten oder einer ungeförderten Rentenversicherung.

Steuerliche Förderung in der Ansparphase

Die steuerliche Förderung ist als stufenweise Freistellung der Altersvorsorgeaufwendungen angelegt. Bei Einführung der Basisrente im Jahr 2005 betrug der abzugsfähige Höchstbetrag 60 Prozent der entrichteten Beiträge. Dieser Prozentsatz steigt seitdem jährlich um 2 Prozent. Im Jahr 2025 sind schließlich 100 Prozent der entrichteten Beiträge steuerlich absetzbar.

Der abzugsfähige jährliche Höchstbetrag lag bis 2014 für Ledige bei 20.000 Euro und für gemeinsam veranlagte Verheiratete bei 40.000 Euro. Die Grenzen werden seit dem Jahr 2015 angehoben. Seitdem richtet er sich nach der Entwicklung des Beitragssatzes und der Beitragsbemessungsgrenze in der knappschaftlichen Rentenversicherung. Für 2021 beträgt er für Ledige 25.787 Euro und für gemeinsam veranlagte Verheiratete 51.574 Euro. Es muss nicht jeder Ehegatte einen eigenen Vertrag abschließen. Der Höchstbetrag kann auch in einem Vertrag ausgeschöpft werden.

JAHR	PROZENT	JAHR	PROZENT
2021	92	2024	98
2022	94	ab 2025	100
2023	96		

→ **TIPP Änderung der Förderhöchst-
beträge beachten**

In der Ansparphase sollten diejenigen,
die den Sonderausgabenabzug immer
maximal ausnutzen wollen, die Änderungen der jeweiligen Förderhöchst-
beträge beachten und den Sparbeitrag
entsprechend anpassen.

Pflichtversicherte in der gesetzlichen Rentenversicherung müssen berücksichtigen,
dass in dem Höchstbetrag auch die Arbeitge-

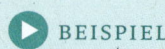 BEISPIEL

**Beispielrechnung für nicht
pflichtversicherte Selbstständige**

Selbstständige können im Jahr 2021 von
einem Rürup-Sparbeitrag 92 Prozent des
Höchstbetrags von 25.787 Euro – also
23.724 Euro – steuermindernd absetzen. Werden nur 10.000 Euro gespart,
können auch nur 92 Prozent davon –
also 9.200 Euro – steuermindernd ab-
gesetzt werden.

 BEISPIEL

**Beispielrechnung für Renten-
versicherungspflichtige**

Ein Rentenversicherungspflichtiger ent-
richtet im Jahr 2021 Arbeitgeber- und
Arbeitnehmerbeiträge in Höhe von insgesamt 10.000 Euro an die gesetzliche
Rentenversicherung. Davon sind 92 Prozent – also 9.200 Euro – steuermindernd
absetzbar. Vom Arbeitnehmeranteil wird
ein Betrag in Höhe von 4.200 Euro steuermindernd in der Lohn- und Gehaltsabrechnung berücksichtigt. Für das Jahr
2021 können zusätzlich also noch
15.787 Euro gespart werden. Werden
diese auch tatsächlich gespart, können
davon 14.524 Euro im Jahr 2021 steuermindernd berücksichtigt werden.

ber- und Arbeitnehmeranteile für die gesetzliche Rentenversicherung enthalten sind. Der
Arbeitgeberbeitrag ist dabei voll absetzbar.

Beamte müssen berücksichtigen, dass der
Höchstbetrag um einen fiktiven Gesamtbeitrag zur gesetzlichen Rentenversicherung gekürzt wird.

Kleinstbetragsrenten

Genau wie die Riester-Rente kann auch eine
Rürup-Rente ausnahmsweise auf einen
Schlag abgefunden werden, wenn sie als sogenannte Kleinstbetragsrente gilt. Das ist
dann der Fall, wenn die Rentenleistung des
Vertrags unter 1 Prozent der sogenannten Bezugsgröße der gesetzlichen Rentenversicherung liegt. Das entspricht für das Jahr 2021
in den alten Bundesländern 32,90 Euro und

in den neuen Ländern 31,15 Euro pro Monat. In diesen Fällen können Rürup-Sparer statt einer lebenslangen Rente auch einen Einmalbetrag wählen. Je nach Anbieter dürfte das rund 10.000 Euro Vertragswert entsprechen. Anders als bei Riester-Verträgen liegt das Verrentungskapital in Rürup-Verträgen aber in der Regel deutlich darüber.

Welche Rürup-Produkte gibt es?

Förderfähige Anlagemöglichkeiten sind
→ klassische Rürup-Rentenversicherungen,
→ fondsgebundene Rürup-Rentenversicherungen, auch als Variante mit Garantie,
→ Rürup-Fondssparpläne.

Sie werden von Versicherungsgesellschaften und Kapitalverwaltungsgesellschaften angeboten. Banken und Sparkassen haben keine eigenen Angebote. Sie verweisen auf ihre Investmentfonds- bzw. mit ihnen kooperierende Versicherungsgesellschaften. Die Versicherungsgesellschaften investieren die Sparbeiträge der Rürup-Sparer am Kapitalmarkt. Die Verträge lassen sich kombinieren mit diversen Zusatzbausteinen wie Hinterbliebenenrenten und Berufsunfähigkeits- oder Erwerbsunfähigkeitsversicherungen.

Klassische Rürup-Rentenversicherung

Die „klassische Rürup-Rentenversicherung" ist das sicherste Produkt unter den verschiedenen Varianten. Die Versicherungsgesellschaft legt den Sparanteil, also den gezahlten Gesamtbeitrag abzüglich der Kosten, nach gesetzlichen Vorschriften an. Das gebildete Kapital wird für Vertragsabschlüsse ab 1. Januar 2017 mit dem gesetzlich vorgegebenen Höchstrechnungszins – umgangssprachlich Garantiezins – in Höhe von 0,9 Prozent verzinst. Daraus ergibt sich die sogenannte Garantierente. Erzielen die Versicherungsgesellschaften mit ihren Anlagen höhere Erträge, werden diese den Versicherten in Form einer zusätzlichen Gewinnrente gutgeschrieben. Die Überschüsse sind jedoch nicht garantiert.

Fondsgebundene Rürup-Rentenversicherung

Risikobereite Sparer können auch eine sogenannte Fondspolice abschließen. Der Sparanteil, also der gezahlte Gesamtbeitrag abzüglich der Kosten, wird in Investmentfonds angelegt. Dahinter steckt der Gedanke, durch risikoreiche Anlage über einen langen Zeitraum eine höhere Rendite als mit klassischen Anlageformen zu erzielen. Gesetzliche Vorgaben einer garantierten Verzinsung gibt es nicht. Entwickelt sich der Kapitalmarkt für den Fondsanleger ungünstig, kann es durchaus im Alter nur zur Zahlung einer Minirente kommen. Der Rürup-Sparer trägt das volle Anlagerisiko.

Fondsgebundene Rürup-Rentenversicherungen mit Garantie

Anlegern, die eine sichere Rürup-Rente abschließen, aber auch die höheren Ertragschancen des Kapitalmarkts nutzen wollen, bieten die Versicherungsgesellschaften ein Kombinationsprodukt an – die Rürup-Fondspolice mit Garantie. Die Höhe der garantierten Monatsrente hängt von den unterschiedlichen Garantievarianten ab.

→ **Kapitalerhalt:** Ein Teil des Sparbeitrags wird in Investmentfonds investiert, um von den höheren Ertragschancen der Kapitalmärkte zu profitieren. Ein anderer Teil des Sparbeitrags wird in eine klassische Rürup-Rentenversicherung investiert, die versicherungsmathematisch so kalkuliert ist, dass zum Rentenbeginn exakt die eingezahlten Beiträge zur Verfügung stehen.

→ **Sichere Mindestrente plus Fondsertrag:** Bei dieser Variante handelt es sich ebenfalls um eine Kombination aus klassischer Rürup-Rentenversicherung und Fondsanlage. Allerdings werden die über den Garantiezins hinaus erzielten Erträge in Investmentfonds angelegt. Ziel ist, durch die höheren Erträge des Kapitalmarkts eine höhere Rente als mit der klassischen Rürup-Rentenversicherung zu erzielen. Die garantierte Mindestrente basiert auf dem gesetzlich vorgegebenen Höchst-

zins, für das Jahr 2021 weiterhin in Höhe von 0,9 Prozent.

→ **Police mit Garantiefonds:** Bei dieser Variante werden die Sparbeiträge abzüglich der Kosten in Garantiefonds investiert. Die Anbieter versprechen sich damit die höheren Erträge des Kapitalmarkts. Die Garantie wird nicht von der Versicherungs-, sondern von der Investmentfondsgesellschaft gestellt. Es kann lediglich der Kapitalerhalt gesichert sein oder die Fonds decken mit einer Garantie auch eine kleine Mindestverzinsung ab.

Außerdem existieren dynamische Sicherungskonzepte, die auch bereits erzielte Gewinne absichern und so einen immer größeren Teil des angesparten Kapitals umfassen. Es ist unumgänglich, dass Sie sich die Fonds und die zugrunde liegenden Sicherungskonzepte im Einzelnen ansehen. Berücksichtigen Sie zudem, dass es Garantien nicht kostenlos gibt. Ein üppiger Fondsertrag ist bei diesen Modellen nicht zu erwarten.

Rürup-Fondssparplan

Seit 2009 bieten Kapitalverwaltungsgesellschaften unterschiedliche Rürup-Konzepte an. Die Vorsorgesparer können allerdings in der Regel die Investmentfonds, in die investiert wird, nicht wie bei Rürup-Fondspolicen aussuchen. Sie sind an die Anlagepolitik und das jeweilige Konzept der Kapitalverwaltungsgesellschaft gebunden.

→ **Lebenszyklusmodell:** Strikt nach Lebensalter wird das Kapital des Anlegers – nach Abzug der Kosten für Ausgabeaufschläge und anderes – von Aktienfonds in sicherere Geldanlagen umgeschichtet. Das schränkt die Möglichkeiten ein, mit Aktienfonds hohe Erträge zu erzielen. Beispielsweise beginnt ein 25-Jähriger mit 100 Prozent Aktienfonds. Mit Erreichen des 30. Lebensjahrs wird die Quote auf 90 Prozent reduziert und 10 Prozent in sichere Anlageformen investiert. Mit zunehmendem Alter verschiebt sich die Quote entsprechend weiter.

→ **Garantiekonzept:** Das Kapital wird zum Beispiel in einen Dachfonds investiert, der mit einer Geld-zurück-Garantie zum Ende des Kalenderjahrs ausgestattet ist. Ein anderes Garantiekonzept sieht die Anlage in sogenannte Garantiefonds vor, bei denen der Kapitalerhalt an bestimmten Stichtagen gesichert wird. Der Kapitalerhalt bezieht sich jedoch nur auf das Kapital abzüglich der Kosten. Bei anderen Anbietern wird die Kapitalgarantie einige Jahre vor Rentenbeginn – in der Regel mit dem 55. Lebensjahr – mit einer monatlichen Höchststandsgarantie kombiniert. So werden nicht nur der Kapital-

einsatz, sondern auch erzielte Kurshöchststände gesichert.

Viele Erfahrungen mit Rürup-Fondssparplänen gibt es bisher nicht. Garantien kosten auf jeden Fall Geld, sodass Spitzenerträge nicht zu erwarten sind. Zudem sind noch nicht alle Rürup-Fondssparpläne für die Rentenphase kalkuliert. Oft sichern die Anbieter nur die Umschichtung in eine lebenslange Leibrente zu. Die Konditionen dafür stehen jedoch bei Vertragsabschluss noch nicht fest. Rürup-Fondssparer können daher nicht einschätzen, ob sich das Angebot lohnt bzw. welche Zusatzkosten für die Rentenphase noch anfallen.

Welche zusätzlichen Absicherungen gibt es?

Die Rente steht nur demjenigen zur Verfügung, der den Vertrag auch abgeschlossen und die Beiträge eingezahlt hat. Verstirbt er vor Renteneintritt – also in der Ansparphase –, sind die bisher eingezahlten Beiträge quasi verloren und gehen auf die Versicherung über. Stirbt er während der Rentenphase, enden die Auszahlungen automatisch mit seinem Tod – auch wenn der Sparer deutlich mehr Geld eingezahlt hat.

Wenn Sie stattdessen Hinterbliebene absichern möchten, können Sie außer der Altersvorsorge auch Beiträge für die Absicherung

WICHTIG

Altersvorsorgeaufwand muss überwiegen

Ist der Beitragsaufwand für die ergänzende Absicherung im Rahmen des Vertrags größer als 50 Prozent, sind die gesamten Aufwendungen nicht als Sonderausgaben abzugsfähig.

Hinterbliebener, den Eintritt der Berufsunfähigkeit oder der verminderten Erwerbsfähigkeit leisten, die steuerlich gefördert werden. Das ist allerdings nur in Form von Zusatzbausteinen möglich. Altersvorsorge und die ergänzende Absicherung müssen zwingend in einem einheitlichen Vertrag geregelt sein. Vom Gesamtbeitrag müssen mehr als 50 Prozent auf die Altersvorsorge des Steuerpflichtigen entfallen.

Hinterbliebenenabsicherung

Der Gesetzgeber schränkt den Kreis Hinterbliebener auf den Ehegatten oder den Partner einer eingetragenen Lebenspartnerschaft ein. Nicht eheliche Lebenspartner oder ein früherer Ehegatte können nicht über einen Rürup-Rentenvertrag abgesichert werden. Waisenrentenberechtigte Kinder hingegen können als Hinterbliebene abgesichert werden, allerdings nur, wenn man für sie Kindergeld oder einen Freibetrag erhalten hat.

Die Absicherung von Hinterbliebenen in der Ansparphase

Das Kapital beim Tod des Versicherten kann nicht vererbt werden. Die Hinterbliebenen können es nur als Rente beziehen, wenn eine entsprechende Hinterbliebenenversicherung abgeschlossen wurde. Prüfen Sie Angebote ganz genau – sie können sehr unterschiedlich gestaltet sein.

Zahlung einer lebenslangen Rente: Der Versicherungsvertrag kann mit einer Hinterbliebenenrente für den Ehegatten oder für kindergeldberechtigte Kinder ausgestattet sein. Die Höhe der Hinterbliebenenrente steht mit Vertragsbeginn fest.

 ACHTUNG

Absicherung mindert Rente

Zusätzliche Absicherungen kosten immer Geld. Dadurch steht weniger Geld für das eigentliche Ziel einer lebenslangen Rente zur Verfügung.

Hinterbliebenenrente aus angespartem Vermögen: Das zum Todeszeitpunkt des Versicherten angesparte Vermögen wird als Hinterbliebenenrente an den Ehegatten oder an kindergeldberechtigte Kinder ausgezahlt. Die Höhe der Rente ergibt sich aus dem Vermögen.

→ **TIPP** **Risikolebensversicherung oft günstiger**
Im Fall einer Beitragsfreistellung entfällt die Absicherung der Hinterbliebenen. Alternativ können Sie zur Absicherung eine separate Risikolebensversicherung abschließen. Sie können die Versicherungssumme so wählen, dass sie der Höhe der gesamten voraussichtlich einzuzahlenden Beiträge der Rürup-Rente entspricht. Diese Option ist häufig günstiger als die Absicherung über Rürup, allerdings steuerlich nicht begünstigt.

Grundsätzlich sollte man immer erwägen, verschiedene Risiken separat abzusichern.

Absicherung Hinterbliebener in der Rentenphase

Stirbt der Versicherte in der Rentenphase, fällt das noch nicht durch Rentenzahlungen ausbezahlte Kapital an die Versichertengemeinschaft. Ist der Sparer verheiratet, können Hinterbliebene des oben genannten Personenkreises abgesichert werden. Die Versicherungsgesellschaften bieten auch dafür unterschiedliche Möglichkeiten, die man im Einzelnen genau prüfen sollte.

Bestimmter Prozentsatz der Hauptrente: Als Hinterbliebenenrente wird ein bestimmter Prozentsatz der Rente des Versicherten bezahlt. Zum Beispiel werden aus einer Hauptrente von 500 Euro an den überlebenden Ehegatten 60 Prozent, also eine Rente in Höhe von 300 Euro, ausbezahlt.

Vereinbarung einer Rentengarantiezeit: Bei Tod des Versicherten in dieser Zeit wird eine lebenslange Rente an die Hinterbliebenen gezahlt. Wird eine Rentengarantiezeit von zum Beispiel zehn Jahren vereinbart, wird die Hinterbliebenenrente nur bei Tod des Versicherten in dieser Zeit ausbezahlt. Geht der Versicherte zum Beispiel mit 65 Jahren in Rente und verstirbt mit 76 Jahren, erhalten die Hinterbliebenen keine Rente.

Restkapitalverrentung: Bei Tod des Versicherten wird aus dem noch vorhandenen Kapital eine Hinterbliebenenrente bezahlt. Je länger der Versicherte die Hauptrente bezogen hat, desto niedriger fällt die Rente an Hinterbliebene aus.

Absicherung von Berufsunfähigkeit

Berufsunfähigkeitsrente: Als weitere ergänzende Absicherung kann eine Berufsunfähigkeitsrente bzw. eine Rente wegen verminderter Erwerbsfähigkeit vereinbart werden.

Beitragsfreistellung: Im Fall der Berufsunfähigkeitsrente bzw. der Rente für verminderte Erwerbsfähigkeit wird der Beitrag für die eigentliche private Altersvorsorge freigestellt und vom Versicherer weitergezahlt.

Rentenzahlung: Für den Fall des Eintritts der Berufsunfähigkeit bzw. der verminderten Erwerbsfähigkeit wird eine Rente in bestimmter vereinbarter Höhe gezahlt.

Eigenständige Absicherung gegen den Eintritt der Berufsunfähigkeit oder der verminderten Erwerbsfähigkeit: Seit 2014 kann auch ein eigenständiger Vertrag abgeschlossen werden. Voraussetzung ist, dass bei Eintritt der Berufsunfähigkeit oder der verminderten Erwerbsfähigkeit vor dem 67. Lebensjahr anschließend, also in der Rentenphase, eine lebenslange Leibrente gezahlt wird.

Das Berufsunfähigkeitsrisiko im Rahmen der Rürup-Rente abzusichern ist wegen der steuerlichen Abzugsfähigkeit vorteilhaft. Nachteilig ist jedoch, dass der Vertrag in der Regel nicht beitragsfrei weitergeführt werden

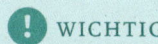 **WICHTIG**

Abschlüsse von Zusatzversicherungen abhängig vom Gesundheitszustand

Grundsätzlich sind Abschlüsse der Zusatzversicherungen nur mit einer Gesundheitsprüfung möglich. Es gibt keine vereinfachten Gesundheitsfragen bzw. Annahmerichtlinien. Anträge können je nach aktuellem Gesundheitszustand abgelehnt oder nur zu erschwerten Bedingungen bzw. mit Risikoausschlüssen angenommen werden.

kann, ohne dass der Versicherungsschutz gegen Berufsunfähigkeit verloren geht. Ein weiterer Nachteil besteht darin, dass im Leistungsfall die Berufsunfähigkeitsrente höher versteuert werden muss als ohne Rürup.

Der alternative Abschluss einer separaten Berufsunfähigkeitsversicherung ist im Rahmen der übrigen Vorsorgeaufwendungen zwar auch steuerlich absetzbar. Die Höchstbeträge, für Selbstständige 2.800 Euro und 1.900 Euro für andere, sind jedoch in den meisten Fällen durch die Beiträge zur Krankenversicherung bereits ausgeschöpft.

Rürup-Rente: Vor- und Nachteile auf einen Blick

Wer den Abschluss einer Rürup-Rente beabsichtigt, muss sich darüber im Klaren sein, dass es sich bei diesem steuerbegünstigten Produkt um eine Rentenversicherung in reinster Form handelt. Hier ein Überblick über die Vor- und Nachteile:

✚ Geeignet ist sie zum Aufbau einer eigenen Altersvorsorge in Form einer **lebenslangen Leibrente.**

✚ Selbstständige und Freiberufler, die keine Riester-Rente abschließen können, finden in der Rürup-Rente die einzige **private Vorsorgemöglichkeit**, die der Staat unterstützt.

+ Die Analyse der individuellen **steuerlichen Vorteile** ist von großer Bedeutung. Die Vorteile liegen in der steuermindernden Wirkung durch den Sonderausgabenabzug, der im Jahr 2025 bei 100 Prozent liegen wird. Die steuerliche Förderung ist für Sparer mit einer hohen Steuerbelastung interessant. In erster Linie Besserverdienende und Selbstständige können durchaus bis zu 30 Prozent der Sparbeiträge durch die Steuererstattung finanzieren. Im Vergleich zu ungeförderten Produkten ist dies ein ordentlicher Renditevorteil.

+ Das in einen Rürup-Vertrag investierte Geld muss bei Beantragung von Arbeitslosengeld II nicht verwertet werden, ist umgangssprachlich also **Hartz-IV-sicher.** Vertragsabschluss und Beitragszahlung müssen vor dem Antrag auf Arbeitslosengeld II liegen.

+ Für Selbstständige ist die Beitragszahlung auch in der Ansparphase **pfändungsgeschützt.** In der Rentenphase besteht dieser Schutz innerhalb der Pfändungsfreigrenzen.

+ / – Nur Ehegatten oder Partner eingetragener Lebenspartnerschaften und Kinder können ergänzend durch eine **Hinterbliebenenrente** abgesichert werden.

+ / – Vor dem Abschluss eines Vertrags sollte berücksichtigt werden, dass die private Altersvorsorge auch während der beruflichen Laufbahn unterschiedlichen persönlichen und familiären Änderungen standhalten muss. Dies **für einen langen Zeitraum** von 20 Jahren und mehr im Voraus zu berücksichtigen ist fast unmöglich.

– Es besteht **keine Verfügbarkeit** über das gebildete Kapital.

– Im Alter müssen die **Leistungen versteuert** werden. Bedenken sollten dies vor allem junge Sparer, denn die Leistungen sind ab 2040 zu 100 Prozent zu versteuern.

– Anders als die Riester-Rente bietet die Rürup-Rente **keine Beitragsgarantie** zum Ende der Sparphase. Mit fondsbasierten Anlagen ohne Garantie drohen Verluste.

– Bei Tod droht **Kapitalverlust**.

Fazit: Basis- oder Rürup-Renten sind vor allem für Menschen mit einem höheren Steuersatz interessant. Alle, für die auch ein Riester-Vertrag infrage kommt, sollten erst einmal schauen, ob sie damit nicht besser fahren – denn dort gibt es ja zusätzlich noch staatliche Zulagen. Für höhere Summen ist jedoch wiederum nur die Rürup-Police sinnvoll. Geringverdiener brauchen sich mit Rürup nicht zu befassen. Ohne die Steuerersparnis sind die Verträge nur halb so interessant, Riester-Verträge die bessere Wahl.

Baustein 4: die betriebliche Altersversorgung

Produktprofil

Bedeutung	++
Sicherheit	+
Geeignet für	alle Arbeitnehmer
Geeignet als	Zusatzbaustein
Vorteile	sozialabgabenfrei, steuerbegünstigt und seit 2021 gegebenenfalls in der Ansparphase zusätzlich durch Arbeitgeber gefördert, sehr sichere Vorsorgeform, zum Teil Zugriff auf günstige Gruppenverträge
Nachteile	kompliziert, spätere Renten sind steuer- und zum Teil krankenversicherungspflichtig, je nach Art kann Arbeitgeberwechsel problematisch sein

Betriebsrenten haben in Deutschland eine lange Tradition. Lange Zeit gehörten sie zu den freiwilligen Leistungen des Arbeitgebers. Seit 2002 haben Arbeitnehmer jedoch einen Rechtsanspruch darauf, einen bestimmten Teil ihres Bruttolohns in eine betriebliche Altersversorgung (bAV) umzuwandeln. Das bezeichnet man auch als „Bruttoentgeltumwandlung".

> **!** ACHTUNG
>
> **Besonderheiten bei tarifgebundenen Verträgen**
>
> Tarifgebundene Arbeitnehmer können die Bruttoentgeltumwandlung nur nutzen, wenn Tariföffnungsklauseln dies zulassen.

Was ist die betriebliche Altersversorgung?

Zum Einstieg ein kurzer Überblick über die Dimensionen der betrieblichen Altersversorgung (bAV), Details → Seite 113. Mit „betrieblicher Altersversorgung" bezeichnet das Betriebsrentengesetz die Zusage des Arbeitgebers, Leistungen für den Arbeitnehmer bereitzustellen, wenn dieser ein bestimmtes Alter erreicht hat, seine Hinterbliebenen versorgt werden müssen oder die Invalidität bei Erwerbs- oder Berufsunfähigkeit abgesichert werden soll.

Die später bezogenen Leistungen sind in der Regel laufende Zahlungen in Form von Betriebsrenten oder Ruhegeldern. Auch einmalige Kapitalauszahlungen, zum Beispiel aus Direktversicherungen, sind möglich. Ausgezahlt werden darf jedoch grundsätzlich erst mit Eintritt eines „biologischen" Ereignisses – Alter, Tod oder Invalidität. Laufende Rentenzahlungen müssen mindestens alle drei Jahre geprüft und unter Umständen in der Höhe angepasst werden, um den Kaufkraftverlust durch Inflation auszugleichen.

Leistungen, die Arbeitgeber zusätzlich zum Lohn oder Gehalt erbringen, bezeichnet man als **„arbeitgeberfinanzierte Altersversorgung"**. Von **„arbeitnehmerfinanzierter Altersversorgung"** spricht man, wenn Arbeitnehmer auf einen Teil des Lohns oder Gehalts verzichten und dieser Teil in eine Altersversorgung umgewandelt wird. Der Arbeitgeber kann sich daran durch Zuschüsse beteiligen oder auch durch **Bruttoentgeltumwandlung**. Für neue Vertragsabschlüsse seit 2019 muss er unter bestimmten Umständen 15 Prozent Zuschuss leisten. Für Altverträge wird das ab 2022 zwingend. Die Bruttoentgeltumwandlung wird bis zu bestimmten Grenzen durch Steuer- und Sozialabgabenbefreiung staatlich gefördert.

Grundsätzlich sind Betriebsrenten im Alter **einkommensteuerpflichtig**. Außerdem müssen gesetzlich krankenversicherte Rentner den vollen Beitrag zur **Kranken- und Pflegeversicherung** leisten. Seit 2021 gibt es jedoch einen Freibetrag in Höhe von derzeit 164,50 Euro monatlich für die Krankenver-

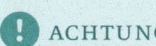

ACHTUNG

Konsequenzen für die Sozialversicherung

Die Bruttoentgeltumwandlung erscheint durch hohe Förderungen lohnenswert, teilweise beträgt die Förderung 50 Prozent oder mehr des umgewandelten Betrags. Bedenken Sie aber: Wenn Sie auf Gehalt verzichten, sinken die Sozialbeiträge, die Sie auf Ihren verbleibenden Lohn bzw. auf das Gehalt zahlen. Geringere Beiträge in die Sozialversicherungen bedeuten jedoch auch geringere Leistungen – unter anderem geringere Renten aus der gesetzlichen Rentenversicherung.

sicherung. Das verbessert die Bruttoentgeltumwandlung. Für die Beiträge zur gesetzlichen Pflegeversicherung gilt wie bisher kein Freibetrag, sondern nur eine Freigrenze in Höhe von derzeit 164,50 Euro (2021).

Sie können im Rahmen der bAV die **Riester-Förderung** nutzen. Die Beiträge werden aus dem Nettoeinkommen geleistet. Man bezeichnet diese Möglichkeit daher auch als **„Nettoentgeltumwandlung"**. 2018 ist die Sozialversicherungspflicht für Riester-Betriebsrenten in der Bezugsphase entfallen. Sie ist daher eine überlegenswerte Option für die Riester-Rente bzw. die Bruttoentgeltumwandlung.

Die bAV wird grundsätzlich vom Arbeitgeber organisiert bzw. durchgeführt. Dafür stehen ihm fünf mögliche Vorsorgeformen zur Verfügung, sogenannte **Durchführungswege**: Direkt- bzw. Pensionszusage, Unterstützungskasse, Direktversicherung, Pensionskasse und Pensionsfonds. Die Versorgungszusage muss grundsätzlich vom Arbeitgeber erfüllt werden. Die Pflicht besteht auch, wenn die zugesagte Leistung nicht unmittelbar über ihn, sondern zum Beispiel über eine Pensionskasse erfolgt. Für den Fall der Firmeninsolvenz sind Versorgungszusagen in unterschiedlicher Form abgesichert.

Beim Arbeitsplatzwechsel kann die bAV unter bestimmten Bedingungen auch zum neuen Arbeitgeber mitgenommen bzw. übertragen werden. Voraussetzung ist die Einigung zwischen altem Arbeitgeber, neuem Arbeitgeber und Arbeitnehmer.

 ACHTUNG

Bezugsgrößen ändern sich

Der Freibetrag ist abhängig von der Bezugsgröße in der gesetzlichen Rentenversicherung. Ändert sie sich, dann ändert sich auch der Freibetrag.

Arbeitgeberfinanzierte Betriebsrenten: Leistungen zusätzlich zum Gehalt

Welche Leistungen genau der Arbeitgeber verspricht, ist individuell verschieden. In der Vergangenheit war es üblich, einen bestimmten Betrag zu zahlen, zum Beispiel 10 Euro monatliche Rente pro Jahr der Betriebszugehörigkeit. Heutzutage sagen viele Arbeitgeber zu, einen bestimmten Betrag auf ein Vorsorgekonto einzuzahlen, der mit einem garantierten Zinssatz verzinst wird. Andere Arbeitgeber verpflichten sich lediglich dazu, die eingezahlten Beiträge mindestens zu erhalten.

→ **TIPP Chance nutzen**

Mit arbeitgeberfinanzierten Betriebsrenten können Sie nichts falsch machen. Das bAV-Geschenk des Arbeitgebers lohnt sich trotz der Einkommensteuer- und Sozialversicherungspflicht auch für gesetzlich in der Kranken- und Pflegeversicherung Versicherte.

Seit 2018 haben Arbeitgeber, die einem Verband angehören, die Möglichkeit, im Rahmen einer tarifvertraglichen Einigung nur Beiträge ohne Garantien zuzusagen. Man spricht in diesem Zusammenhang vom Durchführungsweg der „reinen Beitragszusagen".

Arbeitgeberfinanzierte Betriebsrenten setzen beim Arbeitnehmer eine bestimmte

Absicherung gegen Insolvenz

Sollte das Unternehmen insolvent werden, ist die arbeitgeberfinanzierte Betriebsrente über den sogenannten Pensions-Sicherungs-Verein auf Gegenseitigkeit (PSVaG) abgesichert. Er wird über Beiträge der Unternehmen finanziert, die die Betriebsrenten zugesagt haben, und übernimmt bei Insolvenz die Zahlung.

Dauer der Betriebszugehörigkeit voraus. Erst dann ist die Rente unverfallbar. Bis Ende 2017 mussten Arbeitnehmer mindestens 25 Jahre alt sein und dem Betrieb fünf Jahre angehört haben. Seit dem 1. Januar 2018 werden das 21. Lebensjahr und eine mindestens dreijährige Betriebszugehörigkeit vorausgesetzt. Die Durchführungswege sind in der Regel Direktzusagen oder Unterstützungskassen (→ Seite 122).

Arbeitnehmerfinanzierte Betriebsrenten: Verzicht auf Teile des Lohns oder Gehalts

Bei der Bruttoentgeltumwandlung als arbeitnehmerfinanzierte betriebliche Altersversorgung gibt es einiges zu bedenken. Hierbei verzichten Sie als Arbeitnehmer auf einen Teil Ihres Arbeitseinkommens zugunsten der Umwandlung in eine wertgleiche Vorsorge im Alter. Im Prinzip wird ein bestimmter Anteil des Bruttolohns der aktuellen Verfügbarkeit entzogen und für spätere Versorgungszwecke reserviert.

Wie oben schon gesagt: Die Entgeltumwandlung wird vom Gesetzgeber mit Steuer- und Sozialabgabenbefreiung gefördert. Oft müssen vorsorgende Arbeitnehmer weniger als die Hälfte der Leistung selbst aufbringen. Arbeitgeber sind verpflichtet, 15 Prozent des umgewandelten Betrags als Arbeitgeberzuschuss zu leisten, wenn sie Sozialversicherungsbeiträge sparen. Dies gilt für Neuabschlüsse ab 2019 und für Altverträge ab 2022. Die späteren Renten sind steuer- und für gesetzlich Krankenversicherte sozialabgabenpflichtig. Die Ersparnis durch die Sozialabgabenbefreiung führt zu geringeren Leistungen aus den Sozialkassen, zum Beispiel für Renten der gesetzlichen Rentenversicherung, beim Krankengeld und beim Arbeitslosengeld. Man kann daher nicht sagen, dass sich die Bruttoentgeltumwandlung grundsätzlich lohnt.

Für die Durchführung der Bruttoentgeltumwandlung kommen Direktversicherung, Pensionskasse und Pensionsfonds infrage (→ Seite 124).

Rechtsanspruch

Seit dem Jahr 2002 haben alle Arbeitnehmer einen einklagbaren Rechtsanspruch auf betriebliche Altersvorsorge durch Bruttoent-

§ GESETZLICHE GRUNDLAGEN

Absicherung gegen Insolvenz

Im Tarifrecht gilt der Grundsatz, dass Gehaltsansprüche bar auszuzahlen sind. Daher können Arbeitnehmer den Rechtsanspruch auf Bruttoentgeltumwandlung nur nutzen, wenn entsprechende Tariföffnungsklauseln dies zulassen. Das Betriebsrentengesetz stellt die Entgeltumwandlung unter Tarifvorbehalt. Arbeitnehmer, für die ein allgemein verbindlicher Tarifvertrag gilt, können Lohn oder Gehalt nur dann umwandeln, wenn eine Tariföffnungsklausel dies gestattet. Ausnahme: "über- oder außertarifliche" Gehaltsbestandteile. Mittlerweile haben fast alle Branchen Tarifverträge abgeschlossen, die an den gesetzlichen Rechtsanspruch angepasst sind.

geltumwandlung. Der Anspruch besteht in Höhe von 4 Prozent der allgemeinen Beitragsbemessungsgrenze in der gesetzlichen Rentenversicherung für die steuer- und sozialversicherungsfreie Umwandlung und weiteren 4 Prozent, die steuerfrei umgewandelt werden können.

Anspruch haben Beschäftigte eines Betriebs, die Pflichtbeiträge zur gesetzlichen Rentenversicherung leisten. Im Umkehrschluss haben jene, die nicht in der gesetzlichen Rentenversicherung pflichtversichert

sind, keinen Rechtsanspruch – zum Beispiel geringfügig Beschäftigte, die auf ihre Versicherungspflicht verzichtet haben.

Der Arbeitgeber hat das Bestimmungsrecht für den sogenannten Durchführungsweg und die Produktauswahl. Damit soll unter anderem verhindert werden, dass kleine Betriebe viel Zeit für die Verwaltung von zahlreichen unterschiedlichen Verträgen aufbringen müssen. Es kommt jedoch auch gelegentlich vor, dass Betriebe dem Arbeitnehmer die Auswahl des Durchführungswegs überlassen.

Betriebliche Altersversorgung in der Ansparphase

Steuerliche Förderung

Die staatliche Förderung der Entgeltumwandlung durch Steuer- und Sozialabgabenbefreiung wurde zum 1. Januar 2018 geändert. Die Steuerbefreiung wurde auf maximal 8 Prozent der allgemeinen Beitragsbemessungsgrenze in der gesetzlichen Rentenversicherung von monatlich 7.100,00 Euro erhöht (Stand 2021). Dies gilt für Arbeitnehmer in West- und Ostdeutschland. Steuerfrei können also monatlich maximal 568,00 Euro umgewandelt werden. Der Arbeitgeber muss keine Kleinstbeträge akzeptieren. Der Mindestbeitrag beträgt pro Jahr ein Hundertsechzigstel der Bezugsgröße in der Sozialversicherung. Im Jahr 2021 sind das 246,75 Euro.

Sozialabgabenbefreiung

Für die Sozialabgabenbefreiung gelten weiterhin 4 Prozent der allgemeinen Beitragsbemessungsgrenze in der gesetzlichen Rentenversicherung. Das heißt, im Jahr 2021 können monatlich maximal 284,00 Euro sozialabgabenfrei umgewandelt werden.

Entscheidend für die Ersparnis von Sozialabgaben ist die **Höhe des persönlichen monatlichen Bruttoeinkommens**. Kranken- und Pflegeversicherungsbeiträge sind nämlich für gesetzlich Krankenversicherte nur bis zur Beitragsbemessungsgrenze von monatlich 4.837,50 Euro von Sozialabgaben befreit. Das bedeutet für 2021:

→ Oberhalb der Bemessungsgrenze von 7.100,00 Euro (West) und 6.700,00 Euro (Ost) in der gesetzlichen Rentenversicherung werden keine Sozialabgaben gespart.

→ Unter den Beitragsbemessungsgrenzen in der gesetzlichen Rentenversicherung, aber über der Beitragsbemessungsgrenze in der gesetzlichen Krankenversicherung von 4.837,50 Euro liegt die Ersparnis des Arbeitnehmeranteils zur Renten- und Arbeitslosenversicherung bei derzeit 10,5 Prozent.

→ Unter der Beitragsbemessungsgrenze in der gesetzlichen Krankenversicherung von 4.837,50 Euro entfallen die gesamten Arbeitnehmeranteile zur Renten-, Arbeitslosen-, Kranken- und Pflegeversicherung. Das sind derzeit

– 19,325 Prozent, zuzüglich 0,25 Prozent Beitragszuschlag bei Kinderlosigkeit und ab dem vollendeten 23. Lebensjahr,
– zuzüglich des kassenspezifischen Zusatzbeitrags von aktuell (2021) durchschnittlich 1,30 Prozent; damit beläuft sich die Ersparnis für Kinderlose auf einen Arbeitnehmeranteil von 20,225 Prozent.

Die Ersparnis von Sozialversicherungsbeiträgen ist zwar einerseits ein Vorteil. Sie sollten aber, wie oben schon angesprochen, bedenken, dass weniger Sozialversicherungsbeiträge auch **geringere Leistungen der Sozialkassen** bedeuten. Die geringeren Arbeitnehmer- und Arbeitgeberbeiträge zur gesetzlichen Rente vermindern Ihre Altersrente. Im Fall längerer Krankheiten oder bei Arbeitslosigkeit fallen auch das Kranken- und das Arbeitslosengeld niedriger aus.

Arbeitgeberzuschuss

Die Umwandlung von Lohn in eine künftige Betriebsrente führt auch beim Arbeitgeber zu Ersparnissen an Sozialversicherungsbeiträgen. Der Gesetzgeber verpflichtet die Arbeitgeber, für neue Vertragsabschlüsse seit 2019 einen Zuschuss in Höhe von 15 Prozent des umgewandelten Betrags an die Arbeitnehmer weiterzuleiten. Diese Regelung gilt für Verträge, die vor 2019 abgeschlossen wurden, erst ab 2022.

BEISPIEL

Verminderte Rente

Durch die Umwandlung von jährlich 1.200 Euro Lohn oder Gehalt werden in der gesetzlichen Rentenversicherung aktuell jährlich 0,0289 Entgeltpunkte weniger erzielt. Das erscheint auf den ersten Blick verkraftbar. Über einen Zeitraum von zum Beispiel 30 Jahren summieren sich die Einbußen aber auf immerhin 0,8666 Entgeltpunkte. Unterstellt man, dass seit 2001 die Durchschnittseinkommen um 1,6 Prozent und der Rentenwert um 2,00 Prozent gestiegen sind, würde die Altersrente um monatlich 43,09 Euro niedriger ausfallen. Mindestens diesen Rentenverlust muss die Betriebsrente kompensieren.

Der Zuschuss muss allerdings nur weitergeleitet werden, wenn der Arbeitgeber auch Sozialversicherungsbeiträge spart. Für Bruttoeinkommen oberhalb der Beitragsbemessungsgrenze muss demnach kein Arbeitgeberzuschuss geleistet werden.

→ **TIPP** **Sozialversicherungsersparnis des Arbeitgebers einfordern**
Dass der Arbeitgeberzuschuss seit 2019 bzw. ab 2022 verpflichtend ist, hat die Bruttoentgeltumwandlung verbessert.

Es schadet aber nicht, den Arbeitgeber um die Weitergabe seiner gesamten Sozialversicherungsersparnis von ca. 20 Prozent zu bitten. Insbesondere für Arbeitnehmer, deren Einkommen zwischen den beiden Beitragsbemessungsgrenzen liegt, ist dies wichtig. Verschiedene Berechnungen haben ergeben, dass die Vorteile der Bruttoentgeltumwandlung erst bei Arbeitgeberzuschüssen zwischen 20 und 30 Prozent greifen.

Betriebliche Altersversorgung in der Bezugsphase

In der Rentenphase gilt für Betriebsrenten grundsätzlich die **Einkommensteuerpflicht,** und zwar zu 100 Prozent. Das Einkommen wird jedoch in der Auszahlungsphase in der Regel wahrscheinlich niedriger ausfallen als in der Erwerbsphase. Daher wird die Einkommensteuerlast normalerweise geringer sein als zu Erwerbszeiten.

Gesetzlich krankenversicherte Rentner müssen auf die Betriebsrente den vollen Beitrag zur gesetzlichen Krankenversicherung leisten. Im Jahr 2021 beträgt er 14,6 Prozent zuzüglich eines durchschnittlichen Zusatzbeitrags von 1,3 Prozent, insgesamt 15,9 Prozent. Für die gesetzliche Pflegeversicherung ist ebenfalls der volle Beitragssatz zu leisten. Im Jahr 2021 sind das 3,05 Prozent, für kinderlose Betriebsrentner 3,30 Prozent.

Aufgrund der vollen Beitragspflicht war die bAV bisher für gesetzlich Krankenversicherte unattraktiv. Der Gesetzgeber hat jedoch für alle ab 2020 auszuzahlenden Betriebsrenten einen **Freibetrag für die gesetzliche Krankenversicherung** eingeführt. Die bis dahin geltende Freigrenze bleibt nur für die gesetzliche Pflegeversicherung erhalten. Freibetrag und Freigrenze betragen im Jahr 2021 jeweils 164,50 Euro. Das ist ein Zwanzigstel der Bezugsgröße in der Sozialversicherung. Steigt in Zukunft die Bezugsgröße, steigen auch Freibetrag und Freigrenze.

Durch den **Freibetrag** für die gesetzliche Krankenversicherung (GKV) sind Betriebsrenten bis 164,50 Euro nicht sozialabgabepflichtig. Nur für Betriebsrenten abzüglich des Freibetrags fallen Krankenversicherungsbeiträge in Höhe der Differenz an. Mit dem aktuellen Krankenkassenbeitrag in Höhe von 15,9 Prozent inklusive Zusatzbeitrag kommt es beispielsweise für einen Rentner, der unterhalb der Freibetragsgrenze bleibt (Rentner 1), sowie für einen Rentner, der sie übersteigt (Rentner 2), zu folgenden Ergebnissen:

	RENTNER 1	RENTNER 2
Betriebsrente	164,50 €	364,50 €
Freibetrag	164,50 €	164,50 €
Sozialversicherungspflichtige Rente	0,00 €	200,00 €
vor 2020	26,16 €	57,96 €
seit 2020	0,00 €	31,80 €

Gerechnet mit 15,9 % GKV-Beitragssatz + durchschnittlichem Zusatzbeitrag 1,3 % für 2021

Anders verhält es sich mit der **Freigrenze** in Höhe von 164,50 Euro für die gesetzliche Pflegeversicherung. Wird diese auch nur um einen Cent überschritten, müssen für die gesamte Betriebsrente Beiträge gezahlt werden. Mit dem Beitragssatz zur gesetzlichen Pflegeversicherung in Höhe von 3,05 Prozent kommt es zu folgenden beispielhaften Ergebnissen:

	RENTNER 1	RENTNER 2	RENTNER 3
Betriebsrente	164,50 €	165,00 €	364,50 €
Freigrenze	164,50 €	164,50 €	164,50 €
Differenz	0,00 €	0,50 €	200,00 €
Sozialvers. pflichtige Rente	0,00 €	165,00 €	364,50 €
vor 2020	0,00 €	5,03 €	11,12 €
seit 2020	0,00 €	5,03 €	11,12 €

Gerechnet mit 3,05 % GPV-Beitragssatz für 2021

Damit Sie eine Vorstellung von der Funktionsweise des Förderprinzips bekommen, wird die Bruttoentgeltumwandlung an einem Beispiel erläutert. Bitte beachten Sie, dass es nicht auf andere als die beschriebene Lebens- und Einkommenssituation übertragbar ist. Private Altersversorgung und somit auch die Bruttoentgeltumwandlung erstrecken sich in der Regel über mehrere Jahrzehnte. Eine Prognose abzugeben, wie sich die Rentenhöhe, die Beitragssätze in den Sozialversicherungen, die Steuergesetzgebung, die Bruttolöhne und auch die Familiensituation entwickeln, ist nicht möglich. Den Status quo einfach in die Zukunft fortzuschreiben wäre rein spekulativ. Das Beispiel zeigt daher vereinfacht lediglich das Pro und Kontra auf Basis der Situation im Jahr 2021.

Bruttoentgeltumwandlung richtig vergleichen – ein Beispiel

Christian ist 37 Jahre alt und kinderlos. Sein jährliches sozialversicherungspflichtiges Bruttoeinkommen beträgt exakt 41.541,00 Euro. Das entspricht dem aktuellen Durchschnittseinkommen in der gesetzlichen Rentenversicherung. In 30 Jahren, also mit 67 Jahren, möchte er in den Ruhestand gehen. Ihm liegt ein Angebot seines Arbeitgebers zur Bruttoentgeltumwandlung vor. Christian überlegt: Lohnt sich eine Gehaltsumwandlung von 200,00 Euro monatlich bzw. 2.400,00 Euro jährlich? Welche Nachteile sind zu berücksichtigen?

Da er die Zukunft nicht vorhersehen kann, geht er von konstanten wirtschaftlichen Rahmendaten aus: Steuergesetzgebung, Beitragssätze in den Sozialversicherungen, Bruttolohn- und Rentenentwicklung bleiben gleich.

Die **Förderquote** aus der Gehaltsumwandlung beträgt 48,5 Prozent. Da der Arbeitslohn unterhalb der jeweiligen Bemessungsgrenzen liegt, spart der Arbeitgeber ebenfalls Sozialversicherungsbeiträge. Er muss daher 15 Prozent des Umwandlungsbetrags, also 360 Euro, als Zuschuss leisten. Damit stehen insgesamt 2.760 Euro jährlich für die Kapitalbildung zur Verfügung. Davon wendet Christian lediglich 1.166,65 Euro auf. Insgesamt beträgt die Förderquote aus Arbeitgeberzuschuss und Förderung 55,3 Prozent.

Unterstellt man, dass mindestens die Beiträge ohne Verzinsung für die spätere Rente zur Verfügung stehen, ergeben sich nach 30 Jahren insgesamt 82.800 Euro Kapital für die Rente. Dafür setzt Christian selbst lediglich ca. 35.000 Euro ein. Das entspricht einer **Rendite ohne Kosten von ca. 5,4 Prozent**. Geht man von einem Rentenfaktor in Höhe von 25 Euro pro 10.000 Euro Kapital aus, beläuft sich die Betriebsrente auf 207 Euro monatlich. Würde Christian lediglich den eigenen Beitrag von 1.166,65 Euro jährlich sparen, stünden nach 30 Jahren ohne Verzinsung 35.000 Euro zur Verfügung. Mit dem oben bereits angenommenen Rentenfaktor von 25 Euro pro 10.000 Euro Kapital kann Christian mit einer Bruttorente von 87,50 Euro rechnen. Das Ergebnis scheint also für die Bruttoentgeltumwandlung zu sprechen.

Für das volle Bild muss jedoch gegengerechnet werden, was die gesetzliche Rentenversicherung aufgrund der geringeren Beiträge noch bringt. Bliebe der aktuelle Rentenwert von 34,19 Euro auch in Zukunft so, würde Christian ohne Gehaltsverzicht für jedes der 30 Jahre einen Entgeltpunkt (EP) erhalten. Die Altersrente daraus betrüge 1.025,70 Euro. Mit Gehaltsverzicht erreicht

er nur 0,9422 EP pro Jahr, in der Summe 28,2668 EP. Die Altersrente daraus betrüge 966,44 Euro. Der zu kompensierende **Rentenverlust** beliefe sich also auf 59,26 Euro. Auch das scheint für die Betriebsrente zu sprechen.

Die gesamte Bruttorente ohne Gehaltsumwandlung betrüge 1.113,20 Euro, mit Gehaltsumwandlung 1.173,44 Euro – eine Differenz von 60,24 Euro zugunsten der Bruttoentgeltumwandlung. Aber aufgepasst: Die Renten sind in unterschiedlichem Maße einkommensteuer- und sozialversicherungspflichtig.

Beispiel: jährliche Ersparnis in der Einzahlungsphase		
	OHNE UMWANDLUNG	**MIT UMWANDLUNG**
Bruttoarbeitsentgelt	41.541,00 €	41.541,00 €
Gehaltsumwandlung	0,00 €	2.400,00 €
steuerpflichtiger Lohn	41.541,00 €	39.141,00 €
sozialversicherungspflichtiger Lohn	41.541,00 €	39.141,00 €
Steuern	6.716,58 €	6.035,33 €
Sozialversicherungen (Arbeitnehmeranteil)	8.160,89 €	7.916,27 €
Nettolohn	**26.422,75 €**	**25.189,40 €**
Steuerersparnis		681,25 €
Sozialversicherungsersparnis		485,40 €
Ersparnis gesamt		**1.166,65 €**

Quelle: eigene Berechnungen, Lohnsteuerklasse 1, kinderlos, West, inklusive Kirchensteuerabzug (9 %), Lohnsteuerrechner des BMF (2021)

Beispiel: Besteuerung in der Bezugsphase	OHNE UMWANDLUNG	MIT UMWANDLUNG
Bruttorente	1.113,20 €	1.173,44 €
Einkommensteuer	15,42 €	38,67 €
Kirchensteuer 9 %	1,39 €	3,48 €
Krankenversicherung gesetzliche Rente	81,54 €	76,83 €
Krankenversicherung bAV	0,00 €	3,38 €
Pflegeversicherung	33,85 €	38,72 €
Nettorente	**981,00 €**	**1.012,36 €**

Quelle: eigene Berechnungen, Grundtarif, kinderlos, zu versteuerndes Einkommen ohne Umwandlung 10.964,21 €, mit Umwandlung 12.516,07 €, Einkommensteuerrechner BMF (2021)

Die Nettorenten ergeben zwar kein komplett anderes Bild. Aber von 60 Euro Bruttorente mehr sind nach Besteuerung und Abzug der Sozialbeiträge nur noch 31,36 Euro monatlich übrig geblieben. Ohne den verpflichtenden Arbeitgeberzuschuss wären es nur 12,39 Euro. Nur aufgrund des verpflichtenden Arbeitgeberzuschusses kann man die Bruttoentgeltumwandlung überhaupt in Erwägung ziehen. Und wie gesagt: Kranken- und Arbeitslosengeld fallen in der Einzahlungsphase geringer aus.

Eine eindeutige Aussage, ob sich die Bruttoentgeltumwandlung lohnt, ist aufgrund des langen Zeitraums bis zur Auszahlung nicht zu treffen. Christian verdient in Zukunft vielleicht mehr oder weniger. Der Rentenwert wird steigen, ungewiss ist aber die jährliche Höhe. Andere Einflussfaktoren, zum Beispiel die Gesetzgebung werden sich ebenso bemerkbar machen.

Riester-Förderung für die betriebliche Altersversorgung

Arbeitnehmer können alternativ zu privaten Riester-Verträgen die Möglichkeit der Riester-Förderung für die bAV nutzen. Anders als bei der Bruttoentgeltumwandlung wandeln

Arbeitnehmer keinen Lohn bzw. kein Gehalt um. Die Beiträge werden vom Nettogehalt direkt vom Arbeitgeber an den Versorgungsträger gezahlt. Man spricht daher auch von **„Nettoentgeltumwandlung"**. Als Durchführungswege kommen Direktversicherungen, Pensionskassen oder Pensionsfonds infrage (→ Seite 124).

Die Förderung besteht aus Grundzulage und eventuellen Kinderzulagen, unter Umständen ist auch eine Steuerersparnis durch einen Sonderausgabenabzug möglich. Durch die Günstigerprüfung des Finanzamts kann es zusätzliche Steuererstattungen geben. Die maximale Förderung wird erreicht, wenn mindestens 4 Prozent des sozialversicherungspflichtigen Vorjahresbruttoeinkommens, maximal 2.100 Euro, jährlich eingezahlt werden.

Bessere Bedingungen seit 2018

Riester-geförderte Betriebsrenten waren lange keine attraktive Option. Sie unterlagen in der Rentenphase genau wie andere Betriebsrenten der vollen Sozialversicherungspflicht. Mit Beginn des Jahres 2018 wurde das geändert. Die Beitragspflicht in der Kranken- und Pflegeversicherung besteht seitdem nicht mehr. Riester-Betriebsrenten unterliegen jedoch weiterhin der Einkommensteuer.

Der **Arbeitsplatzwechsel** und die damit verbundene Mitnahme des Riester-Vertrags sind kein Problem. Der angesparte Wert der Betriebsrente kann beim neuen Arbeitgeber auf einen anderen Versorgungsträger übertragen werden. Anders als bei privaten Riester-Verträgen (→ Seite 62) kann das angesammelte Kapital jedoch nicht entnommen werden, um privates Wohneigentum zu kaufen. Eine Zertifizierung ist nicht erforderlich.

→ **TIPP Bei geringem Einkommen Alternative prüfen**
Für Arbeitnehmer mit geringen Einkommen und Kindern kann diese Möglichkeit aufgrund der hohen Zulagen eine bessere Alternative zur Bruttoentgeltumwandlung sein. Brutto- und Nettoentgeltumwandlung schließen einander nicht aus.

Die Sicherheit von Betriebsrenten

Betriebsrenten sind nach dem Betriebsrentengesetz grundsätzlich an den Arbeitgeber gebunden. Sie müssen zum einen unter dem Aspekt der Sicherheit der Rentenhöhe und zum anderen für den Fall einer nie auszuschließenden Firmeninsolvenz betrachtet werden.

Der Arbeitgeber muss für die Erfüllung der Versorgungszusage einstehen. Das gilt auch, wenn die Durchführung nicht unmittelbar über ihn, sondern über einen externen Versorgungsträger erfolgt, zum Beispiel eine Pensionskasse. Bei Insolvenz des Versorgungsträgers oder bei einer geringer ausfallenden Rendite muss der Arbeitgeber die Rente in der ursprünglich zugesagten Höhe zahlen. Zu solchen Fällen kam es im Jahr 2019 bei Pensionskassen.

Die Regelung gilt sowohl für arbeitgeber- als auch arbeitnehmerfinanzierte Betriebsrenten. Für den seit 2018 bestehenden neuen Durchführungsweg der „reinen Beitragszusage" gilt dies allerdings, anders als für die übrigen fünf Durchführungswege, nicht.

Bei allen Durchführungswegen außer der Pensionskasse ist der Arbeitgeber verpflichtet, einer Sicherungseinrichtung, nämlich dem **Pensions-Sicherungs-Verein (PSVaG)**, beizutreten. Der PSVaG ist ein Versicherungsverein auf Gegenseitigkeit, dessen Betriebszweck darin besteht, unverfallbare Anwartschaften von Mitarbeitern und Ruheständlern im Insolvenzfall des Arbeitgebers zu gewährleisten. In einem solchen Fall wird die Rentenzahlung vom PSVaG übernommen. Finanziert wird er durch jährlich neu festgelegte Beiträge der Arbeitgeber. Beaufsichtigt wird er von der Bundesanstalt für Finanzdienstleistungsaufsicht (BaFin).

Die fünf Durchführungswege

Die betriebliche Altersvorsorge organisiert stets der Arbeitgeber, Arbeitnehmer müssen sich nur um wenig kümmern. Es entscheidet allerdings auch der Arbeitgeber, welche Art von Betriebsrenten er ermöglicht. Dafür stehen fünf Durchführungswege zur Verfügung, die einzeln oder in Kombination angeboten werden können. Ist der Arbeitgeber bereits Mitglied in einer Pensionskasse oder einem Pensionsfonds, darf der Anspruch auf diese Formen beschränkt werden. Andernfalls muss er mindestens eine Direktversicherung offerieren. Das Versicherungsunternehmen wählt der Arbeitgeber aus.

Tarifverträge oder Betriebsvereinbarungen können die Auswahl des Durchführungswegs und des Versorgungsträgers einschränken.

1. Direktzusage/Pensionszusage. Direktzusagen, auch als Pensionszusagen bezeichnet, sind in der Regel rein arbeitgeberfinanzierte Betriebsrenten. Grundsätzlich ist aber auch eine Entgeltumwandlung möglich. Der Arbeitgeber verpflichtet sich dazu, Mitarbeitern im Rentenalter eine Betriebsrente aus dem Betriebsvermögen zu zahlen. Dazu werden sogenannte Pensionsrückstellungen in der Bilanz gebildet. Oft schließen Arbeitgeber auch Rückversicherungen ab, die die Leistungen garantieren. Früher war diese Form der Betriebsrenten weitverbreitet. Inzwischen sind sie seltener geworden, weil sich Unternehmen nicht mehr mit hohen Pensionszahlungen an ehemalige Beschäftigte belasten wollen und eher versicherungsförmige Wege suchen.

Die Absicherung gegen Insolvenz erfolgt über den Pensions-Sicherungs-Verein. Direktzusagen stehen nicht unter der Aufsicht der BaFin.

2. Unterstützungskasse. Unterstützungskassen, auch als „U-Kassen" bezeichnet, sind Versorgungseinrichtungen, die von einem oder mehreren Unternehmen gegründet werden. Sie dienen Arbeitgebern zur Finanzierung und Erfüllung ihrer Versorgungszusage an die Arbeitnehmer – sie unterstützen also.

Für Arbeitnehmer besteht der Anspruch auf Leistungen nicht gegenüber der Unterstützungskasse, sondern nur direkt gegenüber dem Arbeitgeber. Reichen die Mittel der Unterstützungskasse zur Finanzierung der Betriebsrenten nicht aus, muss der Arbeitgeber die Differenz aufbringen. Eine Altersversorgung per Unterstützungskasse kann beim Arbeitsplatzwechsel fortgeführt werden. Einmal erworbene Anwartschaften auf eine Rente bleiben erhalten. Die Absicherung gegen Insolvenz erfolgt über den Pensions-

Sicherungs-Verein. Unterstützungskassen stehen nicht unter der Aufsicht der BaFin.

3. Direktversicherung. Direktversicherungen sind die einfachste Form, Betriebsrenten zu organisieren. Der Arbeitgeber schließt als Versicherungsnehmer eine Lebens- oder Rentenversicherung zugunsten des Arbeitnehmers ab. Diese kann er allein tragen oder sie wird zwischen beiden aufgeteilt. Im Rahmen der Entgeltumwandlung kann der Arbeitnehmer sie allein tragen. Ebenso kann sie für die bAV mit Riester-Förderung genutzt werden.

Versicherungsnehmer ist in jedem Fall der Arbeitgeber. Aber nur der Arbeitnehmer erwirbt den Anspruch auf die spätere Rentenleistung. Sind für den Fall des Todes Hinterbliebene abgesichert, gehen diese Ansprüche auf sie über.

Die Versicherungsgesellschaft übernimmt die Kapitalanlage und -verwaltung und zahlt später die Rente aus. Diese Form ist daher für kleinere Unternehmen gut geeignet.

Der Arbeitgeber darf die Versicherung nicht verpfänden, beleihen oder abtreten. Überschussanteile dürfen nur zur Optimierung der Leistung verwendet werden.

Verlässt der Arbeitnehmer das Unternehmen, kann er weiter eigene Beiträge einzahlen.

Eine Absicherung gegen Insolvenz über den Pensions-Sicherungs-Verein erfolgt nur in Ausnahmen. Direktversicherungen stehen unter der Aufsicht der BaFin. Als unabhängige Unternehmen erbringen sie auch im Fall der Insolvenz des Unternehmens die vereinbarten Leistungen.

4. Pensionskasse. Pensionskassen sind spezielle Versorgungseinrichtungen, die von einem oder mehreren Unternehmen zur Durchführung der bAV gegründet wurden. Sie sind letztlich nichts anderes als spezielle Lebensversicherungen. Die Beiträge zahlt der Arbeitgeber. In Form der Entgeltumwandlung kann der Arbeitnehmer sich daran beteiligen. Sie kann auch für die Riester-Betriebsrente genutzt werden.

Die Kassen garantieren einen Anspruch auf künftige Rentenleistungen, wenn mitversichert, auch den Hinterbliebenen. Verlässt der Arbeitnehmer das Unternehmen, kann er den Vertrag mit eigenen Beiträgen fortsetzen. Das Vertragsverhältnis stellt sich wie bei der Direktversicherung dar.

Es erfolgt keine Absicherung gegen Insolvenz über den Pensions-Sicherungs-Verein. Pensionskassen werden von der Bundesanstalt für Finanzdienstleistungsaufsicht (BaFin) beaufsichtigt. Als unabhängige Einrichtungen erbringen sie bei Insolvenz des Unternehmens die vereinbarten Leistungen.

5. Pensionsfonds. Pensionsfonds sind eigenständige Versorgungseinrichtungen, gegen die ein Rechtsanspruch auf zugesagte

Leistungen besteht. Anders als Pensionskassen und Direktversicherungen dürfen sie das eingezahlte Kapital freier anlegen und können so höhere Renditen erzielen. Allerdings sind damit auch Verlustrisiken verbunden.

Arbeitnehmer können sich an der Entgeltumwandlung beteiligen und außerdem die Riester-Förderung nutzen. Die Leistungen werden entweder als lebenslange Altersrente oder über einen Auszahlplan mit anschließender Teilkapitalverrentung ausgezahlt.

Verlässt der Arbeitnehmer das Unternehmen, kann er weiter eigene Beiträge einzahlen.

Das Risiko der Insolvenz des Arbeitgebers wird beim Pensions-Sicherungs-Verein abgesichert. Pensionsfonds müssen von der BaFin zugelassen werden und unterliegen anschließend deren Aufsicht.

Wie viel Rente gibt es?

Je nach Durchführungsweg sind die Betriebsrenten unterschiedlich gestaltet.

Leistungszusagen. Mit sogenannten Leistungszusagen, in der Regel ausgesprochen als Direktzusage oder mithilfe einer Unterstützungskasse, verpflichtet sich der Arbeitgeber dazu, Ihnen bei Rentenantritt eine fest vereinbarte Leistung zu bezahlen. Das kann zum Beispiel eine monatliche Rente von 10 Euro für jedes Jahr der Betriebszugehörigkeit sein. Der Arbeitgeber trägt das volle Anlage- und Renditerisiko. Das gilt selbst dann, wenn Sie durch Entgeltumwandlung Beiträge eingezahlt haben. Für Arbeitgeber ist die Leistungszusage mit einem hohen Risiko verbunden und deshalb inzwischen eher selten geworden. Für Arbeitnehmer ist die Leistungszusage von großem Vorteil, da die Rente dadurch absolut planbar wird.

Beitragszusage mit Mindestleistung. Die Regel sind heute Beitragszusagen mit Mindestleistung. Sie weisen das geringste Risiko für den Arbeitgeber auf. Der Arbeitgeber garantiert mindestens die Summe der eingezahlten Beiträge zum Rentenbeginn, ähnlich wie bei der Riester-Rente. Sind zusätzlich Hinterbliebenenabsicherung, Berufsunfähigkeits- oder Erwerbsminderungsrenten vereinbart, werden die entsprechenden Beiträge vom Kapital für die Rentenauszahlung abgezogen. Außerdem besteht die Zusage darin, bestimmte Beiträge in die bAV einzuzahlen. Beitragszusagen mit Mindestleistung sind möglich für die Durchführungswege Direktversicherung, Pensionskasse und Pensionsfonds.

Reine Beitragszusage (Sozialpartnermodell). Seit dem 1. Januar 2018 sind auch reine Beitragszusagen möglich. Hier sagt der Arbeitgeber keine Versorgungsleistung zu,

Regelmäßige Anpassung der Betriebsrenten

Alle drei Jahre muss der Arbeitgeber die laufenden Leistungen der Betriebsrente prüfen und gegebenenfalls anpassen, um einen eventuellen Kaufkraftverlust durch Geldentwertung auszugleichen. Die Verpflichtung zur Anpassung gilt auch dann als erfüllt, wenn der Anstieg nicht geringer ist als der Anstieg des Verbraucherpreisindexes für Deutschland oder der Nettolöhne vergleichbarer Arbeitnehmergruppen des Unternehmens.

Alternativ kann sich der Arbeitgeber verpflichten, laufende Betriebsrenten jährlich um 1 Prozent zu erhöhen. Für Betriebsrenten, die über versicherungsförmige Durchführungswege – Direktversicherung, Pensionskasse und Pensionsfonds – laufen, kann auch vereinbart werden, dass die erwirtschafteten Überschüsse ausschließlich für die Rentenerhöhung genutzt werden. In diesem Fall muss der Arbeitgeber nicht für die Rentenerhöhung einstehen.

Bei einer Beitragszusage mit Mindestleistung ist der Arbeitgeber dagegen nicht verpflichtet, die späteren Renten zu erhöhen. Hier kommt es auf den gewählten Tarif und die Leistungskraft des Versorgungswerks an.

sondern garantiert lediglich, vereinbarte Beiträge zur Altersvorsorge zu leisten. Die Höhe der Betriebsrente ist somit allein abhängig von der Vermögens-, Ertrags- und Kostenentwicklung des Versorgungsträgers. Das ist nur bei Direktversicherung, Pensionskasse und Pensionsfonds möglich.

Reine Beitragszusagen setzen außerdem eine tarifvertragliche Regelung voraus oder müssen sich auf eine solche beziehen. Damit es nicht zu großen Schwankungen kommt, soll eine ganze Reihe von finanziellen Ausgleichsmechanismen geschaffen werden, zudem können die Versorgungsträger auch „Zielrenten" zusagen. Die sind zwar nicht garantiert, basieren aber auf festen tarifvertraglichen Regeln. Diese neue Rentenvariante ist bisher kaum verbreitet, die Gewerkschaft ver.di hat seit 1.1.2020 das erste Modell im Angebot.

Arbeitsplatzwechsel – Portabilität

Arbeitsplatzwechsel sind für Arbeitnehmer heute eher die Regel als die Ausnahme, egal ob im Angestelltenverhältnis oder im Wechsel zwischen angestellter und selbstständiger Tätigkeit.

Ist man in einer Branche mit einem Tarifvertrag beschäftigt und wechselt den Arbeitgeber, zum Beispiel in der Metallindustrie, kann man die Betriebsrente in der Regel auch beim neuen Arbeitgeber fortführen. Andere sollten aber bedenken, dass normalerweise für einen neuen Vertrag wieder neue Abschluss- und Vertriebskosten anfallen.

Im Rahmen der Bruttoentgeltumwandlung mit Direktversicherung, Pensionskassen und Pensionsfonds kann die Versorgung in der Regel mit eigenen Beiträgen fortge-

> ### ! ACHTUNG
>
> **Häufiger Wechsel kann problematisch werden**
>
> Arbeitnehmer, deren Karriereplanung auf Mobilität ausgerichtet ist, sollten sich den Abschluss einer bAV gut überlegen. Denn nach häufigem Arbeitsplatzwechsel setzen sich die Bezüge im Ruhestand aus mehreren kleinen Betriebsrenten zusammen. Das erhöht die Unübersichtlichkeit und bringt vor allem insgesamt geringere Ergebnisse, weil häufige Abschluss- oder Übertragungskosten auf den Ertrag drücken.

führt werden. Dann allerdings aus dem Nettoeinkommen ohne Steuer- und Sozialversicherungsersparnis.

Gesetzlich geregelt ist außerdem die Möglichkeit, bestehende Versorgungszusagen mitzunehmen. Voraussetzung ist, dass sich alle Beteiligten einigen: der ehemalige Arbeitgeber, der neue Arbeitgeber und der Arbeitnehmer. Der neue Arbeitgeber kann entweder die Zusage des ehemaligen Arbeitgebers übernehmen oder den Wert der unverfallbaren Anwartschaften auf sein Betriebsrentensystem übertragen.

Arbeitnehmer mit Anwartschaften aus einer Pensionskasse, Direktversicherung oder einem Pensionsfonds haben einen Rechtsanspruch auf die Übertragung des Versorgungskapitals bei Arbeitsplatzwechsel. Ein Anspruch, den Vertrag mit dem Versorgungsträger des alten Arbeitgebers komplett weiterzuführen, besteht allerdings nicht. Die neue Zusage kann also anders gestaltet sein.

Gesetzliche Vorgaben für die Mitnahme von Verträgen

Die Probleme bei der Mitnahme bestehender Verträge sind unter anderem in der gesetzlichen Vorgabe begründet. Danach haftet der Arbeitgeber für die zugesagte Rente, und zwar auch dann, wenn sie über einen externen Versorgungsträger organisiert wird. Der neue Arbeitgeber, der die Zusagen übernimmt, muss also unter Umständen für die Altzusage haften. Die Übernahme gut verzinster Altverträge ist daher in der Regel nicht im Interesse des neuen Arbeitgebers. Oft organisiert der neue Arbeitgeber die bAV für die gesamte Belegschaft nur über einen bestimmten Durchführungsweg oder Vertragstyp bei einem Versorgungsträger. Die Organisation und Verwaltung mit mehreren Anbietern sind nicht unbedingt in seinem Interesse.

Beim Arbeitsplatzwechsel bleiben Ihnen daher meistens nur zwei Möglichkeiten: Sie können entweder einen neuen Vertrag abschließen und den alten privat weiterführen oder beitragsfrei stellen. Es fallen neue Abschlusskosten an. Oder Sie übertragen das Kapital aus dem Altvertrag auf einen neuen Vertrag. Dafür fallen in der Regel Übertragungskosten an. Bei gesunkenem Garantiezins wird das Kapital mit dem neuen, niedrigeren Zins verzinst.

Abfindung

Grundsätzlich dürfen Betriebsrentenansprüche nicht abgefunden werden. Geringe unverfallbare Anwartschaften beim Arbeitsplatzwechsel des Arbeitnehmers verursachen jedoch in der Regel einen hohen Verwaltungsaufwand. Deshalb ist es erlaubt, sogenannte Kleinstanwartschaften durch einmalige Abfindungen abzugelten.

Das ist der Fall, wenn der Wert der monatlichen Altersrente beim Erreichen der Altersgrenze 1 Prozent der monatlichen Bezugsgröße in der gesetzlichen Rentenversiche-

rung nicht übersteigt. Im Jahr 2021 sind das 32,90 Euro. Dabei kann es sich durchaus um Kapital in Höhe von ca. 10.000 Euro handeln.

Bei Anwartschaften auf einmalige Kapitalleistungen liegt die Bagatellgrenze bei zwölf Zehntel der monatlichen Bezugsgröße. Im Jahr 2021 sind das 3.948 Euro.

Die Abfindung kann ohne Zustimmung des Arbeitnehmers erfolgen. Sie ist jedoch unzulässig, wenn der Arbeitnehmer von seinem Recht auf Übertragung der Anwartschaft Gebrauch macht oder Gebrauch machen will.

Auf einen Blick: die Vor- und Nachteile der betrieblichen Altersversorgung

+ Arbeitgeberfinanzierte Betriebsrenten. Über Betriebsrenten, die ausschließlich der Arbeitgeber finanziert, brauchen Sie nicht lange nachzudenken. Dieses Geschenk sollten Sie trotz Besteuerung und Sozialversicherungspflicht für gesetzlich Krankenversicherte mitnehmen.

+ / − Bruttoentgeltumwandlung. Betriebsrenten, die im Rahmen der Bruttoentgeltumwandlung erworben werden, sind nicht so einfach zu beurteilen. Durch zwei Gesetzesänderungen in den Jahren 2018 und 2019 ist das arbeitnehmerfinanzierte Modell mit dem verpflichtenden Arbeitgeberzuschuss von 15 Prozent und dem Freibetrag für gesetzlich Krankenversicherte etwas attraktiver geworden. Doch ob Arbeitgeberzuschuss und Förderung auch für Einkommen zwischen den Beitragsbemessungsgrenzen in der gesetzlichen Kranken- und Rentenversicherung zu einer höheren Altersversorgung führen als zum Beispiel ungeförderte Möglichkeiten oder die Riester-Rente, muss im Einzelfall geprüft werden. Unterschiedliche Berechnungen verschiedener Quellen gehen davon aus, dass 20 bis 30 Prozent Arbeitgeberzuschuss notwendig sind.

✚/– Hohe Förderung, sinkende Leistung der Sozialversicherungen. Zweifelsohne wirkt sich die hohe Förderung durch Steuer- und Sozialabgabenbefreiung positiv aus, Förderquoten von 50 Prozent und mehr sind keine Ausnahmen. Doch jeder Euro, der bei den Beiträgen für die Sozialversicherungen fehlt, senkt die Ansprüche aus der gesetzlichen Renten-, Arbeitslosen- und Krankenversicherung.

Bei der gesetzlichen Rentenversicherung macht sich das sogar doppelt bemerkbar. Es fließen weniger Beiträge sowohl des Arbeitnehmers als auch des Arbeitgebers in die Rentenkasse. Umgekehrt steigt bei Verzicht auf die Entgeltumwandlung – solange das Einkommen die Beitragsbemessungsgrenze nicht überschreitet – der Beitrag beider Sei-

ten an die Rentenkasse. In der Konsequenz ergibt sich so eine vergleichsweise **höhere Rente**, die durch das Ergebnis der Entgeltumwandlung mindestens erzielt werden müsste.

– Krankenversicherung. Es fehlt grundsätzlich jeder beitragspflichtige Euro, der per Entgeltumwandlung der Beitragszahlung zur gesetzlichen Krankenversicherung entzogen wird, beim Anspruch auf Krankengeld. Krankengeld hat zum Beispiel für ältere Arbeitnehmer, die häufiger und länger von gesundheitlichen Einschränkungen betroffen sind, eine weit größere Bedeutung als für jüngere. Außerdem kann es sein, dass **privat Krankenversicherte** durch die Entgeltumwandlung unter die Krankenversicherungspflichtgrenze rutschen. Sie müssen dann in die gesetzliche Krankenversicherung zurückkehren.

– Arbeitslosengeld I. Ältere sind im Schnitt deutlich länger auf Arbeitslosengeld angewiesen. Auch diese Versicherungsleistung fällt durch Entgeltumwandlung niedriger aus.

✚ Unterschiedliche Auszahlung. Die Auszahlung der Betriebsrente kann in Form einer lebenslangen Rente, einer einmaligen Kapitalabfindung oder eines Auszahlplans mit Teilkapitalverrentung erfolgen – je nach Durchführungsweg und Produkt.

– Steuern. Die Auszahlung der Rente im Alter wird nachgelagert besteuert, das heißt, sie ist voll einkommensteuerpflichtig. Ausschlaggebend für die Höhe der Steuerbelastung ist der persönliche Steuersatz.

– Sozialabgaben. Betriebsrenten werden seit dem Jahr 2020 bei den Sozialabgaben unterschiedlich behandelt. Für gesetzlich Krankenversicherte gilt 2021 ein Freibetrag in Höhe von 164,50 Euro. Erst Beträge, die darüberliegen, werden mit dem vollen Beitragssatz belastet. Das ist im Vergleich zur vorherigen Regelung ein Vorteil. Für die gesetzliche Pflegeversicherung gilt eine Freigrenze in Höhe von 164,50 Euro. Nur für Beträge, die gleich hoch sind oder darunterliegen, besteht keine Beitragspflicht. Sobald die Rente nur einen Cent höher ist, muss für die gesamte Summe Beitrag gezahlt werden. Kapitalabfindungen sind entsprechend derzeit bis 19.740,00 Euro sozialabgabenfrei. Das entspricht dem 120-Fachen des monatlichen Freibetrags. Die Abgabenbefreiungsgrenze kann sich ändern, da sie von der Bezugsgröße der gesetzlichen Rentenversicherung abhängt.

+ Absicherung von Risiken. Beim Abwägen aller Vor- und Nachteile sollte man die Möglichkeit der Absicherung Hinterbliebener und des Berufsunfähigkeitsrisikos nicht außer Acht lassen; vor allen Dingen, wenn Vorerkrankungen bestehen, die eine Absicherung durch private Verträge nicht zulassen oder die mit Risikoausschlüssen verbunden sind. Oft ist die Absicherung solcher Risiken ganz ohne oder mit vereinfachten Gesundheitsfragen bei Gruppenverträgen möglich, der tatsächliche persönliche Gesundheitszustand ist daher nicht so relevant (mehr zur Berufsunfähigkeitsversicherung → Seite 196).

Baustein 5: die private Rentenversicherung

Produktprofil

Bedeutung	+
Sicherheit	+
Geeignet für	alle, die eine lebenslange private Zusatzvorsorge anstreben
Geeignet als	Zusatzbaustein
Vorteile	garantiert lebenslange Leistungen
Nachteile	teuer, verwirrende Produktvielfalt, intransparent, oft magere Renditen

Wie funktioniert die private Rentenversicherung?

Private Rentenversicherungen haben in einer Hinsicht dasselbe Ziel wie die gesetzliche Rentenversicherung: Ihr Alter soll bis zum Tod finanziell abgesichert sein – egal unter welchen Umständen und wie lange Sie leben (das sogenannte Langlebigkeitsrisiko). Insbesondere für Selbstständige, die nicht in die gesetzliche Rentenversicherung einzahlen, sind die privaten Policen dadurch ein bedenkenswerter Vorsorgebaustein. Aber auch wer eine größere gesetzliche Rente in Aussicht hat, kann mit einer privaten Rentenversicherung sein Alterseinkommen ergänzen.

Charakteristisch für die private Rentenversicherung ist:

1. Die private Rentenversicherung ist eine **freiwillige Angelegenheit.**

2. Die Anleger sparen hier ihr **eigenes Kapital für das Alter** an, während das gesetzliche Rentensystem auf dem sogenannten Umlageverfahren fußt. Dabei kommen diejenigen, die Beiträge einzahlen, für die Rente derjenigen auf, die das Rentenalter erreicht haben.

3. Es gibt sehr **viele Produktvarianten** – beispielsweise auch zeitlich befristete Renten, die eben nicht zwingend bis zum Lebensende laufen.

4. Private Rentenversicherungen werden **anders besteuert**. Einkommensteuerpflichtig ist nur der Ertragsanteil (→ Seite 205).

5. Private Rentenversicherungen lassen sich, wenn sie bestimmte Bedingungen erfüllen, auch als Durchführungsweg für die **betriebliche Altersversorgung** (→ Seite 110) nut-

zen. Auch hinter Riester- oder Rürup-Verträgen (→ Seite 62 bzw. 99) stecken letztlich bloß speziell zertifizierte private Rentenversicherungen.

Mit Abschluss der privaten Rentenversicherung, die auch Leibrente heißt, vereinbaren Sie mit dem Anbieter eine lebenslange monatliche Zahlung – entweder nach vielen Jahren, in denen Sie das Kapital Monat für Monat ansparen („aufgeschobene Rentenversicherung"), oder auch sofort beim Abschluss der Police gegen einen hohen einmaligen Beitrag („sofort beginnende Rentenversicherung" oder „Sofortrente").

Die Leibrente erlischt mit dem Tod des Versicherten. Noch vorhandenes Kapital verfällt zugunsten der Versichertengemeinschaft. Dem können Sie begegnen, indem Sie für Hinterbliebene eine Rentengarantiezeit vereinbaren. Es gibt noch weitere Möglichkeiten, Hinterbliebene abzusichern. Zum Beispiel kann ein bestimmter Prozentsatz der Rente oder noch nicht verbrauchtes Kapital ausgezahlt werden. Nach diesen Optionen müssen Sie gezielt fragen.

Die Faustregel lautet: Sterben Sie kurz nach Renteneintritt, dann hat sich der Vertrag offensichtlich „nicht gelohnt". Werden Sie dagegen sehr alt, das heißt über 90 Jahre alt, profitieren Sie umso mehr von der lebenslangen Zahlung.

Versicherer in Schwierigkeiten: Wie sicher ist Ihr Geld?

Immer wieder war in den vergangenen Jahren davon zu lesen, dass deutsche Lebensversicherer, die die Rentenversicherungen anbieten, in finanzielle Schwierigkeiten geraten sind oder kommen könnten. Um eine gewisse Sicherheit zu bieten, kann die Bundesanstalt für Finanzdienstleistungsaufsicht (BaFin) im Fall der Insolvenz Ihres Versicherers dessen Verträge auf einen Sicherungsfonds übertragen, der sie verwaltet und fortführt. Damit sind Sie auf der sicheren Seite, denn alle mit dem Versicherer vereinbarten Rechte und Ansprüche bleiben erhalten und werden durch den Sicherungsfonds erfüllt. Allerdings mit einer Einschränkung: Reichen die finanziellen Mittel des Sicherungsfonds nicht aus, kann die BaFin die Verpflichtungen aus den Verträgen herabsetzen. Dann kann die Garantieleistung um bis zu 5 Prozent sinken.

Aufgeschobene Rentenversicherung mit Ansparvertrag

Bei dieser Variante zahlen Sie monatlich, vierteljährlich, halbjährlich oder auch jährlich feste Beiträge über einen vereinbarten Zeitraum in die Versicherung ein. Entweder wird eine Abrufoption vereinbart oder es wird von Beginn an ein Alter festgelegt, in dem Sie dann in die Rentenphase wechseln. Von da an erhalten Sie eine regelmäßige Rente bis zum Tod.

→ **TIPP** **Vertrag optimieren**
Die jährliche Zahlung der Sparleistung ist günstiger bei unterjähriger Zahlungsweise. Der Rabatt beträgt im Vergleich zur monatlichen Zahlungsweise 5 Prozent. Das ist eine Möglichkeit zur „Optimierung" des Vertrags.

Anders als bei staatlich geförderten Vorsorgebausteinen ist es allerdings auch möglich, ein sogenanntes Kapitalwahlrecht zu vereinbaren. Das bedeutet: Sie können sich das angesparte Kapital gleich zum Rentenbeginn in einer Summe auszahlen lassen. Damit verliert die Versicherung jedoch ihren eigentlichen Zweck und wird zur reinen Sparanlage. Das kann sinnvoll sein, zum Beispiel wenn man sich entschulden möchte. (Mehr zu den steuerlichen Konsequenzen → Seite 206).

Allerdings fließen Ihre Versicherungsbeiträge nie komplett in den Spartopf. Der Beitrag setzt sich vielmehr aus drei Teilen zusammen: einem Spar-, einem Risiko- und einem Kostenanteil. Der Sparanteil geht in den Topf, aus dem Sie später die Rente bekommen, das sogenannte Deckungskapital. Für dieses Kapital erwartet Sie eine garantierte Rentenleistung, deren Höhe sich nach der bei Vertragsabschluss zugrunde gelegten Sterbetafel und wesentlich nach dem gesetzlich festgelegten Höchstrechnungszins bemisst, umgangssprachlich „Garantiezins" genannt: In früheren Jahren waren zum Beispiel 3 Prozent

Zinsen garantiert – inzwischen werden bei Neuverträgen gerade einmal 0,9 Prozent Rendite per Jahr versprochen, ab 2022 nur noch 0,25 Prozent. Darüber hinaus haben Sie die Möglichkeit, eine höhere Rente aus der sogenannten Überschussbeteiligung zu bekommen. Überschüsse erzielen Versicherer, wenn sie das Geld besonders geschickt investieren.

Der Zins für Ihre Anlage ist gesetzlich festgelegt und wird regelmäßig überprüft und an die Kapitalmarktentwicklung angepasst. Je nachdem, wann der Vertrag abgeschlossen wird, haben private Rentenversicherungen einen unterschiedlichen Höchstrechnungs- bzw. Garantiezins pro Jahr. Nur dieser ist über die gesamte Vertragslaufzeit sicher.

Zum Sparanteil kommt der Risikoanteil. Er wird für einige häufig mitversicherte Risiken verwendet, beispielsweise für Todesfallleistungen an Hinterbliebene. Der dritte Anteil umfasst die Kosten für die Verwaltung und für den Vertrieb.

GELTUNGSDAUER/ JAHR DES VERTRAGS- ABSCHLUSSES	HÖCHSTRECHNUNGS- ZINS BZW. GARANTIE- ZINS
01/2004 – 12/2006	2,75 %
01/2007 – 12/2011	2,25 %
01/2012 – 12/2014	1,75 %
01/2015 – 12/2016	1,25 %
01/2017 – 12/2021	0,90 %
ab 01/2022	0,25 %

Die Variante: Sofortrente

Die Sofortrente überspringt die Ansparphase. Hierbei erhalten Sie gegen Zahlung eines Einmalbeitrags ab sofort Ihre Leibrente – bis zum Tod. Die Rente, die der Versicherer Ihnen gegen die Einmalzahlung garantiert, hängt wiederum vom Garantiezins ab und ist in den vergangenen Jahren (→ Seite 133) dramatisch gesunken. Wie viel Rente Sie allerdings tatsächlich im Alter bekommen, hängt auch von den Vertriebs- und Verwaltungskosten der Versicherung ab und davon, wie viel Rendite der Versicherer mit dem eingezahlten Kapital über die Garantie hinaus noch erwirtschaftet.

Die Vertragsarten im Vergleich

Ihnen stehen bei der privaten Rentenversicherung sowohl in der Ansparphase als auch in der späteren Auszahlungsphase mehrere Varianten zur Verfügung. Sie müssen in der Regel auch beim Vertragsabschluss in jungen Jahren nicht schon entscheiden, was Sie später einmal mit dem dann angesparten Kapital machen wollen, also ob Sie wirklich eine Garantierente beziehen wollen oder sich beispielsweise für eine Einmalauszahlung entscheiden. Das heißt, Sie können die beiden Phasen getrennt betrachten und sich zunächst auf die Ansparphase konzentrieren.

Klassische private Rentenversicherung

Die klassische private Rentenversicherung unterliegt besonders strengen gesetzlichen Vorgaben bei der Anlage Ihrer Sparbeiträge. Der Sparbeitrag fließt bei der klassischen Variante stets in einen Mix aus festverzinslichen Wertpapieren bester Bonität, also zum Beispiel in Staatsanleihen erstklassiger Schuldner, Immobilien und wenig Aktien. So durfte der Aktienanteil bis Ende 2015 eine Größenordnung von 35 Prozent nicht überschreiten. Inzwischen sind die Regulierer zwar etwas liberaler. Doch in der Praxis lag die Aktienquote bei den Versicherern immer deutlich niedriger als erlaubt, erreichte selten einmal mehr als 10 Prozent.

Mit dem Mix erwirtschaftet Ihre Versicherungsgesellschaft nun Überschüsse, an denen Sie als Versicherter beteiligt sind. Wie sich Ihr Kapital während der Ansparphase entwickelt, zeigt die jährliche Standmitteilung. Das Ziel der Versicherer lautet stets: Die Rente soll möglichst deutlich höher ausfallen als garantiert. Allerdings steht das bei Vertragsbeginn nicht fest – derzeit sind attraktive Gesamtrenditen von den Versicherern nicht zu erwarten. Zumal mit der Geldanlage auch die deutlich höheren Garantiezinsen älterer Verträge erwirtschaftet werden müssen. Das bremst die Branche, weshalb sich die klassischen Rentenversicherungen kaum noch verkaufen lassen.

Die „neue Klassik"

Die Versicherungsgesellschaften haben das Neugeschäft mit klassischen Kapitalversicherungen, unter anderem Rentenversicherungen, weitestgehend aufgegeben. An deren Stelle sind Alternativmodelle mit geringeren Garantien und gleichzeitig höheren Renditechancen getreten. Da weiterhin Garantien ausgesprochen werden, spricht die Versicherungsbranche von „neuer Klassik".

Ein Grund für die neuen Produkte sind branchenweit einheitliche Garantiezinsen für alte Verträge, zum Beispiel 4 Prozent für den Zeitraum 1994 bis Juni 2000. Die Einhaltung dieses langfristigen Versprechens ist in der andauernden Niedrigzinsphase nicht möglich. Außerdem verlangt die Versicherungsaufsicht, die Anlage in einem zusätzlichen „Spartopf", der sogenannten Zinszusatzreserve, damit die Gesellschaften die Garantien aus der Vergangenheit bedienen können. Diese Reserven stellen die Versicherer auf Kosten der Überschüsse bereit, mit denen sie in der Vergangenheit Kunden geworben haben.

Die Produkte der neuen Klassik sind sehr unterschiedlich hinsichtlich der Anlage und der Garantie. Es gilt aber weiterhin die **Garantie eines Rückkaufswerts und einer lebenslangen Rente**. Je nach Vertrag liegt der

---

 ACHTUNG

Angebotsvergleich nahezu ausgeschlossen

Die Produktvielfalt macht es schwer bzw. so gut wie unmöglich, Verträge vor dem Abschluss wie bei „alten" klassischen Kapitalversicherungen zu vergleichen. Da es sich bei Rentenversicherungen regelmäßig um langfristiges Sparen handelt, ist eine Einschätzung nicht möglich. Eine namhafte Ratingagentur hat für das Jahr 2017 ermittelt, dass die laufende durchschnittliche Verzinsung, die sich aus Garantiezins und Überschüssen ergibt, für Produkte der neuen Klassik geringer ausfällt als für eine klassische Rentenversicherung. Ebenso sind die ermittelten Kosten höher.

👁 HINTERGRUND

Sicherheit kostet Rendite

Garantien erfordern die Investition in sichere Anlagen. Bei geringen Zinsen geht dies zulasten der Rendite. Sind die Garantien geringer, kann dagegen mehr in Aktien und andere renditestarke Anlageformen investiert werden. Das Risiko von Verlusten, aber auch die Chance auf Gewinne ist höher.

ten die Beiträge, aber keine Verzinsung. In Aktienfonds wird nur ein geringer Teil des Beitrags investiert. Üblicherweise wird der Gewinn pro Jahr begrenzt. Die Verluste des Fonds sind jedoch vom Versicherten zu tragen. Die Deckelung des möglichen Gewinns macht es schwer, dieses Produkt zu beurteilen. Verschärfend kommt hinzu, dass die Deckelung jährlich nachgesteuert werden kann. Kleine Veränderungen zusammen mit hohen Kosten für Vertrieb und Verwaltung reduzieren die Rendite zusätzlich.

Garantiezins bei weniger als 0,9 Prozent oder gar bei 0 Prozent. Der Zins in der Rentenphase kann sich vom Zins in der Ansparphase unterscheiden.

Einige Anbieter garantieren den Erhalt der eingezahlten Beiträge oder fordern dafür zusätzlich die Einhaltung einer Mindestlaufzeit. Andere garantieren gar nichts oder einen bestimmten Anteil der Beiträge, zum Beispiel 80 Prozent. Ähnlich verhält es sich mit der Garantie zu Beginn der Rentenphase. Einige Versicherer garantieren ein Mindestkapital, andere nicht. Außerdem haben nicht alle Verträge einen garantierten Rentenfaktor.

Index-Rentenversicherung

Eine weitere Möglichkeit im Rahmen privater Rentenversicherung sind Index-Rentenversicherungen. Dabei investieren die Versicherungsgesellschaften die Beiträge in Aktienfonds. Garantiert werden dem Versicher-

Zusammengefasst: Die Produkte der neuen Klassik sind noch zu jung, um darüber ein Urteil fällen zu können. Entscheidend für die Entwicklung der Rendite sind die Investments. Diese sind in ihrer Art oft vorgeschrieben. Allerdings gilt auch, je weniger Garantien gegeben werden, desto eher liegt das Risiko beim Versicherten.

Auch wenn sich die Branche zuversichtlich gibt, dass dahinter ein gutes Konzept steckt, ist Vorsicht geboten. Zunächst gilt wie bei jeder Kapitalanlage: Investieren Sie nur in ein konkretes Produkt, wenn Sie ganz genau verstehen, was Ihnen bei Rentenbeginn und in den Folgejahren zusteht. Fragen Sie den Anbieter danach, wie viel am Ende davon abhängt, ob die Kapitalanlage des Überschusses funktioniert. Und vergleichen Sie die Kosten. Dabei helfen Ihnen unabhängige Anbieter und Berater weiter.

→ **TIPP** **Regelmäßig Informationen einholen**

Die Stiftung Warentest und das Verbrauchermagazin Öko-Test vergleichen und bewerten in unregelmäßigen Abständen Angebote – das stellt eine Orientierungshilfe dar. Zudem bieten die Verbraucherzentralen unabhängige Beratungen zur privaten Rentenversicherung an (Adressen → Seite 226).

 **ACHTUNG**

Nicht empfehlenswert

Die Verbraucherzentrale NRW empfiehlt das Produkt nicht, da jeder Verbraucher das Verfahren der Anlage für sich nachbilden kann, ohne die Kosten für einen Versicherer aufzuwenden.

Fondsgebundene Rentenversicherung

Die erzielte Rendite einer fondsgebundenen Rentenversicherung basiert ausschließlich auf der Wertentwicklung von Investmentfonds, in die das Geld fließt, genauer der Sparanteil des Beitrags. Letztlich ist eine Fondsrente in der Ansparphase nichts anderes als ein Fondssparplan (→ Seite 172): Der Versicherer kauft für Sie jeden Monat Anteile an Aktien-, Renten-, Mischfonds oder ETFs. Teilweise bieten Versicherer auch Spezialitätenfonds an, beispielsweise Länder-, Regionen- oder Branchenfonds. Erst in der Rentenphase kommt dann eine Versicherungsleistung zum Tragen, eben die lebenslange Rente. Dazu löst der Versicherer das Fondsvermögen auf und legt das Kapital in sichere Anlagen an, aus denen er eine lebenslange Rente zahlt.

Fondsgebundene Rentenversicherungen gibt es auch mit Garantien. Bietet die Versicherungsgesellschaft zum Beispiel die garantierte Rückzahlung der eingezahlten Beiträge an, fließen nur die Überschüsse in die Fondsanlagen. Das Guthaben bleibt konservativ und damit derzeit niedrig verzinst. Das geht zulasten der Rendite.

Der Hauptunterschied gegenüber dem direkten Fondssparen besteht darin, dass ein Versicherungsmantel um die Fondsanlage herumgebaut wird. Das verursacht einerseits Kosten, wirkt sich andererseits aber auf die Besteuerung aus. Erstens bleiben alle Erträge, die die Fonds innerhalb der fondsgebundenen Rentenversicherung erzielen, bis zum Rentenbeginn steuerfrei. Zweitens ist von der späteren Rentenzahlung unter bestimmten Voraussetzungen nur der Ertragsanteil steuerpflichtig (→ „Die Besteuerung", Seite 203).

Rendite, Wertentwicklung, Kosten

Wie hoch die Gewinne und die spätere Rente sind, kann niemand vorhersehen. Die Wertentwicklung hängt schließlich unmittelbar und ausschließlich von der Fondsentwicklung ab. Entsprechend ist die Auswahl der Fonds neben den Kosten, die die Rendite schmälern, auch der entscheidende Faktor bei der Produktwahl. In jedem Fall tragen Sie als Versicherungsnehmer das **Kapitalmarktrisiko**. Fonds senken allerdings durch ihre Konstruktion die Risiken, wenn sie breit investieren, womöglich auch noch in verschiedene Anlageklassen.

Eine breite Streuung senkt vor allem auf lange Sicht das Risiko von Kurs- und Preisschwankungen. Deshalb sollten Sie, wenn Sie eine fondsgebundene Rentenpolice gegenüber der Direktanlage bevorzugen, darauf achten, dass der Produktanbieter eine möglichst breite Palette von Fonds im Angebot hat, aus der Sie wählen können. Vorteilhaft ist es auch, wenn Sie bis dahin die Fonds wechseln können – beispielsweise einmal im Jahr. Im Lauf der Jahrzehnte kann das vernünftig sein, etwa wenn einzelne Fonds nicht oder nicht mehr das leisten, was sie versprechen. Hier erweist sich der **Versicherungsmantel** als besonderer Schutz: Denn wenn Sie als Fondssparer einen Fonds verkaufen, um einen anderen zu kaufen, müssen Sie auf Gewinne, die Sie zwischenzeitlich erzielt haben, Abgeltungsteuer zahlen. Das entfällt beim Fondswechsel innerhalb einer Police.

So begrenzen Sie die Risiken beim Investment in fondsgebundene Rentenversicherungen

Kapitalmärkte sind Schwankungen ausgesetzt. Weil Fondsrenten in der Regel keine Garantien enthalten, kann es immer passieren, dass der Wert Ihres Portfolios gerade dann sinkt, wenn Sie in Rente gehen wollen, weil die Börsen zufällig gerade zu diesem Zeitpunkt weltweit und in allen Branchen Tiefstände verzeichnen. Damit Sie sich am Ende nicht mit einer Minirente begnügen müssen, sollten Sie folgende Tipps beachten:

→ Nutzen Sie Fondsrenten nur, wenn Sie über **sehr lange Zeiträume** sparen wollen, beispielsweise 15 Jahre oder mehr. Denn auf lange Sicht gleichen sich Schwankungen oft aus.

→ Achten Sie darauf, dass Sie die **Laufzeit des Vertrags** verlängern können. Das ist in den meisten Verträgen um bis zu fünf Jahre möglich. So können Sie gerade in einer schwachen Phase zum Ende den Vertrag verlängern oder auch den Rentenbeginn vorziehen und die Versicherung früher „abrufen". Beachten Sie aber, dass die Rente dann geringer ausfällt und Sie gegebenenfalls höhere Steuern zahlen müssen.

→ Wenn Sie auf die **lebenslange Rente verzichten** wollen, können Sie sich am Ende der Ansparzeit nicht nur das Kapital aus dem Vertrag auszahlen lassen, sondern alternativ auch die Investmentfondsanteile übertragen lassen. Dann können Sie selbst auf einen günstigeren Verkaufszeitpunkt warten.

→ Bereits während der Ansparzeit haben Sie bei vielen Verträgen die Möglichkeit, aus **verschiedenen Investmentfonds** auszuwählen – und können diese auch wechseln. Achten Sie unbedingt darauf, dass das Produkt diese Möglichkeiten bietet. Denn so können Sie je nach Börsenlage auch einmal Gewinne sichern, indem Sie in Fonds wechseln, die kaum Schwankungen unterliegen. Steuern fallen dabei nicht an, anders als bei Umschichtungen im privaten Wertpapierdepot, wo bei einem gewinnbringenden Verkauf Abgeltungsteuer fällig wird.

→ Vereinbaren Sie ein sogenanntes **Ablaufmanagement**. Das heißt, dass der Versicherer einige Jahre vor Laufzeitende das Fondsvermögen in sichere Anlageformen umschichtet, um Verluste kurz vor Schluss zu vermeiden. Vereinbaren Sie eine begrenzte Beitragsgarantie, beispielsweise in Höhe von 80 Prozent der Beiträge. Das kostet allerdings Rendite, weil weniger Sparbeiträge für die spekulative Fondsanlage zur Verfügung stehen.

→ Wenn Sie unzufrieden sind, können Sie den Vertrag auch **beitragsfrei stellen**, versuchen, die **Police zu verkaufen,** oder sich die **Fondsanteile übertragen** lassen. Kündigen lohnt sich dagegen meist nicht, weil dann die Abschlusskosten verloren sind. Kündigungen nach Rentenbeginn sind ohnehin ausgeschlossen.

Wenn Sie unzufrieden sind oder Geld brauchen, kommen verschiedene Möglichkeiten infrage. Sie sind erläutert im Abschnitt zur Lebensversicherung, für die dieselben Möglichkeiten gelten. (→ Seite 143)

 ACHTUNG

Kosten klären

Fondsgebundene Rentenversicherungen sind oft mit hohen Kosten verbunden, weil sowohl der Versicherungsmantel als auch die eigentliche Kapitalanlage Geld kosten. Achten Sie genau auf die Kostenstruktur des Vertrags und wählen Sie nach Möglichkeit Produkte ohne Abschlusskosten und mit günstigen Fonds ohne Vertriebsprovisionen.

Die Auszahlungsphase

Bei der privaten Rentenversicherung können Sie in der Regel wählen, ob Sie ein vereinbartes Kapitalwahlrecht ausüben und sich das Kapital auszahlen lassen oder ob Sie die Renten in Anspruch nehmen. Welche der Möglichkeiten für Sie passt, hängt vor allem davon ab, wie lang Sie leben – was Sie natürlich nicht voraussagen können.

Einmalauszahlung. Dabei verzichten Sie auf die Rente und lassen sich das angesparte Kapital auszahlen bzw. übertragen. Dann sind die Erträge allerdings teilweise steuerpflichtig, je nach Datum des Vertragsabschlusses – und der eigentliche Versicherungsschutz entfällt.

Für die Auszahlung in Form einer **regelmäßigen Rente** gibt es drei **unterschiedliche Bezugsarten**. Die Entscheidung ist nicht einfach, weil schon die Begrifflichkeiten Rätsel aufgeben.

Flexible (konstante) Rente. Sie weist anfänglich das höchste Niveau aller drei Bezugsarten auf. Grund dafür ist, dass die prognostizierten Überschüsse der Rentenphase von Anfang an in voller Höhe rentenerhöhend gutgeschrieben werden. Bei gleichbleibenden Überschüssen würde die Rente konstant bleiben. Daher auch der Begriff. Tatsächlich entwickelt sich die Rente aber in Abhängigkeit der Überschüsse. Sie kann sich daher

jährlich ändern. Bei negativer Entwicklung kann sie bis auf das garantierte Niveau sinken. Anhebungen der Rente über das Anfangsniveau hinaus sind in der Regel vertraglich ausgeschlossen.

Dynamische Rente. Sie beginnt auf dem niedrigsten Niveau. Dafür erhöhen die zu erwartenden Überschüsse in der Rentenphase in voller Höhe die Rente. Sie ist mit einem höheren Dynamiksatz ausgestattet als die teildynamische Rente. Die in Aussicht gestellte Rentenerhöhung ist jedoch nicht garantiert. Im Unterschied zu den beiden anderen Bezugsarten kann die dynamische Rente aber in der Regel nicht unter ein einmal erreichtes Niveau sinken. Sie kann allenfalls stagnieren. Vorteil: Ein einmal erreichtes Rentenniveau kann niemals wieder abgesenkt werden.

Teildynamische Rente. Sie beginnt auf einem niedrigeren Niveau als die flexible (konstante) Rente, weil nur ein Teil der zu erwartenden Überschüsse von Anfang an gutgeschrieben wird. Im Idealfall steigt sie dafür aber jährlich um einen bestimmten Satz. Denn der Rest der Überschüsse dient der jährlichen Rentenerhöhung. Der Dynamiksatz ist nicht konstant. Er kann vom Versicherer geändert werden. Die Rente kann sogar wieder sinken. Das Risiko ist aber geringer als bei der flexiblen (konstanten) Rente, denn der

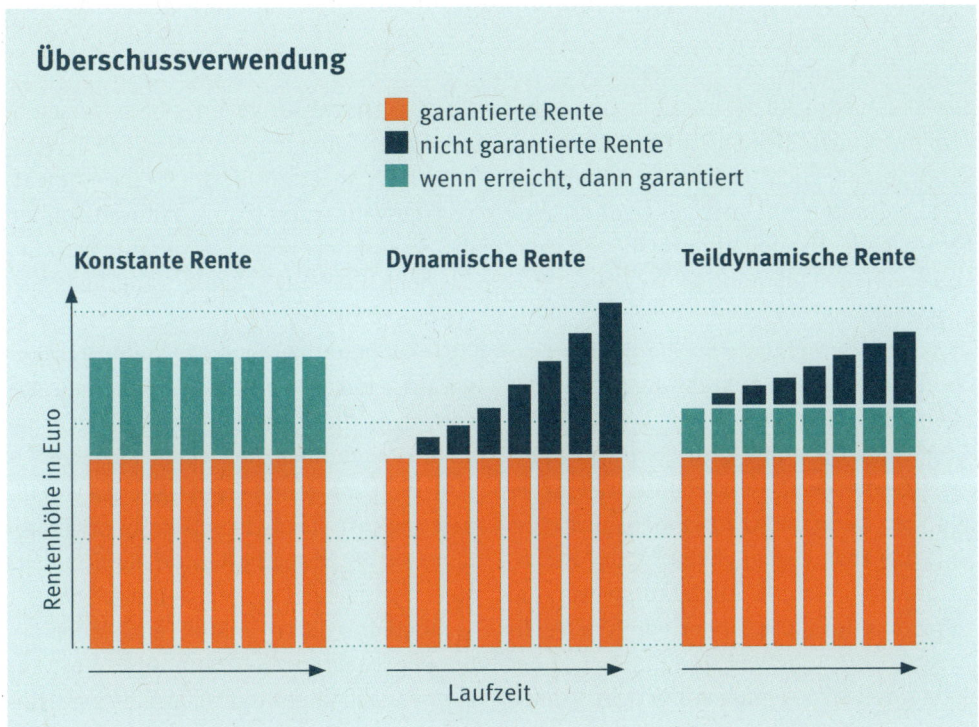

Versicherer verringert zunächst die Dynamik. Fallen keine Überschüsse an, kann die Rente auf das garantierte Niveau fallen.

→ **TIPP** **Angebote für alle Bezugsarten einholen**
Für wen welche Bezugsart am besten geeignet ist, kann man schwer sagen, da man hierfür die Entwicklung des Kapitalmarkts vorhersehen müsste. Die einzige Möglichkeit ist, sich für jede Variante ein Angebot ausrechnen zu lassen und dann zu entscheiden.

Absicherung Hinterbliebener

In der privaten Rentenversicherung sind Ihre Hinterbliebenen nicht per se eingeschlossen. Schließlich sparen Sie Ihre eigene Leibrente an. Das heißt: Im Todesfall kommt Ihren Angehörigen nicht automatisch der angesparte Teil zugute, sondern das noch vorhandene Kapital fließt in den großen Topf der Versichertengemeinschaft und finanziert die Renten der anderen Versicherten.

Wenn Sie mit Ihrer privaten Rentenversicherung auch Ihre Familie oder andere Hinterbliebene absichern wollen, müssen Sie dies also ausdrücklich zusätzlich im Vertrag vereinbaren. In diesem Fall kalkuliert der Versicherer vorsichtiger, was bedeutet, dass die Rente niedriger ausfällt, als wenn es keine Absicherung für die Hinterbliebenen gäbe. Entsprechend fällt der Risikoanteil der Prämie höher aus.

Zu unterscheiden sind die beiden Phasen Ansparzeit und Auszahlungszeit. In der **Ansparzeit**, gelegentlich auch Aufschubzeit, sichert die sogenannte **Beitragsrückgewähr**, dass Angehörige alle eingezahlten Gelder bekommen, wenn Sie vor Rentenbeginn sterben. Eine andere Möglichkeit ist die Auszahlung des sogenannten **Rückkaufswerts** zum Todeszeitpunkt. Das ist der Wert der Versicherung zum Todeszeitpunkt und auch der Betrag, den Sie bei einer vorzeitigen Kündigung erhalten. Weil die Abschlusskosten der Verträge beim Abschluss fällig werden, für Neuabschlüsse ab dem Jahr 2008 verteilt auf die ersten fünf Jahre, liegt der Rückkaufswert in der ersten Zeit, das können bis zu zehn Jahre sein, üblicherweise unter, später dank der Zinsen über der Summe der gezahlten Beiträge. Bei Fondspolicen entspricht er dem aktuellen Wert der Fondsanteile.

Für die **Auszahlungszeit** gibt es verschiedene Möglichkeiten:

1. Es lässt sich zum Beispiel eine **Kapitalrückgewähr** vereinbaren. Dann bekommen die Hinterbliebenen das Kapital ausgezahlt, das noch nicht durch Rentenzahlungen aufgebraucht ist.

2. Sie können außerdem sogenannte **Rentengarantiezeiten** vereinbaren. Sterben Sie früh, dann fließt die Rente noch einige Jahre an Ihre Hinterbliebenen weiter. Bei einer Garantiezeit von zehn Jahren hätte ein von Ihnen Begünstigter beispielsweise noch drei Jahre Anspruch auf die Rente, falls Sie bereits sieben Jahre nach Rentenbeginn sterben.

3. Möglich sind schließlich auch noch **Lebenspartnerrenten**. Dann bekommt Ihr Partner nach Ihrem Tod lebenslang eine Hinterbliebenenrente in Höhe von beispielsweise 60 Prozent.

Mehr zur Besteuerung von Einkommen aus einer privaten Rentenversicherung → Seite 205.

Baustein 6: Kapitallebensversicherungen

Produktprofil

Bedeutung –

Sicherheit –

Geeignet für –

Geeignet als Zusatzbaustein

Vorteile –

Nachteile teuer, kaum zu kalkulieren, unsicher

Kapitalbildende Lebensversicherungen stehen seit einigen Jahren massiv unter Druck. Erstens hat der Staat frühere Steuerprivilegien eingeschränkt. Zweitens befinden sich die Zinsen im Dauertief. Das hat nicht nur die Garantiezinsen stark geschmälert, auf die sich neue Versicherte verlassen können. Zugleich fällt es den Anbietern immer schwerer, die höheren Garantien früherer Verträge einzulösen. Doch Lebensversicherungen sind hierzulande noch immer äußerst beliebt.

Eine Kapitallebensversicherung wird als gemischte Versicherung bezeichnet. Sie verknüpft zwei unterschiedliche Dinge in einem Vertrag. Kombiniert werden zum einen eine Versicherung auf den Todesfall und zum anderen ein langfristiger Sparvertrag, zum Beispiel für die Altersversorgung. Die vereinbarte Versicherungssumme, auch als Versicherungsleistung bezeichnet, kommt

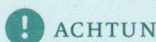 **ACHTUNG**

Für die Altersvorsorge nicht geeignet

Als Baustein der Altersvorsorge ist die Kapitallebensversicherung ebenso wie die Rentenversicherung wegen der zahlreichen Unwägbarkeiten und relativ hohen Kosten ungeeignet. Die Verbraucherzentralen raten vor allem von fondsgebundenen Lebensversicherungen ab. Bestehende Kapitallebensversicherungen sind aufgrund höherer Garantiezinsen jedoch durchaus geeignet, weiter bedient zu werden – es sei denn, man findet vergleichbare Zinsangebote für eine sichere Geldanlage.

entweder am Ende der Vertragslaufzeit, dem Erlebensfall, oder aber bei vorzeitigem Tod, dem Todesfall, zur Auszahlung.

Während Risikolebensversicherungen allein dazu dienen, Angehörige abzusichern, falls Sie sterben, gehen kapitalbildende Versicherungen anders vor. Die Einzahlungen dafür dienen nämlich in erster Linie dazu, Kapital anzusparen, das später mit Zins und Zinseszins wieder an Sie zurückgezahlt wird. Letztlich sind Kapitallebensversicherungen also vor allem Sparanlagen.

So funktioniert die Kapitallebensversicherung

Eine kapitalbildende Lebensversicherung enthält immer zwei Vertragsbestandteile: zum einen die Todesfallversicherung zur Absicherung der Angehörigen, zum anderen einen Sparplan mit langer Laufzeit. Eine Gesundheitsprüfung ist notwendig, damit der Versicherer sein Risiko einschätzen kann. Daher kann es auch sein, dass der Versicherungsnehmer oder die zu versichernde Person nicht versichert werden kann.

Erlebt der Versicherte den Vertragsablauf, bekommt entweder er das angesammelte Kapital, die sogenannte Ablaufleistung, oder es kommt einer anderen, von ihm benannten Person zugute. Die Versicherung zahlt dabei stets eine garantierte Versicherungssumme

ACHTUNG

Nehmen Sie die Beantwortung der Gesundheitsfragen ernst!

Vor Abschluss einer Lebensversicherung sind Sie verpflichtet, einen Fragenkatalog zu Ihrem Gesundheitszustand im Antrag auszufüllen. Tun Sie das immer wahrheitsgemäß und vollständig. Sonst ist der Versicherer berechtigt, vom Vertrag zurückzutreten, und kann ihn sogar wegen arglistiger Täuschung anfechten.

plus Überschüsse. Versicherer sind gesetzlich verpflichtet, vorsichtig zu kalkulieren, um ihre eingegangenen Risiken auch bedienen zu können.

Bei der Produktpalette gibt es wie bei den privaten Rentenversicherungen klassische Varianten mit Garantiezins, fondsgebundene Lebensversicherungen und die „neue Klassik" mit zum Beispiel Indexpolicen.

Niedrige Rendite, hohe Kosten

Die Versicherungswirtschaft wirbt oft mit der hohen Sicherheit und Planbarkeit der Policen. Jede Lebensversicherung hat ab Vertragsabschluss einen Höchstrechnungszins, umgangssprachlich Garantiezins, der bis zum Vertragsende unverändert bestehen bleibt. Nur:

Der Garantiezins ist von der Politik gedeckelt und seit Jahren im Sinkflug. Seit Januar 2017 darf er höchstens 0,9 Prozent betragen, ab Januar 2022 nur noch 0,25 Prozent.

Bereits beim Abschluss einer Lebensversicherung fällt eine ganze Reihe von Kosten an. Dazu gehören unter anderem Abschluss- und Verwaltungskosten sowie die Risikokosten. Diese Kosten verteilen sich im Normalfall nicht gleichmäßig über die gesamte Vertragslaufzeit, sondern werden mit Ihren ersten Beiträgen verrechnet. Die Abschlusskosten sind gesetzlich geregelt. Sie dürfen 2,5 Prozent der Beitragssumme nicht überschreiten und müssen gleichmäßig über die ersten fünf Jahre verteilt werden. Die Folge: In den ersten Jahren sammeln Sie nur wenig Kapital an. Wenn Sie sich nach wenigen Jahren Ihre Lebensversicherung vorzeitig auszahlen lassen oder kündigen wollen, liegt die Auszahlungssumme, der sogenannte Rückkaufswert, in der Regel weit unter dem Betrag, den Sie eingezahlt haben. Hinzu kommt bei jüngeren Verträgen teilweise auch noch eine Stornierungsgebühr. Das bedeutet: Eine angemessene Rendite können Sie überhaupt nur erwarten, wenn Sie bis zum Vertragsende durchhalten.

→ **TIPP** **Vor Abschluss Steuerfragen klären**
Sie sollten unbedingt vor Vertragsabschluss bei dem Versicherer nachfragen, ob Sie mit Ihrem Vertrag alle Kriterien erfüllen, um die Steuervorteile in Anspruch nehmen zu können. Ebenso empfehlen wir dringend, dass Sie dazu auch Ihren Steuerberater einbeziehen.

Was tun, wenn Sie unzufrieden sind oder Geld brauchen?

Wer mit seiner Versicherungspolice unzufrieden ist, kann den Vertrag kündigen. Das ist aber nur die allerletzte Rettung, weil Sie dabei viel Geld verlieren. Besser ist es, zunächst andere Möglichkeiten auszuschöpfen:

1. Beitragsfrei stellen. Haben Sie kurzfristig zu wenig Geld, um den Vertrag zu bedienen, können Sie die Beiträge unter Umständen eine Zeit lang aussetzen. Im Detail kommt es dabei darauf an, wie viel Sie bereits eingezahlt haben und worauf sich Ihr Versicherer einlässt. Das müssen Sie vorher erfragen. Vor allem bei einer Kapitallebensversicherung mit Berufsunfähigkeitsabsicherung kann es sein, dass der Versicherungsschutz wegfällt – das sollten Sie nicht riskieren. Beitragsfreistellung von Kapitallebensversicherungen ist in der Regel für bis zu zwei Jahre möglich, ohne anschließend erneut Gesundheitsfragen beantworten zu müssen. Der Versicherer kann aus Kulanz gewähren, dass die Berufsunfähigkeitsabsicherung gegen einen Beitrag weiterlaufen kann. Ein möglicher Ausweg ist eine **Stundung der Beiträge**. Dabei setzen Sie zunächst einige Raten aus, zahlen die Beiträge aber später nach.

→ **TIPP** **Rechtzeitig informieren!**
Klären Sie, ab wann erneute Gesundheitsfragen zu beantworten sind.

2. Versicherungssumme senken und Laufzeit erhöhen. Je nach Vertrag haben Sie auch die Möglichkeit, die Auszahlungssumme einer Lebensversicherung im Nachhinein zu senken oder die Vertragslaufzeit zu verlängern. Beides reduziert die monatliche Belastung. Beachten Sie aber, dass geringere Beiträge auch die Todesfallleistung und die spätere Auszahlung senken. Außerdem hat der Bundesfinanzhof entschieden, dass die Laufzeitverlängerung einem neuen Vertrag gleichkommt. Die Folgen sind unter Umständen von steuerrechtlicher Bedeutung.

→ **TIPP** **Erst prüfen, welche Einzelbestandteile sich kündigen lassen**
Wenn der Vertrag besondere Risikoteile enthält, beispielsweise einen besonderen Unfallschutz oder eine Todesfallzusatzvereinbarung, können Sie diese Sonderposten kündigen, bevor Sie den ganzen Vertrag auflösen.

3. Police verkaufen. Sie können eine Lebensversicherung auch verkaufen, sollten Sie beispielsweise kurzfristig Geld benötigen. Auf diesem **Zweitmarkt** für Lebensversicherungen zahlen darauf spezialisierte Unternehmen in der Regel etwas mehr als den Rückkaufswert, den Sie bei ordnungsgemäßer Kündigung von Ihrem Versicherer bekommen würden. Die Käufer bieten Ihnen mehr Geld an, weil sie die Lebensversicherung meist weiterführen und so schließlich die Überschussbeteiligung einstreichen, die nur denen zusteht, die den Vertrag erfüllen. Dieser Zweitmarkt ist seit einigen Jahren stark rückläufig. Das hängt mit den niedrigen Zinsen für Verträge mit hohen Höchstrechnungszinsen zusammen.

 ACHTUNG

Steuer in den Blick nehmen
Der Verkauf von Lebensversicherungen kann steuerliche Auswirkungen haben, die vom Jahr des Vertragsabschlusses abhängen. Der Gesetzgeber hat in der Vergangenheit die steuerlichen Regeln je nach Abschlussdatum angepasst.

Nicht alle Angebote sind zudem so gut, wie es auf den ersten Blick scheint. Grundsätzlich gilt: Nehmen Sie nur Angebote von Käufern an, die den Kaufpreis in einer Summe auszahlen. Es gibt nämlich auch Käufer, die Ihnen erst einmal nur einen Teil des Betrags auszahlen und den Rest in monatlichen Raten, die oft über zehn Jahre und länger verteilt sind. Ob es die Unternehmen dann noch gibt, ist ungewiss –

genauso wie die Frage, was mit Ihrem Kapital im Fall einer Insolvenz geschieht.

Seien Sie auch misstrauisch, wenn ein Unternehmen den Erlös aus der Versicherung für Sie investieren möchte und Ihnen im Gegenzug 150 Prozent und mehr des Wertes verspricht, den Ihnen Ihr Versicherer für die Police zahlen würde. Meist stecken hinter solchen Angeboten hochspekulative Anlagen, die im schlimmsten Fall einen Totalverlust nach sich ziehen können. Holen Sie sich im Zweifelsfall Rat bei Ihrer Verbraucherzentrale oder einem unabhängigen Versicherungsberater, bevor Sie Ihre Police verkaufen.

4. Police beleihen. Die Beleihung kann eine Alternative sein, wenn das Geld knapp ist und Sie sonst womöglich kündigen müssten. Versicherer gewähren Ihnen dann ein Versicherungsdarlehen, meist in Höhe des aktuellen Rückkaufswerts. Diesen Kredit müssen Sie erst mit Ablauf der Versicherung zurückzahlen, Sie zahlen vorher nur Zinsen, aber tilgen ihn nicht. Sterben Sie vor Ende des Vertrags, bedient sich der Versicherer aus der Todesfallleistung für die Hinterbliebenen.

→ **TIPP Verträge prüfen lassen**
Die Verbraucherzentralen Hamburg und NRW bieten die Prüfung und Berechnung zum Widerruf von Lebens- und Rentenversicherungen an, die zwischen 1994 und 2007 abgeschlossen wurden. Das kann eine Alternative zur Kündigung sein (Adressen → Seite 226).

Klassische Lebensversicherungen und „neue Klassik"

Genau wie bei den Rentenpolicen existieren auch bei den Lebensversicherungen die klassischen Produkte und Angebote, die unter dem Label „neue Klassik" vermarktet werden. Bei den klassischen Policen garantieren die Anbieter Jahr für Jahr eine feste Mindestverzinsung des Deckungskapitals bzw. eine Min-

 ACHTUNG

Verträge der „neuen Klassik" nur schwer vergleichbar

Die Auszahlungsversprechen von Lebensversicherungen der „neuen Klassik" sind so unterschiedlich, dass sich die Verträge kaum vergleichen lassen. Sie sollten auf jeden Fall darauf achten, welche unverbindlichen Versprechen der Anbieter wirklich macht und was im schlimmsten Fall passieren kann. Unterschreiben Sie nie einen Vertrag, den Sie nicht vollständig verstanden haben. Im Zweifelsfall ziehen Sie einen Berater hinzu.

destauszahlungssumme am Vertragsende. Zudem werden die Versicherten an Überschüssen beteiligt. Das Konzept mit den Garantien funktioniert allerdings nach vielen Jahren Niedrigzinsen praktisch nicht mehr (siehe auch „Private Rentenversicherung" → Seite 131). Daher haben viele Versicherer das Neugeschäft mit klassischen Produkten inzwischen eingestellt und weichen zunehmend auf Angebote der „neuen Klassik" sowie auf Indexpolicen aus.

Hier funktioniert der Sparanteil der Police analog zur entsprechenden privaten Rentenversicherung (→ Seite 131): Die Garantieverzinsung ist anders ausgestattet als bei den klassischen Produkten, im Grunde gibt es gar keine mehr. Dennoch stoßen Sie auf Formulierungen wie: „Es können nur x Prozent garantiert werden." Das soll suggerieren, dass es überhaupt *irgendeine* Garantie gibt. Die Auszahlungssumme hängt davon ab, wie sich die Kapitalmärkte entwickeln. Letztlich wissen Sie nicht, was Sie zu erwarten haben. Die hohen Abschlusskosten rentieren sich oft nicht.

Fondsgebundene Lebensversicherung

Die Zahl der fondsgebundenen Lebensversicherungen betrug laut dem Gesamtverband der Deutschen Versicherungswirtschaft in Deutschland mit Stand Ende 2019 ca. 2,7 Mil-

 **ACHTUNG**

Fondsgebundene Kapitallebensversicherungen nicht unbedingt geeignet

Wegen der zahlreichen Unwägbarkeiten und der relativ hohen Kosten empfehlen die Verbraucherzentralen fondsgebundene Kapitallebensversicherungen nicht als Baustein der Altersvorsorge.

lionen. Tatsächlich sind die Chancen auf Gewinne bei fondsgebundenen Lebensversicherungen deutlich höher als bei klassischen Produkten. Allerdings gilt das auch für die Risiken. Denn der Sparerfolg bei fondsgebundenen Policen entspricht den Entwicklungen am Kapitalmarkt. Der Erfolg hängt also immer auch vom Zeitpunkt ab, an dem Vorsorgesparer ihre Lebensversicherung auflösen. Erwischen Sie eine gute Marktlage, war die Anlage ein Erfolg. Befinden sich die Märkte dagegen bei Vertragsende im Sinkflug, drohen Verluste. Garantien gibt es bei fondsgebundenen Policen in der Regel nicht.

Wer die Risiken nicht kennt oder nicht ausreichend über die Eigenschaften seiner fondsgebundenen Lebensversicherungen informiert ist, läuft Gefahr, auf die Nase zu fallen. Vorsorgesparer können die Versicherungspolice außerdem nicht einfach kaufen, besparen und liegen lassen. Damit erzielte

Wertsteigerungen nicht dahinschmelzen, sollten Sie die Entwicklung der Fonds überwachen. Nähert sich das Ende der Sparphase, sollten Sie das angesparte Kapital sukzessive aus ertragsstarken, aber risikoreichen Anlagen wie Aktienfonds in sichere Renten- oder Geldmarktfonds umschichten. Was dabei zu beachten ist und welche Kosten auftauchen, können Sie im Kapitel über fondsgebundene Rentenversicherungen nachlesen (→ Seite 137). Die Mechanik ist im Sparanteil der fondsgebundenen Lebensversicherung identisch – es kommt lediglich der Todesfallschutz hinzu.

Baustein 7: Sparanlagen bei der Bank

Produktprofil

Bedeutung	–
Sicherheit	abhängig vom Produkt
Geeignet für	alle, die staatliche Förderung schon mit anderen Produkten nutzen; für besonders sicherheitsorientierte Sparer
Geeignet als	Zusatzbaustein
Vorteile	große Auswahl
Nachteile	in der Regel niedrige Rendite

Außer der staatlich geförderten Altersvorsorge gibt es viele weitere Wege, fürs Alter vorzusorgen. Sie sind dann interessant, wenn die staatliche Förderung schon genutzt wird und noch zusätzlich vorgesorgt werden soll oder besondere Flexibilität das Kriterium ist. Wenn Sie nur über geringe Mittel verfügen, sollten Sie eine der in diesem Abschnitt vorgestellten sicheren Anlagen für die Altersvorsorge wählen, selbst wenn Sie bei der Rendite Abstriche machen müssen.

Verzinsliche Sparprodukte sind gut zu durchschauen, risikolos und haben geringe Kosten. Allerdings sind die Zinsen in der anhaltenden Niedrigzinsphase nicht hoch. Ein hohes Endkapital ist daher nicht zu erwarten. Andererseits sind diese Sparformen aber durch die Einlagensicherung gegen Insolvenz der Kreditinstitute in bestimmten Größen abgesichert.

Die Einlagensicherung

Im Rahmen des Einlagensicherungsgesetzes besteht für den Fall der Insolvenz des Kreditinstituts ein Entschädigungsanspruch gegenüber einer Entschädigungseinrichtung. Der gesetzliche Anspruch ist auf einen Betrag von 100.000 Euro je Kontoinhaber pro Bank begrenzt, bei Gemeinschaftskonten auf das Doppelte.

Haben Sie durch einen besonderen Umstand wie einen privaten Immobilienverkauf, Heirat, Scheidung, Ruhestand, Abfindung, Krankheit, Pflegebedürftigkeit, Invalidität oder Tod mehr Geld auf dem Konto, ist auch das vorübergehend gesetzlich geschützt. Durch eine Sonderklausel steigt die Deckungssumme der staatlichen Einlagensicherung bei solchen außergewöhnlichen Lebensereignissen für sechs Monate ausnahmsweise auf bis zu 500.000 Euro.

Die Entschädigung muss innerhalb von sieben Tagen erfolgen. Der Anspruch besteht gegenüber

→ der Entschädigungseinrichtung deutscher Banken GmbH (**www.edb-banken.de**) bei privaten Kreditinstituten und privaten Bausparkassen,

→ der Sicherungseinrichtung des Bundesverbandes der Deutschen Volksbanken und Raiffeisenbanken (**www.bvr.de**) bei Kreditinstituten und Bausparkassen der genossenschaftlichen Finanz-

gruppe (zum Beispiel Volks- und Raiffeisenbanken),

→ dem Sicherungssystem der Sparkassen-Finanzgruppe (**www.dsgv.de**) bei Sparkassen und LBS-Bausparkassen,

→ der Entschädigungseinrichtung des Bundesverbandes Öffentlicher Banken Deutschlands GmbH (**www.voeb-edoe.de**) bei öffentlichen Banken (zum Beispiel Landesbanken).

Einzelne Kreditinstitute verweisen darauf, dass höhere Beträge über eine Entschädigungseinrichtung oder einen Garantieverbund abgesichert seien. Ein Rechtsanspruch besteht jedoch nicht. Er steht und fällt mit der Zahlungskraft desjenigen Garantiever-

---

 **ACHTUNG**

Einlagensicherung je nach Hauptsitz der Bank

Ausländische Banken unterliegen möglicherweise nicht der EU-weiten Einlagensicherung. So sind Tochtergesellschaften ausländischer Institute an die Einlagensicherung des Landes gebunden, in dem die Bank ihren Hauptsitz hat, auch wenn sie Geschäfte in Deutschland betreiben. Bevor Sie bei einer Nicht-EU-Bank Geld anlegen, sollten Sie den gesetzlichen Schutz überprüfen.

bundes oder derjenigen Sicherungseinrichtung, die für diese Erklärung einsteht.

Die beschriebenen Regelungen gelten nur für Kreditinstitute, die den oben genannten Entschädigungseinrichtungen zugewiesen sind. Sie gelten nicht für Kreditinstitute, deren Entschädigungseinrichtung sich im Ausland befindet. Sie gelten nur für Einlagen in Euro oder in der Währung eines EU-Mitgliedsstaats.

Festgeld

Festgeld ist kein Baustein der Altersvorsorge im eigentlichen Sinn. Es kann aber praktisch sein, für eine gewisse Zeit Geld zu parken, wenn man beispielsweise ein wenig Zeit braucht, um eine langfristige Anlageentscheidung zu treffen.

Festgelder fallen unter Termineinlagen. Klassische Festgeldkonten werden für standardisierte Zeiträume angeboten. Mit üblichen Laufzeiten von 30, 60, 90, 180 Tagen und einem Jahr handelt es sich um kurzfristige Anlageformen. Mit Einverständnis des Anbieters sind auch „krumme" Zeiträume – zum Beispiel 78 Tage – möglich. Im allgemeinen Sprachgebrauch und in der Bankenpraxis werden auch längere Festanlagen als Festgeld bezeichnet. Dabei handelt es sich aber genau genommen um mittel- oder langfristige Geldanlagen oder Sparbriefe. Üblicherweise wird eine Mindestanlagesumme vereinbart, die je nach Anbieter zwischen 500 Euro und 10.000 Euro variieren kann.

Die Verzinsung ist über die gesamte Laufzeit fest und steigt in der Regel, je länger die vereinbarte Laufzeit ist. Manche Kreditinstitute bieten für größere Anlagebeträge höhere Zinssätze an. Die Zinsen werden in der Regel am Ende der Laufzeit gutgeschrieben.

Während der Laufzeit kann über das Guthaben nicht verfügt werden. Bei Fälligkeit gibt es zwei Möglichkeiten: Entweder wird das Festgeldkonto aufgelöst und der Betrag auf das Girokonto überwiesen oder die Anlage verlängert sich automatisch um den gleichen Zeitraum. Bezeichnet werden sie als Kündigungsgelder.

> **→ TIPP Kündigungstermin beachten**
> Notieren Sie sich den Kündigungstermin schon beim Abschluss oder kündigen Sie vorsorglich bereits beim Vertragsabschluss.

Auch beim Festgeld macht sich die anhaltende Niedrigzinsphase bemerkbar. Im Durchschnitt zahlten Banken und Sparkassen Mitte des Jahres 2020 nicht einmal 0,2 Prozent Zinsen für Festgeld über ein Jahr, es gab aber auch Angebote mit knapp über 1 Prozent. Die Zinssätze ändern sich ständig, Empfehlungen zur Anlagedauer sind daher heikel.

Sparbrief

Sparbriefe dienen, ähnlich wie Festgelder, der Einmalanlage eines Geldbetrags über einen bestimmten Zeitraum. Ähnlich wie eine Anleihe sehen sie neben einer fest vereinbarten Zinszahlung die Auszahlung zum Nennwert zu einem im Vorhincin bestimmten Fälligkeitstermin vor. Der Unterschied zur Anleihe liegt darin, dass Sparbriefe immer einen persönlichen Vertrag zwischen Kreditinstitut und Anleger vorsehen. Sie können daher nicht einfach weitergegeben oder verkauft werden. Dies ist nur in Ausnahmefällen und nur mit Zustimmung des Kreditinstituts möglich.

Die Laufzeiten von Sparbriefen sind fest. In der Regel betragen die Laufzeiten vier bis zehn Jahre und zählen damit zu den mittel- bis langfristigen Anlageformen. Je nach Kreditinstitut sind auch kürzere Laufzeiten von zum Beispiel einem Jahr möglich. Die Mindestanlagesummen variieren je nach Kreditinstitut zwischen 500 Euro und 10.000 Euro.

Grundsätzlich lassen sich drei verschiedene Arten von Sparbriefen unterscheiden:

→ **Normaltyp:** Hier werden die Zinsen jährlich auf das Girokonto des Sparbrief-Inhabers ausgezahlt. Am Laufzeitende wird der Nennwert zurückgezahlt.

→ **Aufgezinster Sparbrief:** Beim aufgezinsten Sparbrief zahlt der Kunde zunächst eine bestimmte Anlagesumme,

Sparbrief im Fall der Insolvenz das Schlusslicht
Markus Feck, Rechtsanwalt/ Fachanwalt für Bank- und Kapitalmarktrecht, warnt: „Nicht nur die fehlende Einlagensicherung, sondern auch der Vorrang vor allen anderen Gläubigern in der Insolvenz des Instituts, macht den Sparbrief mit Nachrangabrede riskant. Hier ist der Name Programm. Nur Anleger, die einen Verlust wirtschaftlich verschmerzen können, sollten dieses Risiko eingehen. Denn auch hier gilt die goldene Regel: Höhere Zinsen bedeuten höheres (Verlust-)Risiko."

den Nennwert. Ausgezahlt wird am Ende der Laufzeit der Nennwert plus Zinsen und Zinseszinsen.

→ **Abgezinster Sparbrief:** Beim abgezinsten Sparbrief ist der Nennwert des Sparbriefs am Ende der Laufzeit ausgezahlt. Es wird also zu Beginn nicht der Nennwert gezahlt, sondern der Nennwert abzüglich Zinsen und Zinseszinsen für die Laufzeit. Dieser Betrag wird am Ende der Laufzeit durch Zins und Zinseszins bis zum Nennwert anwachsen und ausgezahlt.

Die Verzinsung ist über die gesamte Laufzeit fest. Der Zinssatz ist in der Regel umso hö-

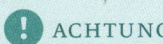

ACHTUNG

Nachrangabrede

Immer mehr Banken koppeln ihre Sparbriefe an eine sogenannte Nachrangabrede und bieten Sparern im Gegenzug
höhere Zinsen an. Das Renditeplus er-
kaufen Sie sich jedoch mit einem höheren
Risiko. Denn mit der Nachrangabrede
willigen Sie ein, dass Sie freiwillig auf
die gesetzliche Einlagensicherung verzichten. Sollte die Bank nun während der
Laufzeit des Sparbriefs Insolvenz anmelden, müssen Sie als Gläubiger hinten
anstehen und gehen im schlimmsten
Fall leer aus. Prüfen Sie also in den Ge-
schäfts- und Vertragsbedingungen, ob
die Einlagensicherung greift. Im Zweifel
fragen Sie beim Anbieter nach.

her, je länger die Laufzeit ist. Je nach Anbieter und Art des Sparbriefs werden die Zinsen
ausgeschüttet, oder sie werden dem Sparbrief
jährlich gutgeschrieben und mitverzinst. Die
Anlagedauer ist bestimmt. Während der Laufzeit kann über das Guthaben nicht verfügt
werden. Ausnahmsweise ist aber mit Zustimmung des Kreditinstituts eine Übertragung
und somit ein Verkauf möglich.

Weil bei den verschiedenen Arten zu unterschiedlichen Zeiten unterschiedlich viel
Geld fließt, sind die Angebote nicht so leicht
zu vergleichen. Wichtig ist letztlich der Zinsertrag, gemessen am effektiven Jahreszins.
Außerdem sollten Sie bedenken, wie lang Ihr
Kapital gebunden ist.

Banksparpläne

Mit Banksparplänen kann man langfristig
und risikolos sparen. Der monatliche
Sparbeitrag wird konstant über die
vereinbarte Spardauer auf das Sparkonto
eingezahlt. Die Vertragslaufzeiten liegen in
der Regel zwischen einem und 15 Jahren.
In Absprache mit dem Kreditinstitut sind
aber auch längere Laufzeiten von 25 Jahren
und mehr möglich. Die Sparpläne
unterscheiden sich allerdings hinsichtlich
der Ausgestaltung von Bank zu Bank. Das
bedeutet, dass man sich vorher mit den
Zins-, Bonus- und Ausstiegsbedingungen
auseinandersetzen muss.

Zins-, Bonus- und Ausstiegsbedingungen

Die Unterschiede für die Zinsbedingungen
der Banksparpläne sind erheblich. Einige
Banken schreiben den Zins für die gesamte
Sparzeit verbindlich fest. Bei anderen ist der
Zins variabel und orientiert sich am Auf und
Ab der Kapitalmärkte.

In der Regel sind drei verschiedene Spar-
plan-Varianten am Markt. Hinzu kommen

ACHTUNG

Kündigungen nicht immer rechtens

Seit 2019 ist eine Kündigungswelle seitens der Sparkassen für Prämiensparverträge zu beobachten, bei denen man sich auf ein Urteil des Bundesgerichtshofs beruft. Nach Ansicht der Verbraucherzentralen sind aber auch Verträge dabei, die von dieser Entscheidung nicht gedeckt sind. Weitere Verfahren sind zu erwarten. Informationen finden Sie unter anderem auf der Internetseite der Verbraucherzentrale Niedersachsen: **www.verbraucherzentrale-niedersachsen.de** → Finanzen → Geldanlage → BGH-Urteil.

noch unterschiedlich ausgestaltete und benannte Boni, Zuschläge oder Prämien. Diese werden zum Beispiel am Ende der Laufzeit bezahlt und belohnen damit das Durchhalten des Vertrags. Andere Verträge sehen während der Laufzeit steigende Boni auf die jährliche Sparleistung vor. Wieder andere Sparverträge haben eine variable Verzinsung während der Sparzeit.

1. Sparpläne mit fester Laufzeit und festem Zins. Die Angebote werden mit Laufzeiten von 3 bis 25 Jahren angeboten. Die monatlichen Mindestsparraten unterscheiden sich je nach Bank. Sie liegen bei 25 bis 50 Euro, die Verträge können aber auch von Beginn mit höheren Beträgen bespart werden. Mit dem Abschluss eines langfristigen Sparvertrags ist der Zinssatz für die gesamte Laufzeit festgeschrieben. Bei vielen Sparverträgen wird das Durchhalten bis zum Ende mit einem Schlussbonus belohnt. Kündigungen vor dem Laufzeitende sind nicht ohne Weiteres möglich. Sie hängen oft vom guten Willen der Bank ab und sind verbunden mit hohen Einbußen. Der Schlussbonus entfällt und der Zins wird rückwirkend auf einen niedrigeren Wert zurückgesetzt. Gleiches gilt für die zeitweilige Unterbrechung. Gerade bei Abschlüssen in der Niedrigzinsphase können eingeschränkte Kündigungsrechte zu Problemen führen. Denn man profitiert nicht, wenn die Zinsen allgemein wieder steigen sollten.

2. Sparpläne mit Kündigungsrecht bei festem oder jährlich steigendem Zins. Bei diesen Angeboten stehen die Erträge von Beginn an fest. Der Ausstiegszeitpunkt kann aber selbst bestimmt werden. Üblicherweise wird dazu ein dreimonatiges Kündigungsrecht vereinbart. Auch gilt es zu beachten, ob das Kündigungsrecht erst nach einer Mindestlaufzeit ausgeübt werden kann. Das Kündigungsrecht ist nicht kostenlos. Es wird in der Regel mit einem vergleichsweise geringeren Zins bezahlt.

3. Sparpläne mit variablem Zins und Kündigungsrecht. Viele Sparpläne sehen variable Zinsen für die Sparphase vor. Diese sind an einen Referenzzins gebunden. Der Abstand zwischen Spar- und Referenzzins muss während der gesamten Sparzeit beibehalten werden. Dies überprüft die Bank in der Regel zwei- oder viermal im Jahr. Je nach Entwicklung des allgemeinen Marktzinsniveaus steigt oder fällt der Zins. Die Höhe der Rendite des Vertrags ist daher nicht vorhersehbar.

In der Wahl der Referenzzinssätze sind die Banken frei. Einige Banken orientieren sich an der Umlaufrendite oder am EZB-Leitzins. Andere legen andere Zeitreihen aus der Bundesbankstatistik zugrunde. Wieder andere berechnen ihn aus der Mischung unterschiedlicher Zeitreihen.

In Niedrigzinsphasen ist die Entscheidung für einen Banksparplan nicht leicht. Wählt man einen variabel verzinsten Sparvertrag mit einem transparenten Referenzzins, wird man bei steigenden Zinsen profitieren. Da der Zins aber zunächst unterhalb von Sparverträgen mit vereinbartem Festzins liegt, muss der Unterschied erst einmal aufgeholt werden und anschließend darüber hinaus steigen. Bei Sparverträgen mit festem Zins bleibt man ohne Kündigungsrecht über die vereinbarte Laufzeit im Vertrag gefangen und kann nicht auf steigende Sparzinsen reagieren.

Riskante Wahl: Anlegen in fremden Währungen

Die Anlage in fremder Währung ist für Privatanleger in Deutschland eher eine Randerscheinung. In Zeiten anhaltend niedriger Zinsen beginnt aber die Suche nach Alternativen, die man dann vermeintlich im Währungsausland findet. Als Anlagemöglichkeiten kommen alle Produktarten infrage, die auch am heimischen Markt angeboten werden. Sie reichen unter anderem von Tages- und Festgeld über Sparbriefe und Sparpläne bis hin zu Wertpapieren und Investmentfonds. Für die gewählte Produktart gelten auch bei Anlage in fremder Währung deren grundsätzliche Vor- und Nachteile.

Unabhängig von der Produktart besteht das nicht zu unterschätzende Fremdwährungsrisiko durch eine unvorteilhafte Wechselkursentwicklung. Eine negative Entwicklung kann im schlimmsten Fall den höheren Zins vernichten oder zu Verlusten führen. Zunächst muss nämlich der Anlagebetrag in die fremde Währung getauscht und später wieder in Euro zurückgetauscht werden.

Die Rendite der Anlage in fremder Währung hängt nicht so sehr vom Zinssatz, von ausgeschütteten Dividenden oder der Kursentwicklung von Wertpapieren und Investmentfonds ab. Entscheidend ist die Entwicklung des Wechselkurses des Euro zu ausländischen Währungen.

So funktionieren Fremdwährungs-anlagen

Einem Anleger wird für ein zweijähriges Festgeld bei einer deutschen Bank eine Verzinsung von 2 Prozent jährlich angeboten. Alternativ kann er für ein Festgeld im Ausland eine Verzinsung von jährlich 5 Prozent erhalten. Der Anleger investiert nun 10.000 Euro in die Auslandswährung (AWG) – zur Vereinfachung rechnen wir mit einem Wechselkurs von 1:1. Auch Kosten bleiben unberücksichtigt.

> Ergebnis in Euro nach zwei Jahren: 10.404 Euro
>
> Ergebnis in AWG nach zwei Jahren: 11.025 AWG

Szenario A

Im Lauf der zwei Jahre wertet die AWG gegenüber dem Euro um 10 Prozent ab. Das heißt: Der Anleger bekommt weniger Euro zurück, wenn er am Ende wieder tauschen möchte.

Ergebnis des Umtauschs von AWG in Euro:

$$\frac{11.025 \text{ AWG} \times 1 \text{ Euro}}{1{,}10 \text{ AWG}} = 10.022{,}72 \text{ Euro}$$

Die Anlage hat sich nicht gerechnet, denn in Deutschland hätte der Anleger 381,28 Euro mehr erzielt. Die Rendite lag für ihn in dem anderen Land lediglich bei 0,11 Prozent pro Jahr.

Szenario B

Im Lauf der zwei Jahre wertet die AWG gegenüber dem Euro um 10 Prozent auf. Das heißt konkret: Der Anleger bekommt mehr Euro zurück.

Ergebnis des Umtauschs von AWG in Euro:

$$\frac{11.025 \text{ AWG} \times 1 \text{ Euro}}{0{,}90 \text{ AWG}} = 12.250{,}00 \text{ Euro}$$

Die Anlage war ein voller Erfolg: Ein um 621 Euro höherer Zinsertrag als bei der Anlage in Euro und 1.225 Euro Währungsgewinne ergeben eine Gesamtrendite von 10,68 Prozent.

Unabhängig vom Produkt bestehen allein aufgrund der Kursschwankungen große Chancen und gleichzeitig hohe Risiken. Abwertungen von 10 Prozent wie in Szenario A sind selbst in kürzeren Zeiträumen keine Seltenheit. Zunächst muss nämlich der Anlagebetrag in die fremde Währung getauscht (erstes Risiko) und später wieder in Euro zurückgetauscht werden (zweites Risiko). Das sind Kosten, die zulasten der Rendite gehen. Seien Sie also vorsichtig.

Sehr viele Faktoren beeinflussen die Wechselkurse. Eine Auswahl:

→ Politische oder wirtschaftliche **Unsicherheiten** im Ausland wirken auf den Kurs.

→ Währungen reagieren auf beabsichtigte

 **ACHTUNG**

Höhere Chancen bedeuten höheres Risiko

Auch wenn Investitionen in ausländische Währungen und Anlagen sicher wirken, müssen Sie sich klar machen, dass unabhängig von der Produktart das ungeschriebene Gesetz gilt: Eine höhere Renditechance ist immer mit einem höheren Risiko verbunden. Und Wechselkursentwicklungen sind nahezu unvorhersehbar. Außerdem sollten Sie bedenken, dass nur Einlagen in Euro oder einer anderen Währung eines EU-Mitgliedsstaats von der Einlagensicherung der Banken geschützt sind.

und tatsächliche Veränderungen in der staatlichen **Konjunktur- und Finanzpolitik**.

→ Steigende **Inflationsraten** können sich negativ auf den Devisenkurs auswirken.

→ Sinkt die **Zinsdifferenz** einer Währung gegenüber einer anderen, so verliert sie für potenzielle und bereits investierte Anlagen an Attraktivität.

→ Die **Staatsverschuldung** beeinflusst den Wechselkurs. Denn in Währungen hoch verschuldeter Staaten will kaum jemand investieren.

Kosten, Gebühren und Steuern

Sowohl beim Ankauf als auch beim Verkauf in ausländische Währung fallen zudem Gebühren an, je nach Bank können die Kosten unterschiedlich sein. Es kann zudem sein, dass Sie ein Konto bei einer ausländischen Bank eröffnen müssen. Auch diese Kosten schmälern die Rendite.

Steuern bei Fremdwährungsanlagen

Kapitalerträge wie Zinsen, Dividenden oder Kursgewinne müssen Sie grundsätzlich versteuern. Das gilt auch für Währungsgewinne.

 HINTERGRUND

Riskante Geschäfte mit der Schweiz

Im Jahr 2011 wähnten sich die Anleger in Schweizer Franken sicher. Folglich stieg der Schweizer Franken gegenüber dem Euro kontinuierlich an, im August hatte der Franken 20 Prozent gegenüber dem Euro zugelegt, gegenüber dem Dollar sogar 25 Prozent. Schließlich griff die Schweizer Notenbank ein. Da die Währungsentwicklung als zu hoch bewertet wurde, setzte sie bis Anfang 2015 auf einen festen Wechselkurs. Nach der Ankündigung der Schweizer Notenbank stieg der Wert des Euro gegenüber dem Franken um mehr als 9 Prozent an.

Die Abgeltungsteuer beträgt derzeit 25 Prozent, zuzüglich Solidaritätszuschlag und Kirchensteuer.

Jedes Jahr können Sie 801 Euro (Verheiratete 1.602 Euro) steuerfrei erlösen. Der Sparerfreibetrag gilt für alle steuerpflichtigen Kapitalanlagen zusammen. Die Abgeltungsteuer führt normalerweise die Bank für Sie ab. Für Zinserträge aus dem Ausland gilt eine Besonderheit: Die Erträge werden nicht wie in Deutschland automatisch von der Bank ans Finanzamt gemeldet. Sie müssen diese in Ihrer Einkommensteuererklärung selbst angeben.

Baustein 8: Wertpapiere

Produktprofil

Bedeutung	++
Sicherheit	+ (je nach Produktart und Mischung)
Geeignet für	alle, die die staatlichen Absicherungen schon nutzen oder nicht nutzen wollen
Geeignet als	Ergänzung
Vorteile	hohe Gewinne möglich, flexibel
Nachteile	starke Abhängigkeit von der Marktentwicklung, Besteuerung der Gewinne mit Abgeltungsteuer

Zum Aufbau Ihrer Altersvorsorge über ein Depot aus breit gestreuten Wertpapieren können Sie entweder auf fertige Produkte wie Investmentfonds zurückgreifen oder Sie bauen ein individuelles Wertpapierdepot auf, wenn Sie genug Zeit und Wissen haben, sich darum zu kümmern. Relevant sind dabei vor allem zwei Faktoren: die Dauer der Anlage und die richtige Mischung. Je nach Anlagezeitraum gehören renditestarke Werte wie Aktien dazu, aber auch festverzinsliche Wertpapiere, die starke Schwankungen der Aktien abfedern helfen.

Festverzinsliche Wertpapiere

Festverzinsliche Wertpapiere – auch Anleihen, Bonds, Rentenpapiere, Obligationen oder Schuldverschreibungen genannt – sind vor allem bei sicherheitsorientierten Sparern beliebt. Eine Anleihe ist nichts anderes als ein Kredit an den Herausgeber des Wertpapiers, den sogenannten **Emittenten**. Das können Staaten oder Unternehmen sein, aber auch Finanzinstitute wie Landesbanken besorgen sich über Anleihen Kapital.

Anleihen sind also Schuldverschreibungen. Die Anleihe oder Schuldverschreibung bezieht sich auf das gesamte Volumen des „Kredits", den der Emittent benötigt. Das Anleihevolumen wird in kleine Beträge geteilt, den **Nennwert**, zum Beispiel 100 Euro, da-

mit viele Gläubiger die Anteile zeichnen können. Der Nennwert drückt aus, wie hoch der Kredit ist, den die Anleihe verbrieft – und den der Emittent später einmal komplett zurückzahlen wird. Neben dem Nennwert gehört noch der sogenannte **Kupon** zu einer Anleihe. Das ist der Zins, der auf den Nennwert jedes Jahr gezahlt wird. Bei 5 Prozent Kupon gibt es also 5 Euro pro Jahr für die 100-Euro-Anleihe. Das dritte wichtige Merkmal einer Anleihe ist die Laufzeit. Das kön-

 HINTERGRUND

Von Anleihekursen, Zinsen und Renditen

Wenn von Anleihen die Rede ist, tauchen immer wieder zwei Begriffe auf, die für Verwirrung sorgen können: Zum einen sind da die Zinsen. Die kennt man unter anderem vom eigenen Girokonto, wenn man überzogen hat. Für Anleihekäufer ist es allerdings genau umgekehrt: Sie schulden niemandem Geld, sondern verleihen es an jemand anderen, der ihnen dafür regelmäßig Zinsen zahlt und dann irgendwann das Geld zurückgibt. Je höher der Zinssatz, umso mehr Geld hat der Käufer also zu erwarten.

Der Begriff „Rendite" lässt vielleicht Ähnliches vermuten, bezeichnet bei Anleihen jedoch etwas anderes. Zinsen werden nämlich stets im Verhältnis zum sogenannten Nennwert einer Anleihe angegeben. Das ist der Preis, zu dem eine Anleihe auf den Markt kommt – und den der Anleiheverkäufer auch zum Schluss zurückzahlt. Nun lassen sich Anleihen aber zwischenzeitlich auch weiterverkaufen. Der Preis dafür hängt davon ab, für wie attraktiv andere den aktuellen Zinssatz halten. Der wiederum ist außer vom Risiko auch abhängig vom allgemeinen Zinsniveau am Markt: Steigen die Zinsen, dann sinken die Kurse von Anleihen mit einem niedrigen Zins. Sinken die Kurse, dann werden höher verzinste Titel attraktiver, ihr Kurswert steigt.

nen 5, 10, 20 oder 30 Jahre sein. Jedes Jahr wird den Gläubigern der Kupon ausgezahlt, und am Ende erhalten sie das geliehene Geld, also den Nennwert, zurück.

Im Gegensatz zu Bankanlagen wie Sparbrief oder Festgeld werden Anleihen an der Börse gehandelt. Über den „Rentenmarkt", so heißt die Börse für Anleihen, verkaufen und kaufen Händler die Produkte wie alle möglichen anderen Waren. Dabei wechseln die Anleihen allerdings nicht immer zum Nennwert den Besitzer. Vielmehr entscheidet das allgemeine Marktzinsniveau über den Kurswert. Darin spiegelt sich zum Beispiel, wie hoch die Kupons sind, die andere Emittenten für ähnliche Angebote bezahlen. Auch die **Güte des Schuldners** spielt eine enorme Rolle für den Preis: Gerät ein Staat oder Unternehmen in Zahlungsschwierigkeiten, verschlechtern sich nämlich die Aussichten, dass sie die Schulden auch wirklich zurückzahlen können – denn dann gehen die Gläubiger womöglich leer aus. Umgekehrt steigt der Kurs, wenn sich die finanzielle Lage eines Emittenten erkennbar verbessert. Gerade für die Altersvorsorge sollten Sie bei der Auswahl Ihrer Investments genau auf die Zahlungsfähigkeit der Emittenten achten.

Eine weitere Ursache für Kursveränderungen liegt im **allgemeinen Zinsniveau**. Wie viel Rendite von einer Anleihe zu erwarten ist, hängt nämlich zu einem großen Teil von den Leitzinsen ab, die durch die Zentralbanken festgelegt werden. Erhöht die Zentralbank die Leitzinsen, dann steigt das allgemeine Zinsniveau. So manche festverzinsliche Anleihe, die bisher attraktiv erschien, wirft nun vergleichsweise wenig ab. Wer eine solche Anleihe hat, wird versuchen, sie zu verkaufen, dafür aber nur einen niedrigen Preis erzielen. Für den Käufer wird die betroffene Anleihe dann bei sinkendem Kurs attraktiv, weil er ja den festgelegten Zins bekommt – und sich so seine Rendite auf das eingesetzte Kapital bei sinkendem Kurs erhöht. Sinken die Leitzinsen, dann geschieht genau das Gegenteil: Das allgemeine Zinsniveau sinkt, die Anleihekurse steigen. Wie stark eine Anleihe auf solche Zinsveränderungen reagiert, hängt vor allem davon ab, wie lang das Zinsversprechen in die Zukunft weist.

Staats- und Unternehmensanleihen

Starke Industrienationen wie Deutschland, Frankreich, die Niederlande, die Schweiz, die USA oder Kanada gelten als erstklassige Schuldner – kaum jemand rechnet hier mit einer Staatspleite. Hingegen erlitten Anleger beispielsweise in den 1990er-Jahren hohe Verluste, nachdem Argentinien während einer massiven Wirtschaftskrise weder Zinsen bedienen noch die Anleihen selbst zurückzahlen konnte. Zweck einer Anleihe ist die

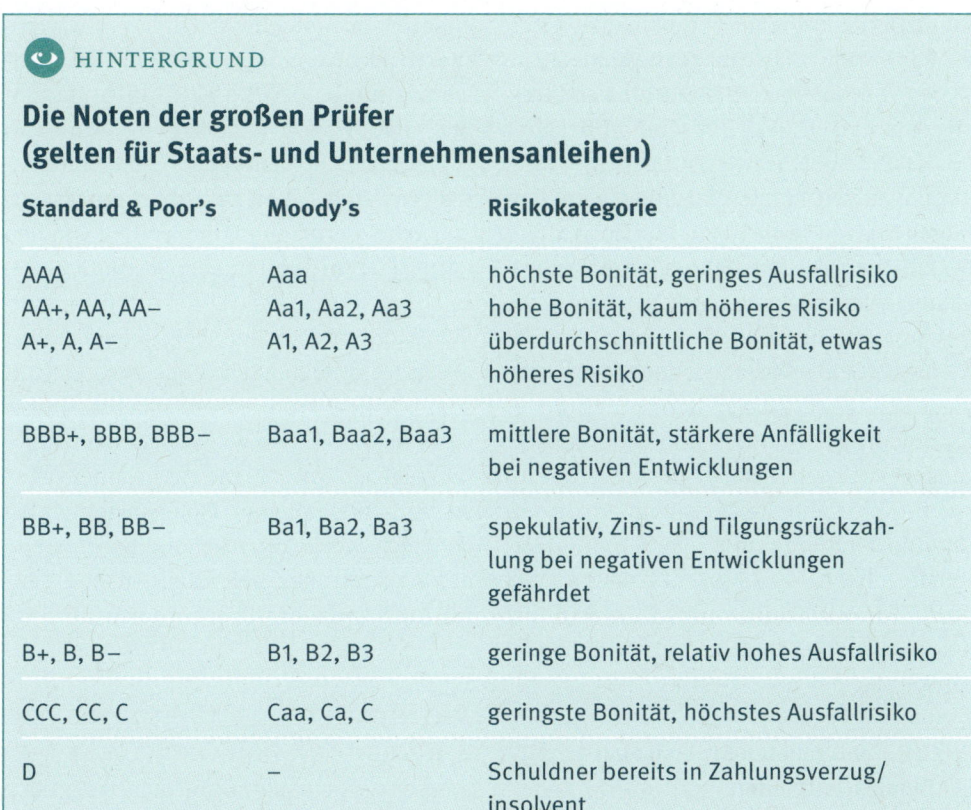

HINTERGRUND

Die Noten der großen Prüfer
(gelten für Staats- und Unternehmensanleihen)

Standard & Poor's	Moody's	Risikokategorie
AAA	Aaa	höchste Bonität, geringes Ausfallrisiko
AA+, AA, AA−	Aa1, Aa2, Aa3	hohe Bonität, kaum höheres Risiko
A+, A, A−	A1, A2, A3	überdurchschnittliche Bonität, etwas höheres Risiko
BBB+, BBB, BBB−	Baa1, Baa2, Baa3	mittlere Bonität, stärkere Anfälligkeit bei negativen Entwicklungen
BB+, BB, BB−	Ba1, Ba2, Ba3	spekulativ, Zins- und Tilgungsrückzahlung bei negativen Entwicklungen gefährdet
B+, B, B−	B1, B2, B3	geringe Bonität, relativ hohes Ausfallrisiko
CCC, CC, C	Caa, Ca, C	geringste Bonität, höchstes Ausfallrisiko
D	–	Schuldner bereits in Zahlungsverzug/ insolvent

langfristige Finanzierung des Staatshaushalts, Unternehmen nutzen das Geld zum Beispiel für Investitionen.

Wenn Sie einschätzen wollen, wie sicher oder unsicher eine Anleihe ist, können Sie auf die Bonitätsurteile großer Ratingagenturen zurückgreifen, die regelmäßig die wirtschaftliche Lage, politische Stabilität und an-

dere Faktoren überprüfen und bewerten. Die besten Schuldner bekommen dann Qualitätsurteile wie „AAA" oder „Aaa". Dazu zählen beispielsweise Staatsanleihen aus Deutschland, die auch Bundesanleihen heißen.

Doch bedenken Sie: Auch eine gute Note sagt nichts darüber aus, ob sich die Investition lohnt. Der deutsche Staat etwa finanziert sich am Kapitalmarkt über ganz unterschiedliche Typen von Anleihen, die alle eine erstklassige Bonität besitzen. Besonders bekannt sind Bundesschatzanweisungen mit zwei Jahren Laufzeit, Bundesobligationen mit fünf Jahren Laufzeit sowie 10- und 30-jährige Bundesanleihen. Die in früheren Jahren bei Privatanlegern beliebten Tagesanleihen sowie Bundesschatzbriefe gibt es seit 2013 nicht mehr. Als Geldanlage taugt derzeit kein einziges Bundeswertpapier. Denn aufgrund rekordniedriger Leitzinsen und bester Bonität muss der deutsche Staat so gut wie keine Zinsen für seine Anleihen bezahlen. Im Gegenteil: Die Rendite zehnjähriger Bundesanleihen liegt bei ca. −0,5 Prozent (Stand August 2020). Damit scheiden sie als Anlageprodukt aus. Je schlechter das Rating, desto höher der Zins.

→ **TIPP Informieren Sie sich über Bundeswertpapiere**
Informationen zu Bundeswertpapieren finden Sie auf der Internetseite der Deutschen Finanzagentur unter **www.deutsche-finanzagentur.de**

Pfandbriefe

Die Kreditwirtschaft nutzt Pfandbriefe zur Refinanzierung zum Beispiel von Immobili-endarlehen. Als Sicherheit dienen die Hypotheken oder Grundpfandrechte auf die finanzierten Immobilien. Die Kreditinstitute können also Häuser verpfänden, wenn ein Schuldner nicht mehr zahlen kann. Dank dieses Umstands gelten sie als sichere festverzinsliche Wertpapiere und werden von den Ratingagenturen oft mit der Bestnote ausgezeichnet. Sie sind ab 50 Euro pro Stück erhältlich und werden in der Regel höher verzinst als Bundesanleihen mit vergleichbarer Laufzeit. Das liegt grob gesagt daran, dass nicht so viele Pfandbriefe wie Staatsanleihen herausgegeben werden und sie sich nicht ganz so gut handeln lassen. Hohe Sicherheit bei vergleichsweise guter Rendite haben sie in der Vergangenheit bei sicherheitsorientierten Anlegern äußerst beliebt gemacht.

Aktien

Wer sein Geld in Aktien anlegt, beteiligt sich am Grundkapital einer Aktiengesellschaft, wird also Miteigentümer – und stellt dafür im Gegenzug sein Kapital zur Verfügung. Im Grundsatz ist es dabei so: einmal Miteigentümer, immer Miteigentümer. Das heißt, eine Aktiengesellschaft muss Anteile am Unternehmen nie zurücknehmen oder wie einen Kredit zurückzahlen, sondern kann das Geld ewig für ihre Geschäfte einsetzen. Es sind nicht einmal Zinsen fällig – und so stellt sich

RECHTLICHE BEGRIFFE

Investmentfondsgesellschaft ist der umgangssprachliche Begriff für die juristische Bezeichnung Kapitalverwaltungsgesellschaft. Den rechtlichen Rahmen bildet das Kapitalanlagegesetzbuch (KAGB).

Fondsvermögen ist das angelegte Geld der Sparer. Es ist von anderen Vermögensteilen, etwa dem der Investmentfondsgesellschaft, getrennt.

Sondervermögen besteht aus dem Fondsvermögen und den damit gekauften Wertpapieren. Im Fall der Insolvenz der Investmentfondsgesellschaft kann es nicht verwertet werden. Es gehört den Anlegern. Über die Trennung wacht ein weiteres Institut, die Depotbank.

Depotbank ist das Institut, das außerdem die formal korrekte Abwicklung laufender Geschäfte sicherstellt und überwacht, ob die Investmentfondsgesellschaft die Fondssatzung und die darin festgeschriebenen Anlageschwerpunkte, zum Beispiel nur in deutsche Aktien zu investieren, einhält.

Anteilsscheine am Sondervermögen erhalten die Anleger je nach Höhe ihres Anlagebetrags. Zur Ermittlung des Anteilspreises wird das Sondervermögen durch die Gesamtzahl der ausgegebenen Anteile geteilt.

$$\frac{\text{Sondervermögen}}{\text{Anzahl der Anteile}} = \text{Anteilspreis}$$

Anhand der Formel erkennt man, dass bei steigendem Wert des Sondervermögens – etwa durch steigende Aktienkurse bei gleichbleibender Anzahl von Anteilen – der Anteilspreis steigt, bei sinkenden Kursen fällt. Jeder Anteil nimmt in gleichem Maß am Anlageerfolg teil. Es spielt keine Rolle, ob der Einzelne 100 Euro oder eine Million investiert hat.

die Frage, warum man überhaupt zum Aktionär werden sollte. Die Antwort: Als Miteigentümer eines Unternehmens steht einem ein Teil vom hoffentlich sprudelnden Gewinn zu, die sogenannte Dividende. Zudem kann man von Kurssteigerungen an der Börse pro-

> ! ACHTUNG
>
> ### Besser in Fonds investieren
>
> Die Verbraucherzentralen empfehlen die Anlage in Einzelaktien für Normalverdiener nicht als Baustein der Altersvorsorge, da eine Risikostreuung durch breites Investment in der Regel nicht möglich ist. Für sie kommen jedoch Investmentfonds infrage.

fitieren. Allerdings auch genauso darunter leiden, wenn die Kurse fallen oder die Dividende ausbleibt.

Wenn Sie Aktien als Beimischung in Ihre Altersvorsorgestrategie einbauen wollen, sollten Sie früh anfangen. Je mehr Zeit noch bis zur Rente bleibt, desto besser. Denn mit jedem Jahr, das mehr zum Sparen zur Verfügung steht, steigt die Wahrscheinlichkeit, dass auch größere Kursrückschläge wieder aufgeholt werden. Je näher der Rentenbeginn rückt, desto stärker sollte der Aktienanteil an Ihrer Altersvorsorge heruntergefahren werden. Dadurch senken Sie Ihr Risiko, dass ein Kurseinbruch das Ersparte kurz vor dem Ruhestand kräftig dezimiert.

Gezielte Titelauswahl

Wenn Sie die Chancen des Aktienmarkts nutzen wollen und genügend Geld übrig haben, sollten Sie folgende alte Börsenregel beherzigen: „Niemals alle Eier in einen Korb legen." Niemals also sollten Anleger ihr Geld in eine einzige Aktie stecken. Auch die auf den ersten Blick solidesten Unternehmen können in Schwierigkeiten geraten, herbe Kursverluste einfahren oder im schlimmsten Fall sogar Insolvenz anmelden. Deshalb sollte das Kapital für die Altersvorsorge unbedingt über mehrere Werte verteilt werden. Experten empfehlen, ein Portfolio mit verschiedenen Aktien aus unterschiedlichen Branchen und Regionen zu bilden, also zum Beispiel Papieren von Banken, Versicherungen, Chemiekonzernen, Immobilienunternehmen und Energieversorgern. Dafür brauchen Sie allerdings umfangreiche (Hintergrund-)Informationen sowie – und das ist besonders wichtig – dauerhafte Eigeninitiative und stetiges Interesse.

Rund 20.000 Euro, um eine Größenordnung zu nennen, sollten Sie also schon in Aktienpapiere investieren, wenn Sie Ihr Risiko angemessen streuen und die Kosten niedrig halten möchten. Ist das nicht möglich, greifen Sie besser zu Fondslösungen.

Investmentfonds

Anlegern, die nur wenig Geld zur Verfügung haben, damit aber an vielen unterschiedlichen Märkten aktiv sein wollen, bieten Investmentfonds einen Ausweg. Das sind große Geldsammelbecken, in die viele Tausende

Anleger kleine Summen einzahlen. Aus dem großen Topf wird dann für alle gemeinsam eingekauft. Das Fondsvermögen wird von einer Kapitalverwaltungsgesellschaft im Auftrag der Anleger und nach den Grundsätzen der jeweiligen Anlagestrategie verwaltet.

→ **TIPP Renditedreieck nutzen**
Hilfreiche Informationen für Verbraucher zu den langfristigen Aussichten von Aktienfonds bieten die Renditedreiecke des Deutschen Aktieninstituts unter **www.dai.de/de/das-bieten-wir/studien-und-statistiken/renditedreieck.html**

Privatanleger können in Deutschland aus rund 8.000 verschiedenen Publikumsfonds wählen. Es gibt:

→ **Aktien- und Rentenfonds** mit Anlageschwerpunkten in unterschiedlichen Märkten, Branchen und Regionen;

→ **Mischfonds** und sogenannte **Multi-Asset-Fonds**, die in mehrere Anlageklassen anlegen können;

→ **Immobilienfonds** für die Geldanlage in Geschäfts- oder Wohnhäuser;

→ **Garantiefonds**, die versprechen, das Kapital der Anleger in jedem Fall zu erhalten;

→ **Geldmarktfonds** als kurzfristige Geldparkplätze;

→ **Hedgefonds** und andere alternative

Fonds mit ganz speziellen Anlagestrategien;

→ **Dachfonds**, die ihrerseits in Fonds investieren.

Es gibt zwei Investitionsmethoden, zum einen die traditionell **aktiv gemanagten Investmentfonds**, für deren Anlagestrategie ein Management verantwortlich ist, das eine Gebühr für seine Dienste kassiert. Daneben haben sich seit einigen Jahren sogenannte **passive Fonds** etabliert, die keine eigene Anlagestrategie verfolgen, sondern das Geld der Anleger so verteilen, dass die Entwicklung eines Indexes eins zu eins abgebildet wird. Das sind Indexfonds (Exchange Traded Fund, kurz ETF, auf deutsch börsengehandelter Indexfonds). Als Index bezeichnet man eine Größe, die die Entwicklung einer Gruppe von Wertpapieren ausdrückt. Ein Index beispielsweise, der die Entwicklung von Aktien misst, ist ein Aktienindex. Der Vorteil von Indexfonds besteht darin, dass Kauf und Verkauf der Anlagen nicht durch ein Management erfolgen, sondern ein Rechner den jeweiligen Index einfach nachbildet. Das ist deutlich kostengünstiger – und in der Regel sogar erfolgreicher.

Mehr als 1.300 solcher ETFs sind inzwischen auf dem Markt erhältlich. Dabei entfällt auch die bei anderen Fonds übliche Verkaufsprovision, der sogenannte **Ausgabeaufschlag**. Allerdings gibt es inzwischen

Das passiert mit Dividenden und Zinsen

Für Aktien eines Fonds können Beträge ausgeschüttet werden, umgangssprachlich „Dividenden" genannt. Dieses Geld gehört Ihnen als Anteilseigner. Man unterscheidet „ausschüttende" und „thesaurierende" Fonds. Ausschüttende Fonds zahlen das Geld regelmäßig aus. Sie müssen sich also um die Reinvestition selbst kümmern. Thesaurierende Fonds behalten die Gewinne ein und investieren sie direkt wieder, erwerben also weitere Anteile.

auch die meisten aktiv verwalteten Fonds an Börsen zu kaufen, ebenfalls ohne Ausgabeaufschlag.

Fondsarten im Vergleich

Es gibt ganz verschiedene Arten von aktiv gemanagten Fonds, aus denen Sie wählen können. Die wichtigsten im Überblick:

Aktienfonds. Sie investieren (fast) nur in Aktien und gelten gemeinhin als riskant, sind aber auch deutlich chancenreicher als etwa Renten- oder Mischfonds. In Deutschland muss ein aktiv verwalteter Fonds mindestens 16 verschiedene Titel enthalten, wobei kein einzelner Titel mehr als 10 Prozent des Fondsvermögens ausmachen darf. Aktienfonds setzen meist Schwerpunkte, nach denen sie ihre Investments steuern. Es gibt weltweit aktive Fonds, regional tätige Fonds, die etwa nur in Europa, Nordamerika oder Asien anlegen. Es gibt Fonds, die nur in Industrie- oder nur in Schwellenländern investieren, Branchenfonds, die beispielsweise nur den Energiesektor oder die Autoindustrie abdecken, Fonds mit einem Fokus auf Unternehmen einer bestimmten Größe. Außerdem sind Themenfonds auf dem Markt, die sich einem Trend widmen, etwa der Ernährung der Zukunft.

Rentenfonds. In der Fachsprache heißen Anleihen auch „Renten" – mit der Altersrente haben Rentenfonds aber nichts zu tun. Die Fonds legen das Geld der Anleger hauptsächlich in Unternehmens- und Staatsanleihen an. Das Risiko bei dieser Anlageform ist vergleichsweise gering. Rentenfonds eignen sich daher für vorsichtige Anleger. Sie werden gern für die Altersvorsorge genutzt. Die Renditechancen sind aber begrenzt. Auf lange Sicht sind Rentenfonds damit Aktienfonds bei der Altersvorsorge klar unterlegen. Sie sind jedoch auch deutlich weniger schwankungsanfällig: ein guter Sicherheitsbaustein für jedes Depot. Ihr Anteil sollte sich vergrößern, je näher der Renteneintritt rückt.

Breite Streuung erfolgreich
Dr. Gerd Kommer, Geschäftsführer der Gerd Kommer Invest GmbH, einer Vermögensverwaltungsgesellschaft in München, empfiehlt: „Für die Altersvorsorge besonders geeignet sind Aktienfonds – Aktien-ETFs eher als aktiv gemanagte Fonds –, die möglichst breit diversifiziert (gestreut) sind, idealerweise über viele Länder und Branchen hinweg. Streuung hilft, das Risiko zu senken, und kostet nichts. Die maximale Streuung repräsentiert ein globaler Aktienfonds, der in alle Branchen und Länder investiert. Dass einzelne Branchen – zum Beispiel die Technologiebranche – unter Berücksichtigung des Risikos dauerhaft besser rentieren als andere Branchen, ist ein verbreiteter Irrtum oder Denkfehler. Themenfonds sind für langfristige Anlagen zum Zweck der Altersvorsorge generell ungeeignet, weil sich die bestimmenden Trends im Lauf der Jahre stark und plötzlich verändern können und weil die vermeintlich besonderen Wachstumchancen solcher Themen längst eingepreist sind."

Faustregel: Der Anteil der Rententitel im Portfolio sollte etwa dem Lebensalter in Jahren entsprechen.

Mischfonds. Manager von Mischfonds investieren das Fondsvermögen in Aktien und Anleihen. Manchmal ergänzen sie diese mit Rohstoffen, Immobilien und exotischen Anlageklasse. Experten sprechen dann auch von Multi-Asset-Fonds. Je nach Fonds ist das Mischungsverhältnis mehr oder weniger vorgegeben. Als Faustregel gilt: Je größer der Aktienanteil, desto riskanter und renditeträchtiger – je größer der Rentenanteil, desto sicherer ist das Investment. Misch- oder Multi-Asset-Fonds sollte man also besonders genau anschauen, bevor man darin investiert. Üblich ist eine Risiko-Einteilung der Produkte von „defensiv" über „ausgewogen" bis „dynamisch". In der ersten Kategorie überwiegen festverzinsliche Titel, in der letztgenannten können bis an die 100 Prozent Aktien stecken – wie viel genau hier möglich ist, verraten die offiziellen Produktbeschreibungen.

Eine besondere Untergruppe der Multi-Asset-Fonds bilden zudem sogenannte **vermögensverwaltende Fonds**. Sie treten mit dem Versprechen an, ihren Anlegern eine komplette Anlagestrategie in einem einzigen Produkt zu bieten. Die Manager passen dazu die Geldanlage im Rahmen des vorgegebenen Risikobereichs immer wieder an die Marktlage an, kaufen also Aktien zu, wenn die Börsen gut laufen, und sichern das Depot in der Krise ab. Das ist praktisch, hat aber zwei

Lohnen sich definitiv nicht: vermögensverwaltende Fonds

Dr. Gerd Kommer, Geschäftsführer der Gerd Kommer Invest GmbH, einer Vermögensverwaltungsgesellschaft in München, urteilt: „Vermögensverwaltende Fonds sind eine kuriose Fondskategorie oder eher ein bloßes Marketing-Etikett, weil es sich hier in Wirklichkeit entweder um ganz normale Dachfonds oder um Mischfonds handelt. Von beiden Fondskategorien ist eher abzuraten. Dachfonds haben höhere Gebühren als konventionelle Aktienfonds, weil bei ihnen zwei Managementebenen zu bezahlen sind. Diese höheren Gebühren führen zu statistisch schlechteren Nettorenditen. Mischfonds sind Kombinationen aus Aktien- und Anleihenfonds, die leider auch für den Anleihenteil das höhere Gebührenniveau eines Aktienfonds nehmen. Ihr Versprechen, das Beste aus den beiden Welten Aktien und Anleihen zu kombinieren – nämlich Rendite und Sicherheit –, lösen sie sehr selten dauerhaft ein."

Nachteile: Erstens sind die Fonds besonders teuer. Zweitens muss man dem Management schon sehr viel zutrauen – denn liegt es mit seiner Markteinschätzung daneben, kann das Rendite kosten oder sogar Verluste bedeuten.

Garantiefonds. Garantiefonds gehören zu den Mischfonds. Sie versprechen Anlegern Sicherheit. Am Ende einer festgelegten Laufzeit oder Anlageperiode garantieren sie die Rückzahlung eines vorher festgelegten Mindestbetrags. Dieser Mindestbetrag ist entweder das eingesetzte Kapital oder ein bestimmter Prozentsatz davon. Zudem können Anleger zum Ende der Laufzeit oder einer Anlageperiode an der positiven Entwicklung eines Marktes teilhaben, der dem jeweiligen Fonds zugrunde liegt. Eine Variante sind Wertsicherungsfonds, die Höchstbestände fortwährend, zum Beispiel monatlich, absichern, aber keine Garantie dafür übernehmen, dass die Wertsicherung auch immer hält. Garantiefonds sind grundsätzlich keine lohnenswerten Anlageprodukte, da mit ihnen aufgrund der Kosten kaum Erträge zu erzielen sind.

Offene Immobilienfonds. Es gibt zwei Arten von Immobilienfonds, die nicht viel miteinander zu tun haben, geschlossene und offene Immobilienfonds. Geschlossene Immobilienfonds sind Beteiligungsmodelle: Wer sich daran beteiligt, wird Miteigentümer einer ganz bestimmten Immobilieninvestition. Die Geschäfte sind äußerst riskant und für die Altersvorsorge nicht empfehlenswert.

Völlig anders funktionieren offene Immobilienfonds. Auch damit können sich Anleger mit verhältnismäßig kleinen Beträgen am Bau und an der Vermietung von Gebäuden beteiligen, die Fonds investieren hauptsächlich in Häuser und Grundstücke im In- und Ausland. Zu Miteigentümern werden sie aber nicht und es geht auch in der Regel um deutlich mehr Objekte – das Kapital ist breiter gestreut.

Offene Immobilienfonds legen das Geld überwiegend in Hotels, Einkaufszentren und Bürogebäude an. Hinzu kaufen sie Zinspapiere, die sie kurzfristig veräußern können, wenn Anleger ihre Anteile zurückgeben wollen und ausgezahlt werden müssen. Wenn viele Gebäude leer stehen und die Mieten niedrig sind, können sich offene Immobilienfonds schwach oder schlecht entwickeln. Außerdem hat der Gesetzgeber die **Rückgabe eingeschränkt**. Offene Immobilienfonds können Sie daher nicht von heute auf morgen verkaufen, sondern nur mit einem gewissen Vorlauf. Außerdem müssen Sie die Anteile mindestens zwei Jahre halten und können sie danach nur mit einer Frist von zwölf Monaten zurückgeben. Nur Fondsanteile in Höhe von maximal 30.000 Euro, die bereits vor dem 21. Juli 2013 in Ihrem Depot waren, können Sie schneller veräußern.

Geldmarktfonds. Geldmarktfonds sind eine Alternative zum Tagesgeld. Sie legen in liquide Wertpapiere mit kurzer Restlaufzeit an, zum Beispiel Termingelder, Schuldscheindarlehen und Anleihen mit Restlaufzeiten unter zwölf Monaten.

Aufgrund von Anlagen bei Schuldnern mit bester Bonität und kurzen Restlaufzeiten geht das Kursrisiko gegen Null. Die Rendite wird fast ausschließlich von der Höhe des kurzfristigen Zinsniveaus beeinflusst. Sie sind für die Altersvorsorge nicht geeignet, sondern dienen lediglich zum kurzfristigen Parken von Geld, wie zum Beispiel Tagesgeld.

ETFs. Wer besonders kostengünstig sparen will, für den sind börsengehandelte Fonds oder Exchange Traded Funds (ETF) eine gute Wahl. ETFs bilden die Entwicklung eines Aktienindexes nach, also beispielsweise des deutschen Leitindexes Dax – und zwar erledigt diese Arbeit kein Manager, sondern ein Computer. Statt 30 Dax-Einzelaktien zu kaufen, nehmen Sparer also einen Dax-ETF ins Depot. Steigt der Dax, steigt auch der Wert des ETFs – im Negativen verhält es sich natürlich ebenso.

Die passiven Produkte sind derzeit die größte Erfolgsgeschichte der Finanzbranche. Mehr als 1.300 ETFs werden allein hierzulande angeboten, sie machen sowohl gängige als auch exotische Märkte für jedermann verfügbar. Weil bei ETFs kein Manager einzelne Aktien auf der Basis einer Analyse auswählt, kosten die passiven Produkte meist nur einen Bruchteil der Gebühren, die Anleger für Anteile an einem aktiv gemanagten Fonds zahlen müssen.

→ **TIPP Gezielt nach ETFs fragen**
Wenn Sie mit Investmentfonds für das Alter sparen wollen, sollten Sie immer nach ETFs fragen. Banken verkaufen nämlich lieber aktiv gemanagte Fonds, an denen sie mehr verdienen können.

Chancen und Kosten

Wie viel Ertrag ist eigentlich bei der Anlage in einen Aktienfonds möglich? Der Deutsche Aktienindex (Dax) ist von 2008 bis zum Jahr 2018 im Schnitt um 8,2 Prozent pro Jahr gestiegen. Anders gesagt: Geld, das Sie damals in Aktien investiert hätten, wäre auf das 2,2-Fache angewachsen, aus 1.000 Euro wären 2.199 Euro geworden. Keine andere Form der Geldanlage erwirtschaftet langfristig so hohe Erträge. Doch man braucht einen langen Atem und gute Nerven, wenn es schlechte Phasen gibt, wie beispielsweise 2008, 2011, 2018 oder zu Beginn der Corona-Pandemie, als der Dax kurzzeitig um rund 30 Prozent einbrach. In der Tat schwanken die Renditen im Dax von Jahr zu Jahr, sodass die Gewinne immer auch vom Einstiegszeitpunkt abhängen. Bereits über Zeiträume von 15 Jahren haben Dax-Anleger allerdings in den vergangenen 50 Jahren niemals Verluste einge-

fahren – ganz egal, in welchem Jahr sie ein- und ausgestiegen sind.

Für die Verwaltung des Fondsvermögens fallen Gebühren an. Die wichtigsten Kostenblöcke im Überblick:

Ausgabeaufschlag. Das erste Mal werden Sie bereits beim Kauf zur Kasse gebeten. Außerdem Preis für die Anteile wird oft ein sogenannter Ausgabeaufschlag fällig. Damit wird der Vermittler bezahlt, der den Fonds verkauft. Bei einem Aktienfonds beträgt der Aufschlag häufig um die 5 Prozent des Kaufpreises, wenn Anleger Anteile über eine Bank mit einem Filialnetz kaufen. Das ist jedoch verhandelbar. Günstiger wird es, wenn Sie direkt an der Börse handeln oder den Kauf über eine Direktbank abwickeln, also bei einem Geldinstitut, das ausschließlich im Internet vertreten ist. Allerdings gibt es hier kaum Service oder Beratung, Sie müssen also wissen, was Sie brauchen.

Depotgebühren. Weil Fondsanteile wie alle Wertpapiere bei der Bank oder der Fondsgesellschaft verwahrt werden, fallen zum Teil Depotgebühren an. Diese sind ganz unterschiedlich hoch. Bisweilen verzichten Fondsgesellschaften darauf. Auch Direktbanken erheben oft gar keine Gebühren.

Verwaltungsgebühren. Für das Management des Investmentfonds erhält die Fondsgesellschaft eine Verwaltungsvergütung. Sie ist je nach Fondstyp unterschiedlich hoch. Die Verwaltungsvergütung deckt die Kosten des Fondsmanagements und wird direkt aus dem Fondsvermögen entnommen. Manche Investmentfonds erheben zudem eine erfolgsabhängige Gebühr, sofern Fondsmanager die Wertentwicklung eines Vergleichsmaßstabs übertreffen. Die Kosten werden in der Total Expense Ratio (TER) oder Gesamtkostenquote ausgewiesen. Die Quote bezieht sich auf die Kosten in Prozent des Fondsvermögens pro Jahr. Bei Aktienfonds liegt sie häufig deutlich

über 1 Prozent. Die Verwaltungskosten von ETFs sind meist deutlich geringer.

Transaktionskosten. Transaktionskosten fallen an, wenn ein Fondsmanager Wertpapiere oder Immobilien kauft oder verkauft. Das Fondsvermögen wird direkt mit diesen Kosten belastet. In der laufend ausgewiesenen Wertentwicklung der Investmentfonds sind diese Kosten damit bereits berücksichtigt.

Wollen Sie die Kosten verschiedener Fonds miteinander vergleichen, können Sie sich an der Gesamtkostenquote (Total Expense Ratio) orientieren. Sofern der Fonds eine erfolgsabhängige Vergütung erhoben hat, wird diese gegebenenfalls ergänzend zur TER in den wesentlichen Anlegerinformationen ausgewiesen. Der Ausgabeaufschlag und die Transaktionskosten sind nicht in der TER enthalten.

Zumindest beim Ausgabeaufschlag, also dem Kaufpreis von Fonds, haben Sie Alternativen. Sie bekommen dieselben Produkte bei Direktbanken oder über das Internet nämlich oft zum halben oder sogar ganz ohne den Aufschlag – das spart teilweise 5 Prozent der Kaufsumme oder noch mehr. Alternativ können Sie viele Fonds auch über die Börse kaufen. Dabei fällt der Ausgabeaufschlag ebenfalls weg. Allerdings liegen die Kaufpreise immer leicht über den Verkaufspreisen, dieser sogenannte Spread ist letztlich auch ein Preisaufschlag. Dazu kommen außerdem die Order- und Depotkosten. Welcher Weg der günstigste ist, sollten Sie im Einzelfall über das Internet selbst recherchieren.

→ **TIPP** **Vertieftes Wissen**
Details zur Geldanlage finden Sie im Buch „Geldanlage. Einfache Strategien für Ihre Finanzplanung" der Verbraucherzentrale, **www.ratgeber-verbraucherzentrale.de**

Fondssparpläne

Beim Fondssparen investieren Sie regelmäßig Sparbeiträge in einen Fonds, das ist möglich mit Beträgen ab 25 Euro im Monat. Der Vorteil des Fondssparens liegt auf der Hand: Sie müssen sich keine Gedanken um den richtigen Einstiegszeitpunkt machen und kommen langsam, aber sicher zum Sparziel. Legen Sie regelmäßig jeden Monat denselben festen Betrag an, können Sie zudem vom sogenannten Cost-Average-Effekt profitieren (Durchschnittskosten-Effekt). Das bedeutet: Fallen in einem Monat die Kurse und damit der Anteilswert eines Fonds, dann kaufen Sie automatisch mehr Anteile – steigt er und ist teurer, kaufen Sie weniger. Unterm Strich ist damit der Durchschnittspreis der gekauften Anteile oft niedriger, als wenn Sie viel Geld auf einmal anlegen. Jedenfalls entgehen Sie dem Risiko, zum falschen Zeitpunkt einzusteigen.

 BEISPIEL

Das bringt ein Fondssparplan

Wer jeden Monat 100 Euro in einen Aktienfonds einzahlt, kommt bei einer jährlichen Rendite von 5 Prozent nach 20 Jahren auf ein Vermögen von 41.000 Euro. Investiert hat der Sparer dafür rund 24.000 Euro. Liegt die Wertsteigerung des Aktienfonds bei 7 Prozent pro Jahr, steht das Depot sogar bei 51.000 Euro. Damit hat sich der Einsatz mehr als verdoppelt.

So wirkt der Durchschnitts-kosten-Effekt

Drei Anleger verfolgen unterschiedliche Strategien:

→ Stefan Sparplan kauft jeden Monat Fondsanteile im Wert von 1.000 Euro.
→ Guido Gleichviel kauft jeden Monat zehn Fondsanteile, unabhängig vom Tageskurs.
→ Ansgar Angst kauft wie Stefan Sparplan zunächst Fonds für 1.000 Euro. Als der Kurs fällt, fürchtet er, auf das falsche Pferd gesetzt zu haben. Er kauft erst wieder – dann aber für das ganze Geld, das er noch hat –, als der Kurs wieder steigt, weil er hofft, dass der Wert noch weiter steigen wird.

Wer hat nun am besten gehandelt? Um das herauszubekommen, nehmen wir an, dass alle drei Anleger zu vier Zeitpunkten handeln, während sich der Kurswert ihres Anlageziels verändert: Von 100 Euro sinkt er zunächst auf 80 Euro, dann steigt er auf 125 Euro, am Ende steht er dann bei 160 Euro. Anfänglich investieren alle drei 1.000 Euro.

Zusammengefasst: Stefan Sparplan hat den höchsten Gewinn erzielt. Guido Gleichviel hat mehr Anteile gekauft, dafür aber auch deutlich mehr gezahlt. Ansgar Angst erwarb deutlich weniger Anteile. Er hat im Schnitt besonders teuer eingekauft und weniger Gewinn gemacht.

Die Anlagepläne sehen jetzt wie folgt aus:

		STEFAN SPARPLAN		GUIDO GLEICHVIEL		ANSGAR ANGST	
ANLAGEPHASE	KURSWERT DER FONDSANTEILE	ANLAGE-BETRAG	STÜCK	ANLAGE-BETRAG	STÜCK	ANLAGE-BETRAG	STÜCK
1	100,00 €	1.000 €	10	1.000 €	10	1.000 €	10
2	80,00 €	1.000 €	12,5	800 €	10	0 €	0
3	125,00 €	1.000 €	8	1.250 €	10	3.000 €	24
4	160,00 €	1.000 €	6,25	1.600 €	10	0 €	0
Eingesetztes Kapital gesamt		4.000 €	36,75	4.650 €	40	4.000 €	34
Wert der Anteile am Ende		5.880 €		6.400 €		5.440 €	
Gewinn		1.880 €		1.750 €		1.440 €	
Durchschnittl. Kaufpreis pro Anteil		108,84 €		116,25 €		117,65 €	

Großer Vorteil: Flexibilität

Fondssparpläne sind eine außerordentlich flexible Sparform. So können Sie in der Regel sowohl den Sparbetrag als auch die Laufzeit nach Ihren Ansprüchen festlegen und jederzeit ändern. Auch Zahlungspausen sind jederzeit möglich. Und statt einer komplizierten Kündigung reicht es, die Zahlungen einfach einzustellen.

Dank der regelmäßigen Einzahlungen wächst das Fondsvermögen über die ganze Spardauer an – vorausgesetzt, die Kurse steigen. Damit lässt sich ein guter Grundstein für die Altersvorsorge setzen. Nur ein Börsencrash kurz vor Rentenbeginn kann möglicherweise zu herben Verlusten führen. Ähnlich wie bei der Aktienanlage gilt deshalb: Es ist wichtig, die Risiken zu streuen sowie gelegentlich Gewinne abzuschöpfen und abzusichern. Das geht zum Beispiel, indem Sie nicht nur *einen* Fonds kaufen, sondern mehrere mit unterschiedlicher Ausrichtung – und zwischendurch auch Kapital umschichten.

Baustein 9: Immobilien

Produktprofil

Bedeutung	+
Sicherheit	+
Geeignet für	Selbstnutzer, die Miete sparen wollen, vermögende Anleger, die über die Vermietung Einnahmen erzielen wollen
Geeignet als	Zusatzbaustein
Vorteile	Substanzwert, in guter Lage recht sicher
Nachteile	unflexibel, gebundenes Vermögen, überhitzter Markt in Großstädten und Ballungsgebieten

Immobilien stehen bei vielen Menschen in Deutschland auf der Wunschliste ganz oben. Auf der Suche nach einer sicheren Geldanlage, die zugleich eine gute Rendite erwirtschaftet, setzen Sparer stärker denn je auf „Betongold". Auch für die Altersvorsorge stehen Immobilien hoch im Kurs. Laut Trendindikator 2019 des Umfrageinstituts Kantar TNS sehen zwei von drei Deutschen Immobilien als beste Altersvorsorge an, weitaus mehr als beispielsweise die private Renten- oder Lebensversicherung.

Ob eine Immobilie aber wirklich als Altersvorsorge taugt, hängt von vielen Faktoren ab. Die Qualität eines Hauses oder einer Wohnung und die Lage sind entscheidend. Nur gute Immobilien lassen sich bei Bedarf auch ohne Einbußen wieder verkaufen. Und das auch nur, wenn der Markt mitspielt. Im Moment sind Immobilien sehr hoch bewertet, man bezahlt also relativ viel Geld dafür. Ob die Situation bei einem möglichen Verkauf in 20 oder 30 Jahren noch genau so ist, lässt sich nur schwer vorhersagen. Außerdem: Auch wenn man die Miete „spart", verursacht eine Immobilie dauerhaft Kosten für Instandhaltung und Modernisierung.

Ein altes Sprichwort sagt: „Immobilien machen immobil." Selbst wenn man das nicht ganz wörtlich nimmt, so ist für die meisten Menschen eine Immobilienfinanzierung doch eine sehr langfristige Sache, in die sie die meisten (finanziellen) Kräfte stecken. Wenn sich die Lebensplanung verändert, sei es durch einen Arbeitsplatzwechsel mit notwendigem Umzug, durch Trennung oder Scheidung oder einfach weil man einen neuen Lebensinhalt entwickelt hat, dann muss man zu all dem auch noch eine Lösung für die Immobilie finden.

Die selbst genutzte Immobilie

Streng genommen ist eine selbst genutzte Immobilie keine Investition, sondern eine Konsumentscheidung. Sie zahlen statt Miete einen Kredit zurück, während Sie die Wohnung nutzen. Und trotzdem kann der Kauf eines Eigenheims ein wichtiger Baustein für die Altersvorsorge sein.

→ Grundsätzlich können Sie im Eigentum so lange wohnen bleiben, wie Sie möchten. **Niemand kann Ihnen kündigen.**

→ Als Besitzer können Sie in gewissem Rahmen auch frei über **Umbauten und Modernisierungen** entscheiden. In Eigentumswohnungen sind Sie allerdings in manchem auch an Entscheidungen anderer Eigentümer im Haus gebunden.

→ **Sie sparen sich die Miete.** Und wenn alle Kredite getilgt sind, steigt so Ihr frei verfügbares Einkommen, jedenfalls, solange keine großen Renovierungen anstehen, für die Sie neue Kredite aufnehmen müssen.

→ Eine Immobilie kann deutlich **im Wert steigen**, wenn sie an der richtigen Stelle steht. Das bedeutet, dass Sie sie im Alter möglicherweise teuer vermieten oder verkaufen können, wenn Sie sich beispielsweise kleiner setzen wollen. Oft übersteigt der Erlös die Kosten für eine neu gemietete Wohnung. Der entscheidende Faktor dabei ist tatsächlich die Lage: Eigentum in Metropolen oder boomenden mittelgroßen Städten, in denen beispielsweise eine große Universität beheimatet ist, werden in den kommenden Jahren und Jahrzehnten relativ sicher im Wert steigen, auch weil in diesen Zentren strukturell weniger gebaut als nachgefragt wird. Auf dem Land oder in strukturschwachen Gegenden können Sie sich darauf nicht verlassen.

Nicht schönrechnen

All das kann dafür sprechen, in eine selbst genutzte Immobilie zu investieren. Sie sollten sich aber auch immer darüber im Klaren sein: Betrachtet man allein die Rendite auf das eingesetzte Kapital, indem man Zins und Tilgung sowie Renovierungskosten der eingesparten Miete über die Jahre gegenübersteilt, dann erweisen sich die meisten Immobilien als weit weniger ertragreich als beispielsweise ein Aktienfonds.

Wenn Sie im Eigentum wohnen, sollten Sie bis zum Eintritt ins Rentenalter die Darlehen abbezahlt haben. Dann sind Sie nicht nur schuldenfrei, sondern wohnen auch mietfrei, brauchen also jeden Monat weniger Geld. Weil Ihre Alterseinkünfte vermutlich deutlich niedriger liegen als Ihr Arbeits-

Kaufen oder mieten? Wo wie viel Geld fließt

Angenommen, Sie zahlen derzeit 500 Euro Miete pro Monat. Steigt die Miete jedes Jahr um 2,5 Prozent, dann wird daraus innerhalb von zehn Jahren über 640 Euro monatliche Miete. Unterm Strich zahlen Sie, wenn der Mietanstieg genau so weitergeht, in einem Zeitraum von 30 Jahren rund 264.000 Euro an Ihren Vermieter. Diesen Betrag könnten Sie genauso gut in Eigentum investieren, ohne wesentlich höhere Kosten zu haben.

Für eine redliche Analyse der Ersparnisse und Kosten müssten Sie allerdings auch noch die Zahlungsströme vergleichen. Das heißt: Sie müssen sich anschauen, zu welchem Zeitpunkt Sie wie viel Geld brauchen. Darlehen etwa haben oft über Jahre gleichbleibende Raten, Mieten steigen an. Daher sind die Raten für Immobilienkäufer anfänglich oft höher als eine vergleichbare Miete, später dafür aber niedriger. Auch die Laufzeit, über die Sie einen Kredit abbezahlen, hat erheblichen Einfluss auf die Rechnung. Darüber hinaus müssen Sie als Eigentümer im Vergleich zum Mieter zusätzliche laufende Kosten – etwa für Instandhaltung und Hausverwaltung – einkalkulieren. Bei der Berechnung kann Ihnen ein unabhängiger Finanzberater helfen oder auch die Bank.

einkommen, kann das später eine große finanzielle Erleichterung sein. Andererseits ist zu bedenken, dass eine Immobilie auch noch Geld kostet, nachdem sie abbezahlt ist. Instandhaltung ist eine Daueraufgabe. Dazu kommt, dass viele Immobilien für ältere Bewohner zu groß geworden sind, nachdem die Kinder aus dem Haus sind. Eine große Wohnfläche zu bewirtschaften kann außerdem ins Geld gehen.

Risiken und Kosten richtig kalkulieren

Einen Vorteil haben Eigennutzer wie Vermieter: Eine eigene Immobilie ist nach wie vor ein guter Schutz gegen den allgemeinen Preisanstieg. Denn die Mieten und der Immobilienwert wachsen mit der Inflation mit, Kaufpreis und Kreditsumme aber nicht. Im besten Fall gewinnen Sie zudem im Alter Sicherheit, weil Sie sich nicht mit einem Vermieter herumschlagen, und finanzielle Unabhängigkeit, weil Sie keine laufenden Kosten für das Wohnen aufbringen müssen. Der Traum vom eigenen Heim verleitet allerdings allzu oft dazu, Risiken einzugehen, die das Konzept gefährden. Die wichtigsten im Überblick:

Standortrisiko. Die drei wichtigsten Kriterien beim Immobilienkauf sind die Lage, die Lage und die Lage. So lautet eine häufig zitierte Grundregel der Immobilienbranche. Tatsächlich spielt der Standort für die künftige Wertentwicklung eines Gebäudes eine entscheidende Rolle. Eine schlechte Infrastruktur, wenige Einkaufsmöglichkeiten, Lärm und Gestank beeinträchtigen den Wert einer Immobilie genauso wie Altlasten auf dem Grundstück.

Auch die Wirtschaftskraft einer Region sollten Sie berücksichtigen. Es empfiehlt sich beispielsweise, darauf zu achten, ob die Bevölkerung am Ort weitgehend von einem oder zwei Großunternehmen abhängt, denn das kann bei Standortverlegung fatale Folgen für die Region haben und beeinflusst, ob die Bevölkerung dort schrumpft oder wächst. Das alles ist allerdings auf Sicht von mehreren Jahrzehnten nicht leicht einzuschätzen. Sie sollten versuchen, möglichst viele Informationen zusammenzutragen. Am besten kennen Sie den Ort bereits gut, bevor Sie kaufen.

Klumpenrisiko. Wenn die Immobilie abbezahlt ist, können Sie darin mietfrei wohnen. Dennoch sollten Sie niemals Ihr gesamtes Geld in ein einziges Produkt stecken. Das Eigenheim zahlt Ihnen keine Rente, und ein großer Teil Ihres Vermögens ist in einem einzigen Objekt gebunden. Wenn Sie nicht zusätzlich vorgesorgt haben, könnte das Geld knapp werden. Außerdem kann der Unterhalt eines Hauses viel Geld kosten – auch unerwartet, falls beispielsweise ein Dachschaden entsteht oder der Boden absackt. Können Sie unerwartete Ausgaben nicht stemmen, müssen Sie die Immobilie am Ende doch verkaufen, um an Geld zu kommen. Im schlimmsten Fall kann es sogar passieren, dass eine Naturkatastrophe oder ein Feuer Ihr Heim zerstört. Damit Sie in diesem Fall nicht ohne jegliche Altersvorsorge dastehen, gilt daher bei Immobilien wie bei allen Investments: Niemals alle Eier in einen Korb legen. Zudem sollten Sie Ihr Hab und Gut gegen existenziell gefährdende Risiken wie einen Brand versichern.

Instandhaltungs- und Sanierungskosten. Viele angehende Eigenheimbesitzer unterschätzen die Instandhaltungskosten. Sie sollten deshalb genügend Geld für notwendige Reparaturen zurücklegen. Die Bausparkasse LBS sowie die Verbraucherzentralen empfehlen beispielsweise, für das eigene Haus mindestens 1 Euro pro Quadratmeter Wohnfläche und Monat als Instandhaltungsrücklage einzukalkulieren, bei älteren Häusern sogar mindestens 2 Euro pro Quadratmeter. Bei einem Neubau mit 120 Quadratmetern Wohnfläche sollten Sie also jedes Jahr mindestens 1.440 Euro für Reparaturen einplanen.

Kaufen Sie eine Eigentumswohnung, dann gehört eine Instandhaltungsrücklage bereits zum Hausgeld dazu. Damit sind zumindest kleinere Reparaturen abgedeckt. Für größere Sanierungen wie ein neues Dach oder eine Fassadendämmung müssen Sie aber mit Sonderumlagen rechnen.

Kaufnebenkosten. Wenn Sie eine Immobilie kaufen, kommen zum Kaufpreis noch einige zusätzliche Kosten dazu. Planen Sie in jedem Fall zwischen 10 und 20 Prozent Mehrkosten ein. Dazu gehören:

→ **Grunderwerbsteuer:** Sie unterscheidet sich je nach Bundesland und ist zuletzt in vielen Ländern deutlich gestiegen. Im Jahr 2020 lag sie bei 3,5 bis 6,5 Prozent des Kaufpreises.

→ **Maklerprovision:** Kaufen Sie ein Haus oder eine Wohnung über einen Vermittler, dann kassiert dieser eine Provision. Am 5. Juni 2020 stimmte der Bundesrat dem „Gesetz über die Verteilung der Maklerkosten bei Vermittlung von Kaufverträgen über Wohnungen und Einfamilienhäuser" zu. Damit wird die Verteilung der Maklerprovision nun bundeseinheitlich geregelt.

Das Gesetz sieht vor, dass derjenige, der den Makler beauftragt, in der Regel der Immobilienverkäufer, mindestens die Hälfte der Maklerprovision zahlen muss. Diese Regelung wird in einigen Bundesländern, etwa in Nordrhein-Westfalen, bereits seit Jahren umgesetzt. Das Gesetz trat nach einer Übergangsfrist von sechs Monaten in Kraft, also im Dezember 2020. Seitdem gilt:

– Der Käufer zahlt nur noch maximal 50 Prozent der Maklerprovision, auch wenn er den Makler bestellt hat.

– Er muss seinen Anteil an der Provision erst zahlen, nachdem der Verkäufer seinen Anteil nachweislich – zum Beispiel mit Überweisungsbeleg – bezahlt hat.

– Beauftragen Käufer und Verkäufer gemeinsam den Makler, ist dieser verpflichtet, eine Provision in gleicher Höhe von beiden Seiten zu verlangen.

– Die Regelung gilt ausschließlich für selbst genutzte Wohnimmobilien. Anlage- und Gewerbeimmobilien sind davon ausgenommen.

→ **Notargebühren:** Wenn Sie eine Immobilie kaufen, müssen Sie zum Notar, um den Kauf zu beurkunden. Im Anschluss werden Sie dann im Grundbuch als Eigentümer oder Teileigentümer des Grundstücks eingetragen, auf dem die Immobilie steht. Die Beurkundung kostet inklusive etwaiger Vollzugs-, Betreuungs- und Auslagengebühren etwa 1 Prozent vom Kaufpreis. Sie werden von dem bezahlt, der die Beurkundung in Auftrag gibt, das ist in der Regel der Käufer.

→ **Gerichtskosten:** Auch das Amtsgericht, das die Änderungen im Grundbuch vornimmt, verlangt dafür Gebühren. Genau wie für das Honorar des Notars gibt es auch dafür feste Gebührensätze. Die Gerichtskosten der Grundbuchämter liegen bei rund 0,5 Prozent vom Kaufpreis.

→ **Weitere Nebenkosten:** Brauchen Sie spezielle behördliche Genehmigungen, etwa um ein Haus zu sanieren, können weitere Kosten dazukommen.

Die Finanzierung

Wenn Sie eine Immobilie erwerben möchten, gilt es als Erstes zu ermitteln, was Sie sich überhaupt leisten können. Für den Kaufpreis setzt man normalerweise Eigen- und Fremdkapital ein. Dazu ist es erforderlich, die monatliche Belastungsgrenze zu ermitteln. Das Eigenkapital sollte mindestens 20 Prozent vom Kaufpreis plus Erwerbsnebenkosten betragen. Für den Fremdkapitalanteil werben Banken, Bausparkassen und Versicherungen gleichermaßen um die Gunst von Bauherren und Immobilienkäufern. Umso wichtiger ist es, einen kühlen Kopf zu bewahren und nicht allein nach der günstigsten Monatsrate zu schauen, sondern auch auf die Laufzeit zu achten, auf Sondertilgungsrechte und die Möglichkeit, Ratenzahlungen zu reduzieren oder auch mal auszusetzen.

So sichern Sie sich eine gewisse Flexibilität, damit Sie die Schulden schneller tilgen können, etwa wenn Sie unerwartet Geld bekommen, beispielsweise durch eine Erbschaft. Außerdem wäre es auch günstig, dass Sie die Raten zeitweise senken könnten, etwa wenn Sie wegen Scheidung, Krankheit oder

Jobverlust finanzielle Probleme haben. Das ist natürlich nur im Notfall und für kurze Zeit machbar. Sobald wie möglich sollten Sie mit der normalen Zahlung weitermachen, damit Sie bald schuldenfrei sind und keine Zinsen mehr bezahlen müssen.

Eine Immobilienfinanzierung von der Stange gibt es nicht. Wichtig ist, dass das Finanzierungsmodell zu Ihren finanziellen Möglichkeiten passt – langfristig. Grundsätz-lich stehen Ihnen folgende Modelle für die Baufinanzierung zur Verfügung.

Annuitätendarlehen

Das Annuitätendarlehen, auch Hypothekendarlehen genannt, ist die typische Baufinanzierung in Deutschland. Sie funktioniert so: Sie zahlen jeden Monat eine gleichbleibende Rate. Damit tilgen Sie nun einerseits den Kredit und begleichen andererseits die Zinsen.

 BEISPIEL

Sie leihen sich für den Kauf einer Immobilie 250.000 Euro bei der Bank. Die Bank bietet Ihnen dafür eine Finanzierung mit 2 Prozent jährlichen Zinsen an, die für 15 Jahre feststeht – die Zinsbindungszeit. Mit Blick auf Ihre Finanzlage entscheiden Sie sich für eine anfängliche Tilgung von 3 Prozent, wollen also im ersten Jahr 3 Prozent des Kredits zurückzahlen. Daraus ergibt sich eine Annuität von 12.500 Euro. Diese setzt sich im ersten Jahr aus 5.000 Euro Zinsen und 7.500 Euro Tilgung zusammen. Im zweiten Jahr ist Ihr Kredit nun bereits auf 242.500 Euro geschrumpft. Die Annuität in Höhe von 12.500 Euro bleibt konstant. Allerdings setzt sie sich nun aus 4.850 Euro Zins und der Differenz in Höhe von 7.650 Euro für die Tilgung zusammen.

Sie tilgen also 150 Euro mehr als im Vorjahr. Im Lauf der Zeit wird somit der Tilgungsanteil immer höher, Sie zahlen jedes Jahr etwas mehr vom Kredit ab.

15 Jahre später haben Sie dann noch 120.299,37 Euro Schulden. Machen Sie in den folgenden Jahren genauso weiter und erhalten Sie ein Anschlussdarlehen zu denselben Konditionen, dann sind Sie nach 26 Jahren schuldenfrei. Die Bank hat in dieser Zeit insgesamt 72.468,21 Euro Zinsen kassiert. Je höher Sie die anfängliche Tilgung wählen, desto schneller ist der Kredit zurückgezahlt.

Läuft das Darlehen aus, bevor die Schulden komplett getilgt sind, müssen Sie einen Anschlussvertrag abschließen. Dabei können die Zinsen allerdings steigen oder sinken – je nach der aktuellen Lage.

Die Monatsraten bleiben immer gleich, auch die Zinsen stehen fest. Sie wissen also genau, welche Belastung auf Sie zukommt und auch, wann der Kredit zurückgezahlt ist.

Die monatliche Belastung setzt sich zusammen aus dem Sollzins und dem anfänglichen Tilgungssatz. Bedingt durch die Tilgung der Schulden verringert sich die Zinsleistung in der monatlichen Belastung. Damit steigt die Tilgung. So wird Jahr für Jahr mehr getilgt. Noch schneller werden Sie schuldenfrei, wenn Sie Sondertilgungen vereinbart haben und diese nutzen.

→ **TIPP Effektivzins beachten**
Achten Sie beim Vergleich von Angeboten auf den sogenannten Effektivzinssatz. Dieser ist höher als der Sollzins und enthält die eigentlichen Kosten des Darlehens.

→ **TIPP Kostensicherheit ist viel wert**
Vereinbaren Sie ein Darlehen gleich über 20 oder 25 Jahre, dann zahlen Sie zwar etwas höhere Zinsen. Dafür haben Sie aber die volle Kostensicherheit. Und sollten die Zinsen zwischenzeitlich doch weiter sinken, dann können Sie zehn Jahre nach der Auszahlung des Darlehens jederzeit einseitig kündigen und auf einen günstigeren Vertrag umschulden. Das geht ohne zusätzliche Kosten.

Die Nachteile von Lockangeboten erkennen
Thomas Hammer, Wirtschaftsjournalist und Sachbuchautor, warnt: „Die Erfahrungen aus aktuellen Beratungen in der Niedrigzinsphase zeigen, dass Kreditinstitute mit niedrigen Zinsen für Darlehen mit zehn Jahren locken, eine anfängliche Tilgung von 1 Prozent anbieten und so die Finanzierung schönrechnen. Das bedeutet für ein Darlehen von 200.000 Euro bei 2 Prozent Sollzins und 1 Prozent anfänglicher Tilgung eine Monatsrate von 500 Euro, allerdings mit Restschulden von ca. 178.000 Euro nach Ende der Sollzinsbindung. Eine Beibehaltung der Rate wäre unmöglich, wenn bis dahin die Zinsen steigen. Würde man mit 5 Prozent Zins und 1 Prozent Tilgung, bezogen auf das Anfangsdarlehen, rechnen, würde sich die Monatsrate verdoppeln."

Bausparen

Hinter diesem Begriff verbirgt sich eine Vielzahl unterschiedlicher Finanzierungsmöglichkeiten. Der Klassiker ist der Bausparvertrag. Sie vereinbaren mit dem Anbieter eine Bausparsumme, sparen über mehrere Jahre einen Teil davon an, und bekommen dann am sogenannten Zuteilungstermin für den noch offenen Betrag ein Darlehen. Haben Sie

Ihr Traumhaus schon gefunden und brauchen das Geld sofort, werden Ihnen oft auch sogenannte Bauspar-Sofortfinanzierungen angeboten. Dann nehmen Sie ein Darlehen auf und zahlen laufend die Zinsen dafür. Statt es aber zu tilgen, sparen Sie zugleich auf einen Bausparvertrag. Sobald dieser zugeteilt wird, lösen Sie damit das Vorausdarlehen ab. Anschließend müssen Sie dann das eigentliche Bauspardarlehen zurückzahlen. Ob sich das rechnet, kommt immer auf den Einzelfall an.

Wie ein Bausparvertrag grundsätzlich funktioniert und worauf Sie achten sollten, lesen Sie im Abschnitt zu Riester-Bausparverträgen → Seite 92. Sie können Bausparen auch mit der Riester-Förderung kombinieren, wenn es um ein Haus oder eine Wohnung geht, in dem bzw. in der Sie selbst leben wollen. Mehr Informationen dazu → Seite 92.

→ TIPP Expertenrat einholen
Bausparverträge sind eine äußerst komplizierte Anlageform und eigentlich kein Baustein der Altersvorsorge, sondern ein Baustein der Immobilienfinanzierung. Es empfiehlt sich auf jeden Fall eine Beratung bei Ihrer Verbraucherzentrale. Ausführliche Informationen finden Sie im Ratgeber „Meine Immobilie finanzieren",
www.ratgeber-verbraucherzentrale.de

 BEISPIEL

So viel Kredit können Sie sich leisten

Wenn Sie Ihre finanzielle Belastbarkeit kennen, können Sie berechnen, wie viel Kredit – und damit auch wie viel Immobilie – Sie sich leisten können. Die vereinfachte Formel dafür lautet:

$$\frac{\text{mögliche Monatsrate x 12 Monate x 100}}{\text{(Zinssatz + anfänglicher Tilgungssatz)}} = \text{maximaler Kreditbetrag}$$

Können Sie also 500 Euro im Monat zahlen und finden einen Kredit mit 2 Prozent effektivem Zinssatz bei 3 Prozent anfänglicher Tilgung, dann können Sie damit 120.000 Euro Kredit aufnehmen:

$$\frac{\text{500 Euro x 12 Monate x 100}}{(2,0 + 3,0)} = 120.000 \text{ Euro}$$

Die vermietete Immobilie

Aus Renditegesichtspunkten kann es besser sein, ein Haus oder eine Wohnung zu kaufen und dann zu vermieten. So haben Sie laufende Einnahmen aus der Miete, die Ihnen gerade im Alter eine hübsche Zusatzrente ermöglichen. Dabei gilt sowohl für das Eigenheim als auch bei der vermieteten Immobilie: Nur wenn das Objekt spätestens zu Beginn der Rente schuldenfrei ist, eignet es sich auch als Altersvorsorge.

Bei vermieteten Immobilien erhalten Sie Mieterträge, die Sie in Ihrer Einkommensteuererklärung angeben und versteuern müssen. Dafür können Sie die Darlehenszinsen sowie Abschreibungen auf die Abnutzung von der Steuer absetzen. Bei höheren Einkommen können sich daraus erhebliche Steuervorteile ergeben. Dafür sind Sie als Vermieter darauf angewiesen, dass Ihr Mieter ordentlich mit Haus oder Wohnung umgeht und vor allem zuverlässig zahlt. Bei Wohnungen mit vielen Mieterwechseln wie etwa Studentenwohnungen kommt es nicht selten vor, dass Sie die Wohnung nach dem dritten Mieter grundlegend renovieren müssen.

→ **TIPP Sonderabschreibung nutzen**
Wer neuen Wohnraum für andere schafft, profitiert neuerdings auch von einer im Juni 2019 beschlossenen zeitlich befristeten Sonderabschreibung.

Immobilienbesitzer, die neuen Wohnraum vermieten, können danach außer der regulären Abschreibung von 2 Prozent auf die Baukosten noch eine Sonderabschreibung in Anspruch nehmen von bis zu 5 Prozent im Jahr des Baus und den drei Folgejahren. Allerdings wird die Sonderabschreibung nur gewährt, wenn die Anschaffungs- und Herstellungskosten für das Gebäude (ohne Grundstück) 3.000 Euro pro Quadratmeter Wohnfläche nicht übersteigen. Als Basis für die Abschreibung dienen die tatsächlichen Baukosten, maximal jedoch 2.000 Euro pro Quadratmeter.

Die Rendite der vermieteten Immobilie

Wenn Sie die Immobilie kaufen und vermieten, ist die erwartete Mietrendite eines der wichtigsten Kaufkriterien. Sie drückt aus, wie viel Gewinn Sie, gemessen am eingesetzten Kapital, pro Jahr erwarten können. Wenn Sie vor dem Kauf die erwartete Rendite berechnen, können Sie die Wirtschaftlichkeit Ihrer Immobilie mit der anderer Immobilien ähnlicher Ausstattung und Lage vergleichen, ähnlich wie bei anderen Kapitalanlagen. Faktoren, die die Mietrendite beeinflussen, sind unter anderem:

→ Kaufpreis,
→ Kaufnebenkosten (→ Seite 178),
→ Mieteinnahmen,

→ Verwaltungskosten,

→ Erhaltungsaufwand,

→ Nutzungsdauer (Zeit bis zur geplanten Veräußerung),

→ Wertsteigerung,

→ Steuern (Ersparnisse und Belastungen),

→ Finanzierungskosten.

Ein solides Immobilieninvestment beginnt mit der Überprüfung des Kaufpreises. Als Anhaltspunkt gilt: Bei einem Neubau sollte der Kaufpreis das 21- bis 22-Fache der jährlichen Nettokaltmiete nicht übersteigen, bei einem Altbau nicht das 15- bis 18-Fache. Dann ergibt sich eine anfängliche Mietrendite (→ Seite 185) vor Steuern von knapp 5 Prozent beim Neubau und knapp 6 Prozent beim Altbau. So viel Ertrag sollte ein Mietobjekt mindestens bringen, damit sich der Kauf zur Altersvorsorge lohnt. Ein höherer Kaufpreisfaktor ist nur bei hochwertiger Bausubstanz in erstklassigen Lagen zu rechtfertigen, wo eine langfristige Wertsteigerung zu erwarten ist.

Als Vermieter müssen Sie auf Mieterträge Steuern zahlen. Allerdings können Sie fast alle Ausgaben für Ihre Immobilie steuerlich geltend machen. Dazu gehören Zins-, Unterhalts- und Erhaltungskosten. Bei soliden Finanzierungen reichen Steuerersparnis und Mieteinnahmen aus, um mindestens die laufenden Kapitalkosten zu decken. Vermieten

Mietrendite nicht isoliert betrachten

Thomas Hammer, Wirtschaftsjournalist und Sachbuchautor, rät zur Vorsicht: „Eine besonders hohe Mietrendite kann auch ein Alarmsignal sein. In Regionen mit viel Leerstand und geringer Wirtschaftskraft ist die Mietrendite oft deshalb überdurchschnittlich hoch, weil die Kaufpreise extrem niedrig sind. In der Realität schmilzt dann der Ertrag oft schnell weg, wenn eine längere Leerstandsphase kommt. Daher sollten Investoren die Mietrendite immer im Zusammenhang mit dem örtlichen Leerstand und der allgemeinen Attraktivität des regionalen Immobilienmarkts betrachten."

lohnt sich dabei umso mehr, je höher der eigene Steuersatz ist. Doch sollte sich das Objekt immer auch ohne Steuervorteile rechnen. Damit die Rechnung auf Dauer aufgeht, müssen Qualität und Lage der Wohnung stimmen. Dadurch erhöhen Sie die Chance, Mieter zu finden.

Auch die Qualität der Immobilie sollten Sie sorgfältig checken. Prüfen Sie vor dem Kauf älterer Häuser, wie gut diese in Schuss sind, lesen Sie die Protokolle von Eigentümerversammlungen sorgfältig durch, falls Sie eine Wohnung erwerben, lassen Sie sich über Instandhaltung und Pflege aufklären. Berücksichtigen Sie außerdem das Baujahr und prüfen Sie, wann die letzten Modernisierungsarbeiten durchgeführt wurden.

So berechnen Sie die Mietrendite

Nennt Ihnen ein Makler bei der Besichtigung einen Prozentwert als Mietrendite, sollten Sie erst einmal nachfragen, welche Rendite denn gemeint ist. Denn es kann sich sowohl um eine Brutto- also auch eine Netto-Rendite handeln. Die Bruttomietrendite einer Immobilie berechnen Sie ganz einfach nach folgender Formel.

Bruttomietrendite berechnen

$$\text{Bruttomietrendite (in Prozent)} = \frac{\text{Jahreskaltmiete} \times 100}{\text{Kaufpreis}}$$

Beispiel: Sie erwerben eine Wohnung für 100.000 Euro und vermieten sie für 500 Euro pro Monat, also 6.000 Euro pro Jahr.

$$\text{Bruttomietrendite (in Prozent)} = \frac{6.000\ € \times 100}{100.000\ €} = 6$$

Die Bruttomietrendite hat aber nur geringe Aussagekraft. Zunächst sollten Sie Kaufnebenkosten, Verwaltungs- und Instandhaltungskosten berücksichtigen. So kommen Sie dann auf die Nettomietrendite:

Nettomietrendite berechnen

$$\text{Nettomietrendite (in Prozent)} = \frac{(\text{Jahreskaltmiete} - \text{Kosten für Verwaltung und Instandhaltung}) \times 100}{\text{Kaufpreis} + \text{Kaufnebenkosten}}$$

Beispiel mit angenommenen Kosten von 350 € für Verwaltung und Instandhaltung sowie 10.000 € Kaufnebenkosten:

$$\text{Nettomietrendite (in Prozent)} = \frac{(6.000\ € - 350\ €) \times 100}{100.000\ € + 10.000\ €} = 5,1$$

Diese Renditekennziffer macht unterschiedliche Immobilien miteinander vergleichbar.

Wie sehr sich die vermietete Immobilie für Sie ganz persönlich auszahlt, wissen Sie damit aber immer noch nicht. Denn dazu müssen Sie die Rendite nach Ihrem persönlichen Steuersatz ermitteln. Das hängt unter anderem auch davon ab, wie Sie die Immobilie finanzieren. Wenn Sie die beste Variante herausfinden wollen, fragen Sie am besten einen Steuerberater. Und noch eins sollten Sie bedenken: Vermieter zu sein kann anstrengend sein – und ist auch mit gewissen Risiken behaftet, etwa, wenn ein Mieter nicht zahlt.

Baustein 10:
ergänzende Maßnahmen

Der Vollständigkeit halber seien noch einige Möglichkeiten erwähnt, die zwar Ihre Altersvorsorge nicht entscheidend verbessern, die Sie aber ergänzend nutzen können.

Sparen mit vermögenswirksamen Leistungen

Die vermögenswirksame Leistung (auch VL oder VwL genannt) gehört zu den traditionellen geförderten Sparformen. Es sind grundsätzlich freiwillige Leistungen des Arbeitgebers. Viele Arbeitgeber und öffentliche Dienstherren haben sich allerdings in Tarifverträgen, Betriebsvereinbarungen oder Arbeitsverträgen dazu verpflichtet. Mithilfe der Beiträge sollen Angestellte Vermögen aufbauen. Es geht um recht kleine Beiträge, aber gerade für Geringverdiener ist jeder Zuschuss ein Segen. Und so funktioniert das Ganze:

→ Sie schließen zunächst einen **VL-fähigen Sparvertrag** ab. Das kann die laufende Baufinanzierung sein, ein Bausparvertrag, ein Banksparplan oder auch ein Investmentfondssparplan.

Beispiel: Investmentfonds

	SPARRATE	ERGEBNIS
Monatliche Sparleistung	39,17 €	
– eigene Sparleistung	25,17 €	1.812,24 €
– VL Arbeitgeber	14,00 €	1.008,00 €
Anlagezins	5,0 %	463,52 €
Guthaben nach 6 Jahren	2.820,24 €	3.283,76 €
Rendite		16,22 %
Zinsertrag nach 7 Jahren		627,71 €
Sparleistung/Guthaben nach 7 Jahren		3.447,95 €

→ Nun legen Sie den Vertrag Ihrem **Arbeitgeber** vor. Er zahlt dann für Sie einen festen Betrag in den Vertrag ein, maximal 40 Euro pro Monat, also **480 Euro pro Jahr**. Idealerweise zahlt der Chef den kompletten Betrag. Sonst zahlen Sie selbst aus Ihrem Nettogehalt ein, oder Sie teilen sich den Betrag. Arbeitgeber im öffentlichen Dienst zahlen beispielsweise 6,65 Euro. In diesem Fall können Sie selbst aus dem Nettogehalt noch maximal 33,35 Euro zuzahlen. Das müssen Sie aber nicht.

Beispiel: Arbeitnehmersparzulage

Beantragung mit der Einkommensteuererklärung

ANLAGEFORM	ZU VERSTEUERN-DES EINKOMMEN IN €	GEFÖRDERTE EINZAHLUNGEN IN €	FÖRDERHÖHE	MAXIMALE SPARZULAGE IN €
Bausparen	17.900/35.800	470/940	9,0 %	43/86
Baukredittilgung	17.900/35.800	470/940	9,0 %	43/86
Aktienfonds	20.000/40.000	400/800	20 %	80/160

Beispiel: Bausparvertrag

	BAUSPARVERTRAG	ERGEBNIS
Bausparsumme (BS)	7.000,00 €	
Regelsparbeitrag	39,17 €	
– eigene Sparleistung	25,17 €	2.114,28 €
– VL Arbeitgeber	14,00 €	1.176,00 €
Sparzins	0,2 %	22,84 €
Mindestsparguthaben (40% BS)	2.800,00 €	3.199,54 €
Rendite in der Ansparphase		11,90 %
Guthaben nach 7 Jahren		3.199,54 €

→ VL-Verträge laufen in der Regel **sieben Jahre**: Sechs Jahre wird gespart, danach ruht der Vertrag ein Jahr. Nur in Bausparverträge wird stets sieben Jahre lang durchgezahlt. Im Anschluss bzw. bereits während des Ruhejahrs können Sie einen neuen Vertrag beginnen.

Arbeitnehmersparzulage und Wohnungsbauprämie

Wenn Sie nicht zu viel verdienen, gibt es eine staatliche Förderung in Form der Arbeitnehmersparzulage dazu. Fließt das Geld in einen Bausparvertrag oder die Tilgung eines Baukredits, dann darf Ihr zu versteuerndes Einkommen 35.000 Euro, bei Verheirateten das Doppelte, nicht überschreiten – also der Betrag, der bei der Steuererklärung vom Bruttoeinkommen nach Berücksichtigung aller steuerlichen Abzüge und Freibeträge verbleibt. Die staatliche Sparzulage liegt bei 9 Prozent der eingezahlten Summe, beschränkt auf maximal 470 Euro jährlich, das sind also höchstens 43 Euro.

Nutzen Sie einen VL-Sparplan für einen dafür zugelassenen Aktienfonds, wird die Sache noch attraktiver: Hier dürfen Sie sogar 20.000 bzw. 40.000 Euro versteuertes Einkommen haben und es gibt 20 Prozent von maximal 400 Euro jährlich, vom Staat dazu, also bis zu 80 Euro im Jahr.

Neue Regeln für die Wohnungsbauprämie ab 2021

Bei der Wohnungsbauprämie ändern sich ab 2021 Förderung und Einkommensgrenzen.

→ Die Einkommensgrenze beträgt 35.000 Euro für Ledige, 70.000 Euro für Verheiratete. Beim Einkommen handelt es sich um das zu versteuernde Einkommen.

→ Die geförderte Sparleistung pro Jahr sind 700 Euro/1.400 Euro.

→ Die Prämie liegt bei 10,0/10,0 Prozent.

→ Die Höchstprämie sind 70 Euro/140 Euro.

Diese Anlageformen kommen infrage

→ Mit Arbeitnehmersparzulage: Bausparvertrag, Tilgung eines Immobiliendarlehens bei Selbstnutzung, Aktienfonds

→ Ohne Arbeitnehmersparzulage: Banksparplan, Kapitallebensversicherung

Sonderfall Altersvorsorgewirksame Leistungen (AVwL)

Arbeiten Sie unter dem Tarifvertrag der Metall- und Elektroindustrie, dann haben Sie Anspruch auf eine besondere VL-Variante: die AVwL. Darüber zahlen die Arbeitgeber für ihre vollzeitbeschäftigten Angestellten jedes Jahr rund 319,08 Euro in eine zusätzliche Altersvorsorge, entweder in eine Betriebsrente (→ Seite 110) oder in einen Riester-Vertrag (→ Seite 62). Die speziell für die Altersvorsorge eingesetzten AVwL ersetzen hier die frei verfügbaren VL. Sie werden nicht in Form von Sieben-Jahres-Verträgen organisiert, sondern als langfristige Sparanlage für das Alter.

 ACHTUNG

Abzüge auf den Arbeitgeberanteil

Der Teil der vermögenswirksamen Leistungen, den Ihr Arbeitgeber bezahlt, zählt zum steuer- und sozialabgabenpflichtigen Einkommen. Wundern Sie sich also nicht, wenn Sie auf die Gehaltsabrechnung schauen.

Tagesgeld

Tagesgeld ist keine Anlage für die Altersvorsorge. Das Geld auf einem Tagesgeldkonto sollte lediglich als Liquiditätsreserve zur Verfügung stehen, am besten in Höhe von zwei bis drei Monatsgehältern. Tagesgeldkonten stehen bei deutschen Sparern hoch im Kurs, und das trotz niedriger Zinsen. Über 1,2 Billionen Euro hatten die Deutschen nach Angaben der Bundesbank Ende 2019 auf Tagesgeldkonten geparkt – das sind im Durchschnitt rund 15.000 Euro pro Kopf. Dabei schrumpft die Kaufkraft des dort eingelagerten Vermögens jedes Jahr.

Unbedingt auf die Einlagensicherung achten

Markus Feck, Rechtsanwalt/Fachanwalt für Bank- und Kapitalmarktrecht, warnt: „Institute haben kein Geld zu verschenken. Außer der nur kurzzeitigen Geltung der Lockzinsen sind diese Angebote vielleicht nur in Verbindung mit der Eröffnung eines Depots oder dem Abschluss von Fondsanlagen gültig. Hinzu kommt, dass ein im Vergleich zu anderen Angeboten wesentlich höherer Zinssatz dafür sprechen kann, dass sich das Institut am Kapitalmarkt nur zu sehr hohen Zinsen mit Geld versorgen kann. Wichtig ist, dass die Einlagensicherung greift. Aus diesem Grund sollte man nur Banken in Betracht ziehen, die aus Ländern mit guter Bonität stammen."

 ACHTUNG

Vorsicht, Lockangebote!

Versprechen Banken ungewöhnlich hohe Verzinsungen aufs Tagesgeld, handelt es sich häufig um Lockangebote. Sie dienen dazu, Neukunden zu ködern, ein Konto bei der jeweiligen Bank zu eröffnen. Das böse Erwachen folgt meist wenige Monate später. Denn der Bank steht es in der Regel frei, ihre Zinsen jederzeit zu ändern. Gerade Institute, die mit sehr hohen Zinssätzen werben, machen davon regelmäßig Gebrauch, sodass der Kunde am Ende nicht selten sogar schlechter dasteht, als wenn er sich direkt für ein niedriger verzinstes Angebot entschieden hätte. Zum Teil unterliegen die Anbieter nicht einmal der EU-Einlagensicherung. Dann ist das Geld bei einer Pleite womöglich nicht geschützt.

Die Gründe für Tagesgeldkonten sind denn auch andere: Sie bieten zumindest noch eine minimale Verzinsung, zugleich kommen Sie immer an Ihr Geld. Sie können Kapital vom Tagesgeldkonto jederzeit und in voller Höhe abbuchen – ohne Gebühren zu zahlen. Auch die Konten selbst sind in der Regel gebührenfrei. Sie können sie beispielsweise online abschließen, brauchen allerdings ein weiteres Konto bei dieser oder einer anderen Bank, das als Referenzkonto dient. Über dieses Hauptkonto wickeln Sie alle Zahlungen ab. Sie können also nicht direkt auf das Tagesgeldkonto zugreifen, sondern immer nur durch Überweisungen von einem anderen oder auf ein anderes Konto.

Die Zinsen, die Sie auf Ihr Erspartes erhalten, können sich ändern. Sie orientieren sich am Leitzins der Europäischen Zentralbank. Bei der Zinsgestaltung haben die Geldhäuser großen Ermessensspielraum, weshalb es sich lohnt, Konditionen zu vergleichen. Direktbanken und ausländische Institute zahlen oft die höchsten Zinsen. Parken Sie Geld bei einer Bank im Ausland, sollten Sie allerdings achtgeben, wie es um die Einlagensicherung des Instituts bestellt ist (→ Seite 150).

Altersvorsorge in
speziellen Lebenslagen

Das Leben entzieht sich häufig unseren Plänen und es kommt vieles anders, als wir uns gedacht haben. All das ist für jeden wichtig, der sich mit der Vorsorge für sein eigenes Alter beschäftigt. Sind außerdem auch noch Angehörige von einem abhängig, dann gehört auch deren Absicherung dazu.

Arbeitslosigkeit

Wer nicht arbeitet, zahlt auch nicht in die gesetzliche Rentenversicherung ein? Stimmt nicht immer. Allerdings beeinträchtigt Arbeitslosigkeit zum einen die finanzielle Lage, sodass das Sparen schwerfällt. Zum anderen schrumpfen auch gesetzliche Rentenansprüche. In den vergangenen Jahren gab es dazu viele Gesetzesänderungen. Die wichtigsten Fakten, die Arbeitslose mit Blick auf die gesetzliche Rente kennen sollten, haben wir hier zusammengefasst.

Arbeitslosengeld und Rentenansprüche. Falls Sie Arbeitslosengeld bekommen, sind Sie auch in der gesetzlichen Rentenversicherung pflichtversichert. Das bedeutet, die Agentur für Arbeit zahlt automatisch Beiträge weiter. Nur wenn Sie im Jahr zuvor nicht rentenversicherungspflichtig waren, müssen Sie dafür zuerst einmal eine Pflichtversicherung beantragen.

Die Beiträge erhöhen grundsätzlich Ihren Rentenanspruch, sind aber geringer als Beiträge im Job. Die Arbeitsagentur mindert nämlich die Beiträge zur Rentenversicherung des Arbeitslosen im Vergleich zur letzten Festanstellung um 20 Prozent. Das bedeutet, dass der Bezieher von Arbeitslosengeld rentenrechtlich so behandelt wird, als würde er mit 80 Prozent des bisherigen Bruttoeinkommens weiterarbeiten.

Bezugsdauer von verschiedenen Faktoren abhängig
Dr. Otto N. Bretzinger, Jurist, Journalist und Autor zahlreicher Ratgeber, erläutert:
„Die Bezugsdauer des Arbeitslosengelds kann bis zu 24 Monate betragen. Die Dauer wird unter Berücksichtigung des Lebensalters und der bereits erworbenen Versicherungszeiten in den letzten fünf Jahren vor dem Entstehen des Anspruchs berechnet.“

Arbeitslosengeld ll („Hartz IV"). Seit dem 1. Januar 2011 werden bei Bezug von Arbeitslosengeld ll keine Beiträge mehr an die Rentenversicherung gezahlt. Das bedeutet: Hartz-IV-Empfänger bekommen keine Rentenpunkte.

Aus der Arbeitslosigkeit in Rente gehen.
Die Zahlung der Regelaltersrente setzt eine Mindestversicherungszeit (Wartezeit) von fünf Jahren (60 Beitragsmonate) voraus. Damit hat fast jeder Versicherte, der gearbeitet oder Kinder erzogen hat (auch dafür werden Rentenzeiten angerechnet), einen gewissen Rentenanspruch. Sie müssen nur das Rentenalter erreichen. Ob Sie davor arbeitslos waren, spielt also keine Rolle.

Weitere Rentenleistungen bei Arbeitslosigkeit. Ist Ihre Erwerbsfähigkeit erheblich gefährdet oder gemindert, dann haben Sie als gesetzlich Rentenversicherter einen Anspruch auf medizinische Rehabilitation, wenn dadurch die Aussicht besteht, dass es Ihnen danach wesentlich besser geht. Die Voraussetzung dafür ist allerdings, dass Sie mindestens 15 Jahre versichert sind (im Fachjargon heißt das auch Wartezeit) oder in den vergangenen zwei Jahren mindestens sechs Monate Pflichtbeiträge eingezahlt haben. Kindererziehungszeiten und Zeiten, in denen Sie Arbeitslosengeld I bezogen haben, zählen auch zur Wartezeit.

Grundsicherung im Alter. Wenn Ihr Rentenanspruch niedriger ist als der Hartz-IV-Satz, können Sie im Anschluss an die Arbeitslosigkeit mit Beginn des Rentenalters die Grundsicherung in Höhe des Hartz-IV-Satzes erhalten. Voraussetzung ist, dass Sie Ihren notwendigen Lebensunterhalt nicht ausreichend oder überhaupt nicht aus eigenen Kräften und Mitteln, insbesondere aus Ihrem Einkommen und Vermögen, sicherstellen können. Eigenes Einkommen und Vermögen sind zu berücksichtigen.

Das können Sie tun
Wenn Sie arbeitslos werden, fällt es Ihnen vermutlich schwer, konsequent weiter zu sparen. Im Ernstfall können Sie bei privaten

Sparplänen auch einmal aussetzen. Sie sollten aber zusehen, dass Sie möglichst schnell wieder weitermachen. Bei staatlich geförderten Rentenbausteinen und versicherungsförmigen Produkten können Sie Ihre Beitragszahlungen ebenfalls teilweise ruhend stellen – aber nicht immer. Erkundigen Sie sich rasch und planen Sie sorgfältig, welche Sparvorhaben Sie weiter bedienen und bei welchen Sie pausieren.

Berufs- und Arbeitsunfähigkeit

Der Verlust der eigenen Arbeitskraft kann Rentenpläne vollständig durchkreuzen. Denn wer kein Geld verdienen kann, kann auch nichts zurücklegen. Und die gesetzliche Absicherung ist mau.

Die gesetzliche Absicherung

Berufsunfähig im Sinn der gesetzlichen Rentenversicherung sind Versicherte, die wegen einer Krankheit oder Behinderung ihren bisherigen Beruf und andere Tätigkeiten, die ihren Qualifikationen entsprechen, nicht mehr mindestens sechs Stunden am Tag ausüben können. Berufsunfähige sind häufig noch eingeschränkt erwerbsfähig, könnten also einen Job machen. In diesem Fall haben Sie auch keinen Anspruch auf eine Erwerbsminderungsrente durch die gesetzliche Rentenversicherung.

Die **Berufs- und Erwerbsunfähigkeitsrente** aus der gesetzlichen Rentenversicherung wurde mit der Rentenreform zum 1. Januar 2001 abgeschafft. Nur wer vor dem 2. Januar 1961 geboren wurde, hat unter bestimmten Voraussetzungen noch Anspruch auf eine Berufsunfähigkeitsrente. Stattdessen gibt es die **Erwerbsminderungsrente**. Bevor sie einen Anspruch darauf haben, prüft der Versicherer, ob Sie wirklich nicht mehr imstande wären, drei Stunden am Tag irgendeiner Tätigkeit nachzugehen. Erst dann gibt es Geld. Wenn Sie noch drei bis sechs Stunden am Tag arbeiten können, halbiert sich die Erwerbsminderungsrente.

Wer noch länger arbeiten kann, bekommt gar nichts. Wenn Sie beispielsweise in Ihrem vorherigen Beruf nicht mehr tätig sein können, weil Sie im Rollstuhl sitzen, können Sie immer noch einen Bürojob ausführen. Und selbst wenn Sie Geld bekommen, ist es nicht viel: Im Schnitt betrug im Jahr 2018 eine volle Erwerbminderungsrente vor Steuern und nach Abzug der Sozialbeiträge 776 Euro im Monat.

Private Berufsunfähigkeitsversicherung

Die staatliche Versorgung reicht auf keinen Fall aus. Deshalb ist es absolut notwendig, eine private Berufsunfähigkeitsversicherung abzuschließen. Die Vorteile: Sie bekommen eine höhere Rente als vom Staat. Und Sie bekommen auch dann schon eine Rente, wenn Sie Ihren Beruf nicht mehr ausüben können. Sogar wenn Sie zum Beispiel in den Innendienst wechseln und sich Ihr Einkommen dadurch verringert, sichert die private Berufsunfähigkeitsrente Sie ab.

Wie hoch das Risiko ist, zeigen zwei Zahlen: Statistisch gesehen liegt das Risiko einer Berufsunfähigkeit im Lauf des Arbeitslebens bei 20 bis 25 Prozent, hängt allerdings stark von der Berufsgruppe ab, der Sie angehören. Doch nur schätzungsweise 20 Prozent der Erwerbstätigen in Deutschland haben eine Versicherung. Gründe dafür sind wohl die teilweise komplizierten Bedingungen und sicherlich die relativ hohen Kosten für die Policen. Sie unterscheiden sich nach Beruf, Alter und Rentenhöhe. Wenn Sie mit 40 Jahren eine Police abschließen, eine leichte handwerkliche Tätigkeit ausüben und 1.000 Euro Berufsunfähigkeitsrente brauchen, kostet das etwa 100 Euro monatlich. Als 40-jähriger Akademiker mit Bürojob zahlen Sie bloß die Hälfte.

Wenn Sie keine Berufsunfähigkeitsversicherung abschließen können, kommen möglicherweise private Erwerbsunfähigkeitsversicherungen infrage, eine Form ist die Dread-Disease-Versicherung (→ Seite 218). Sie zahlt bei Schwersterkrankungen wie

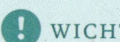 **WICHTIG**

Gesundheitsfragen ehrlich beantworten

Die Versicherer verlangen stets eine Gesundheitsprüfung, bevor sie Sie aufnehmen. Bei Vorerkrankungen drohen Ausschlüsse, Aufschläge oder Ablehnung. Dennoch sollten Sie alle Fragen wahrheitsgemäß beantworten, weil Sie sonst im Fall der Fälle keine Leistungen bekommen, obwohl Sie jahrelang Beiträge bezahlt haben.

finanzielle Folgen immerhin noch dann abfedern, wenn Sie beispielsweise Ihr Augenlicht verlieren oder mit Ihren Armen nichts mehr anheben können. Die Verbraucherzentralen empfehlen diese Versicherungen nicht – nur, wenn wirklich gar nichts anderes mehr möglich ist.

→ **TIPP Berufsunfähigkeit gezielt absichern**
Sie sollten die Verträge immer möglichst früh und in möglichst gesundem Zustand abschließen. Das ist auch ein Einstieg in die Altersvorsorge. Ausführliche Erläuterungen und Berechnungen finden Sie im Buch „Berufsunfähigkeit gezielt absichern", **www.ratgeber-verbraucherzentrale.de**

Krebs oder Herzinfarkt in der Regel nach Diagnosestellung eine Versicherungssumme und zwar unabhängig davon, ob die Arbeitskraft eingeschränkt ist. Sie zahlt allerdings keine monatliche Rente wie die Berufsunfähigkeitsversicherung. Auch Grundfähigkeitenversicherungen stehen zur Auswahl, die

Kindererziehung und Pflegezeiten

Wer für Kindererziehung und Pflege von Eltern oder anderen Angehörigen seine Arbeitszeit reduziert, tut zwar ein gutes Werk, muss aber die Effekte auf seine Altersvorsorge im Auge behalten. Denn Auszeiten und Teilzeitmodelle können sich unmittelbar auf die finanzielle Situation im Alter auswirken.

Erziehungszeiten sind Rentenzeiten

In der gesetzlichen Rentenversicherung steigt der Rentenanspruch auch dann weiter, wenn Sie sich um Ihre Kinder kümmern. Sie rechnet Ihnen Zeiten der Kindererziehung genauso an, als hätten Sie eigene Beiträge eingezahlt, sprich voll gearbeitet. Der Staat übernimmt also letztlich Ihre Rentenbeiträge.

Zur Vermeidung von Lücken im Versicherungsverlauf

Dr. Otto N. Bretzinger, Jurist, Journalist und Autor zahlreicher Ratgeber, erläutert:

„Kindererziehungszeiten wirken sich nicht nur als Beitragszeiten in der Rentenversicherung aus, die die Rente erhöhen. Zusätzlich werden den Versicherten auch sogenannte Berücksichtigungszeiten angerechnet. Dabei handelt es sich um Zeiten bis zur Vollendung des zehnten Lebensjahrs des Kindes. Kinderberücksichtigungszeiten beginnen mit dem Tag der Geburt des Kindes. Sie verhindern, dass Lücken im Versicherungsverlauf des Berechtigten entstehen, und helfen auch bei der Erfüllung von Wartezeiten (Mindestversicherungszeiten) für Altersrenten."

Bedingung dafür ist, dass Sie Ihre Kinder tatsächlich selbst erziehen. Und das kann laut dem Staat immer nur ein Elternteil – im Trennungsfall derjenige, der das Kind bei sich hat.

Erziehen Sie Ihr Kind gemeinsam, hat grundsätzlich die Mutter Anspruch auf die Kindererziehungszeit. Sie bekommt sogenannte Entgeltpunkte, die sich direkt auf die Rentenhöhe auswirken. Für Geburten vor 1992 werden seit dem 1. Januar 2019 pro Kind 30 Monate als Kindererziehungszeit berücksichtigt, für Geburten nach 1991 sind es 36 Monate Kindererziehungszeit pro Kind. Bei 30 Monaten der Kindererziehung werden 2,5 Entgeltpunkte angerechnet, bei 36 Monaten sind es 3 Entgeltpunkte. Daraus resultiert eine monatliche Rentenanwartschaft von 85,48 Euro bzw. 102,57 Euro, wenn die Kinder in den alten Bundesländern erzogen wurden. In den neuen Bundesländern sind es 83,08 Euro bzw. 99,69 Euro (Stand 2021).

→ TIPP   Lassen Sie sich beraten
Da das Thema Kindererziehungszeiten sehr komplex ist, ist es sinnvoll, ein Beratungsgespräch beim Rentenversicherungsträger zu vereinbaren.

Pflegezeiten sind Rentenzeiten

Am 1. Januar 2017 ist das zweite Pflegestärkungsgesetz in Kraft getreten, das den Begriff der Pflegebedürftigkeit neu definiert und die Bedingungen für pflegende Angehörige verbessert. Konkret: Wenn Sie Angehörige in der häuslichen Pflege betreuen, übernimmt die Pflegeversicherung des Pflegebedürftigen für Sie die Rentenversicherungsbeiträge – unabhängig davon, ob Sie vor der Pflege berufstätig waren oder nicht. Daraus ergibt sich dann ein Rentenplus. Arbeiten Sie noch nebenher, kommen diese Ansprüche wie bei den Teilzeit-Müttern obendrauf.

Wann zahlt die Pflegeversicherung die Rente?

Grundsätzlich übernimmt die Pflegeversicherung für Sie Rentenversicherungsbeiträge, wenn Sie Personen ab Pflegegrad 2 pflegen. Dabei sind gewisse Bedingungen zu erfüllen: Sie müssen die Person mindestens zehn Stunden pro Woche pflegen, verteilt auf wenigstens zwei Tage. Zudem gelten weitere Voraussetzungen, damit die Pflegeversicherung Ihre Beiträge übernimmt:

→ Sie pflegen Ihren Angehörigen voraussichtlich **mehr als zwei Monate oder 60 Tage** im Jahr.

→ Sie als Pflegeperson arbeiten **nicht mehr als 30 Stunden** in der Woche.

→ Sie pflegen in **häuslicher Umgebung**.

→ Die Pflege ist **notwendig**, das heißt, dass der Medizinische Dienst der Krankenversicherungen dies festgestellt hat.

→ Der Pflegebedürftige hat **Anspruch auf Leistungen** aus der sozialen oder einer privaten Pflegeversicherung.

→ Ihr Wohnsitz oder gewöhnlicher Aufenthaltsort ist in der **Europäischen Union** oder der Schweiz.

Wer Angehörige pflegt, bleibt also weiter rentenversichert und bekommt Beiträge aus der Versicherung ersetzt, die sich positiv auf die spätere Rente auswirken. Wie viel, hängt von der Höhe der Rentenversicherungsbeiträge ab, um die es geht. Häufig pflegen Frauen ihre Angehörigen, teilen das aber der Pflegekasse nicht mit. Sie sollten unbedingt das Gespräch mit dem Rentenversicherungträger suchen.

Wie Sie die Rentenphase gestalten können und wie Ihr Einkommen steuerlich behandelt wird

Wenn Sie den langersehnten Ruhestand erreicht haben, gibt es noch immer eine Menge zu entscheiden. Haben Sie eine Einmalzahlung erhalten, müssen Sie entscheiden, was Sie damit machen wollen bzw. wie Sie sie am besten anlegen. Auch wenn Sie Ihren Ruhestand im Ausland verbringen wollen, gilt es einiges zu beachten.

Varianten von Bankauszahlplänen

Bei einem Bankauszahlplan, auch bezeichnet als Entnahmeplan, wird eine bestimmte Geldsumme einmalig fest angelegt. Sie wird in regelmäßigen, konstanten Zahlungen ausgezahlt. Anlagebetrag, Laufzeit sowie Intervalle der regelmäßigen Auszahlungen können in der Regel vom Anleger festgelegt oder in bestimmten Grenzen variiert werden. Als Zahlungsintervalle kommen zum Beispiel monatliche, vierteljährliche oder halbjährliche Auszahlungen infrage.

Der Zinssatz ist für die gesamte Anlagedauer festgeschrieben und damit garantiert. Ein Zinsänderungsrisiko besteht daher nicht. Außer nach den jeweils aktuellen Bedingungen richten sich die Konditionen unter anderem auch nach der Höhe des Anlagebetrags. Manche Kreditinstitute bieten für höhere Anlagesummen höhere Zinssätze an. Ebenso ist der Zins in der Regel umso höher, je länger die Laufzeit ist.

Ihnen stehen verschiedene Varianten von
Auszahlplänen zur Verfügung:

→ **Auszahlpläne ohne Kapitalverzehr**
zeichnen sich dadurch aus, dass der
einmalige Anlagebetrag ewig reicht. Es
werden nur die Zinserträge ausgezahlt.
Man bezeichnet diese Variante auch als
ewige Rente. Um von den Zinsen leben
zu können, muss das Kapital allerdings
sehr hoch sein.

→ **Auszahlpläne mit Kapitalverzehr** bedeuten, dass der einmalige Anlagebetrag
je nach Höhe der regelmäßigen Auszahlung nach einer vom Anleger bestimmten Zeit aufgezehrt ist. Danach gibt es
keine weiteren Zahlungen. Je länger die
Auszahlungsphase, desto niedriger ist
der regelmäßige Auszahlbetrag.

→ **Auszahlpläne mit Teilkapitalverzehr**
kombinieren die beiden obigen Varianten miteinander. Sie sind so gestaltet,

dass bis zu einem bestimmten Datum
nur ein Teil des Kapitals verzehrt wird.
Anbieter dieser Variante sind allerdings
schwer zu finden, sodass Sie diese Variante wahrscheinlich in Eigenregie ge-
stalten müssten.

→ **TIPP Ausrechnen lassen, wie lange
das Geld reicht**
Im Internet finden Sie bei vielen Banken
Rechner, mit denen Sie ermitteln können, wie viel Geld Ihnen pro Monat und
wie lange bei einer bestimmten Summe
zur Verfügung steht. So erhalten Sie
schon mal einen ersten Eindruck, was
Sie erwarten können. Steuern sind
dabei nicht berücksichtigt. Einen solchen Rechner bietet beispielsweise
www.zinsen-berechnen.de

Bankauszahlpläne eignen sich zur Anlage
größerer Einmalbeträge, um daraus zeitlich
befristet eine regelmäßige Zahlung zu erhalten, die eben auch als Zusatzeinkommen zur
privaten Altersversorgung dient. Als Alternative kommt eine sogenannte **Sofortrente
gegen Einmalbeitrag** infrage. Diese private
Rente bietet die Leistung lebenslang, während der Auszahlplan mit Kapitalverzehr eine
endliche Laufzeit hat.

Aufgrund des derzeit niedrigen Zinsniveaus ist die Entscheidung für oder gegen
eine private Rente und damit für oder gegen

einen langfristigen Bankauszahlplan eine große Herausforderung. Niedrige Zinssätze bei langen Laufzeiten des Auszahlplans legen die Vermutung nahe, das könne sich gar nicht lohnen. Eine sichere Aussage über die künftige Zinsentwicklung lässt sich aber nicht treffen. Niemand kann voraussagen, wie lange die Zinsen noch auf dem niedrigen Niveau bleiben werden. **Staffelungen mehrerer Bankauszahlpläne** mit unterschiedlichen Zeiträumen sind daher eine durchaus überlegenswerte Kombination.

Alternativ bietet sich auch die Möglichkeit, **einen Teil** des Anlagekapitals zunächst in einen **kurzlaufenden Entnahmeplan** zu investieren. Parallel kann der restliche Betrag komplett oder gesplittet in **unterschiedliche Anlagezeiträume und Anlageprodukte**, zunächst ohne laufende Auszahlung, angelegt werden.

Die Besteuerung von Einkommen im Alter

Auch als Rentner sind Sie steuerpflichtig. Die Einkommensarten werden unterschiedlich besteuert. Auch das Jahr Ihres Eintritts ins Rentnerdasein beeinflusst die Steuerquote.

Die Besteuerung von Einkommen aus der Basisschicht

Die sogenannte **nachgelagerte Besteuerung** gilt sowohl für die gesetzliche Rentenversicherung als auch für landwirtschaftliche Alterskassen, berufsständische Versorgungswerke, Riester-Renten und die kapitalgedeckte Rürup-Rente. Der steuerpflichtige Anteil der Renten aus der Basisversorgung stieg bis zum Jahr 2020 um jährlich 2 Prozentpunkte und nimmt seitdem bis 2040 um je 1 Prozentpunkt jährlich zu. Ab 2040 sind die Leistungen für dann erstmals ausgezahlte Renten aus der Basisversorgung zu 100 Prozent steuerpflichtig.

Bis zur vollen nachgelagerten Besteuerung gibt es einen steuerfreien Anteil der Rente. Dieser wird zu Beginn des Jahrs des erstmaligen Rentenbezugs als fester Betrag lebenslang festgeschrieben und bleibt für den gesamten Zeitraum des Rentenbezugs konstant. Aufgrund der zunehmenden Besteuerung der Rente sinkt der steuerfreie Anteil für Neurentner jährlich.

Rentenerhöhungen, die nach Renteneintritt erfolgen, sind immer zu 100 Prozent einkommensteuerpflichtig. Die Riester-Rente ist stets voll zu versteuern, egal wann der Vertrag abgeschlossen wurde.

So steigt der steuerpflichtige Anteil der Rente					
JAHR	**PROZENT**	**JAHR**	**PROZENT**	**JAHR**	**PROZENT**
2020	80	2027	87	2034	94
2021	81	2028	88	2035	95
2022	82	2029	89	2036	96
2023	83	2030	90	2037	97
2024	84	2031	91	2038	98
2025	85	2032	92	2039	99
2026	86	2033	93	2040	100

 BEISPIEL

Beispielrechnung für erstmals im Jahr 2021 ausgezahlte Renten der Basisschicht

Der steuerpflichtige Anteil für die Basisrente beträgt 81 Prozent. Bei einer vollen Jahresrente in Höhe von 10.000 Euro beträgt der lebenslange steuerfreie Anteil 1.900 Euro. Der Differenzbetrag in Höhe von 8.100 Euro muss versteuert werden. Betragen die Basisrenten aufgrund künftiger Rentenanpassungen und Erhöhungen später zum Beispiel 12.000 Euro, bleibt der steuerfreie Betrag in Höhe von 1.900 Euro konstant. Es sind dann 10.100 Euro steuerpflichtig. Analog werden die Erwerbs-, Berufsunfähigkeits- und Hinterbliebenenrenten besteuert.

Das heißt nicht unbedingt, dass Sie in jedem Fall wirklich Steuern zahlen müssen. Auch für Rentner gelten die **allgemeinen Grundfreibeträge** von 9.744 Euro für Alleinstehende und 19.488 Euro für Verheiratete (Stand 2021). Zudem können Rentner genau wie Angestellte Beiträge zur Kranken- und Pflegeversicherung und andere Vorsorgebeiträge, etwa für Haftpflicht- oder Unfallversicherungen, steuerlich geltend machen. Aufgrund des jährlich steigenden Steueranteils der Rente wird eine Besteuerung für Sie jedoch immer wahrscheinlicher. Wenn Sie außerdem eine Rente aus der betrieblichen Altersversorgung beziehen, erhöht diese ebenfalls Ihre Besteuerungsgrundlage.

 GESETZLICHE GRUNDLAGEN

Wer eine Steuererklärung machen muss

Jeder Rentner muss eine Steuererklärung abgeben, sobald ihn das Finanzamt dazu auffordert oder wenn der Gesamtbetrag der Einkünfte höher ist als der steuerliche Grundfreibetrag von 9.744 Euro (2021). Etwa drei Viertel aller Rentnerhaushalte bleiben derzeit steuerfrei. Es ist also gut möglich, dass Sie keine Steuern zahlen müssen. Mehr erfahren Sie im Ratgeber „Steuererklärung für Rentner und Pensionäre",
www.ratgeber-verbraucherzentrale.de

Die Besteuerung von Einkünften aus nicht geförderter Vorsorge

Die Besteuerung von privaten, nicht geförderten Rentenversicherungen hängt vom Jahr des Vertragsabschlusses, von der Laufzeit und Ihrem Alter ab. Private Rentenversicherungen unterliegen der sogenannten Ertragsanteilsbesteuerung. Der Ertragsanteil richtet sich allein nach Ihrem Alter bei Rentenbeginn. Es unterliegt also nur ein kleiner Anteil der Rente Ihrer persönlichen Einkommensteuer. Das gilt übrigens auch für Hinterbliebene, die während der Rentengarantiezeit weiter Geld bekommen, falls Sie früh sterben.

Entscheidend ist das Abschlussdatum Ihres Vertrags:
→ Verträge, die Sie vor dem **1. Januar 2005** abgeschlossen haben, sind in der Regel nach mindestens fünf Jahren Bei-

Ertragsanteilbesteuerung: So viel Rente müssen Sie versteuern (Beispieljahre)

ALTER BEI RENTENBEGINN	STEUERPFLICHTIGER ERTRAGSANTEIL DER RENTE IN % (LEBENSLANG)
55 bis 56	26
57	25
58	24
59	23
60 bis 61	22
62	21
63	20
64	19
65 bis 66	18
67	17
68	16
69 bis 70	15

So lesen Sie die Tabelle

Treten Sie mit 67 Jahren Ihre Rente an und erhalten 100 Euro monatlich aus der Rentenversicherung, dann unterliegen jährlich 17 Prozent von 1.200 Euro der persönlichen Einkommensteuer, also 204 Euro. Der Rest der Rente, in diesem Fall 996 Euro jährlich, bleibt steuerfrei. Der Ertragsanteil verändert sich im Alter nicht mehr, bleibt also für die gesamte Rentenzeit gleich.

So können Sie sich Steuern zurückholen

Gudrun Reichert, Steuerberaterin und Professorin für Steuerrecht an der Dualen Hochschule Baden-Württemberg, rät: „Wird Ihnen eine nach dem 31. Dezember 2004 abgeschlossene Kapitallebensversicherung ausgezahlt oder haben Sie bei einer nach diesem Tag abgeschlossenen privaten Rentenversicherung das Kapitalwahlrecht ausgeübt, so ist die Versicherungsgesellschaft verpflichtet, auf die Differenz zwischen dem ausgezahlten Kapital und den von Ihnen insgesamt entrichteten Beiträgen Kapitalertragsteuer in Höhe von 25 Prozent einzubehalten (gegebenenfalls zuzüglich Solidaritätszuschlag und Kirchensteuer). Prüfen Sie dann unbedingt, ob folgende Voraussetzungen erfüllt sind:

→ Die Vertragslaufzeit betrug mindestens zwölf Jahre.

→ Sie hatten zum Zeitpunkt der Kapitalauszahlung das 60. Lebensjahr überschritten.

→ Der Vertrag sah einen mindestens 60-prozentigen Todesfallschutz vor.

Sind diese Bedingungen erfüllt, sollten Sie unbedingt eine Einkommensteuererklärung abgeben – selbst wenn Sie nicht dazu verpflichtet sind. Im Zuge der Veranlagung wird dann nämlich die sogenannte Hälftelung durchgeführt, das heißt, dass nur die Hälfte des kapitalertragsteuerpflichtigen Betrags zu versteuern ist, und zwar mit Ihrem persönlichen Steuersatz. Selbst beim Spitzensteuersatz ergibt sich eine geringere Steuerbelastung als durch die 25-prozentige Kapitalertragsteuer auf den vollen Betrag."

tragszahlung, einer Mindestlaufzeit von zwölf Jahren sowie einem Schutz für den Todesfall in Höhe von mindestens 60 Prozent der Beiträge steuerfrei.

→ Für Vertragsabschlüsse **nach dem 1. Januar 2005** gilt: Hat der Vertrag zwölf Jahre bestanden und Sie sind mindestens 62 Jahre alt (bei Verträgen zwischen 2005 und 2012: mindestens 60 Jahre alt), dann müssen Sie die Hälfte der Erträge versteuern, also die halbe

Differenz aus gezahlten Beiträgen und dem Auszahlungsbetrag. Zahlt Ihnen die Rentenversicherung beispielsweise Erträge in Höhe von 40.000 Euro, dann müssen Sie 20.000 Euro davon bei der Einkommensteuerveranlagung versteuern. Bei einem Steuersatz von 30 Prozent wären in diesem Fall 6.000 Euro Steuern fällig. Die Kapitalertragsteuer muss die Versicherungsgesellschaft einbehalten und ans Finanzamt abführen.

→ **TIPP** **Abgeltungsteuer vermeiden**
Sie können die Besteuerung gering halten, wenn Ihr persönlicher Steuersatz unter den 25 Prozent Abgeltungsteuer liegt. Dafür müssen Sie den richtigen Zeitpunkt für die Auszahlung wählen. Haben Sie einen Vertrag, der über zwölf Jahre lang lief, und wird die Versicherung nach Ihrem 60. Geburtstag ausgezahlt, müssen Sie nur die Hälfte des Ertrags versteuern, und zwar mit Ihrem persönlichen Steuersatz. Bei Verträgen, die nach 2012 abgeschlossen wurden, ist der 62. Geburtstag der Stichtag.

Wählen Sie nicht die Einmalzahlung, sondern die lebenslange Rente, profitieren Sie von einer Besonderheit – die für Alt- wie für Neuverträge gilt: Es wird nur der Ertragsanteil versteuert. Grund ist, dass nur ein Teil der Auszahlung aus dem Kapitalverzehr erfolgt. Der Ertragsanteil richtet sich nach dem Jahr, in dem Sie das erste Mal eine Rentenzahlung aus Ihrem Vertrag erhalten. Je später das ist, umso niedriger wird der zu versteuernde Anteil. Bekommen Sie beispielsweise mit 65 Jahren das erste Mal eine Rente in Höhe von 1.000 Euro, müssen Sie nur 18 Prozent davon überhaupt versteuern, also 180 Euro.

> ❗ ACHTUNG
>
> **Besonderheit bei ausländischen Versicherungen**
>
> Haben Sie die Versicherung im Ausland abgeschlossen, sind Sie selbst dafür zuständig, dass Steuern sowie gegebenenfalls Soli und Kirchensteuer abgeführt werden. Dafür müssen Sie in der Steuererklärung die entsprechenden Angaben liefern.

→ **TIPP** **Steuerberater fragen**
Es ist für Laien nicht ganz einfach, die unterschiedliche Besteuerung von Einkünften vollkommen zu erfassen. Außerdem können sich immer mal wieder Änderungen ergeben. Sie sollten daher vor der Entscheidung, wann und wie Sie sich ungeförderte Versicherungen auszahlen lassen, mit dem Steuerberater alle Ihre Einkünfte betrachten und erst dann einen Entschluss treffen.

Ruhestand im Ausland

Manche Rentner möchten den Lebensabend gern im Ausland verbringen. Einige wechseln wegen geringerer Lebenshaltungskosten den Standort, andere zieht es zu Sonne, Meer und gutem Wetter. Dabei sollten Rentner in Bezug auf die gesetzliche Rentenversicherung aber einige Punkte beachten: Maßgebend für die Frage, ob und gegebenenfalls wie sich der Umzug ins Ausland auf die Rente auswirkt, ist der **gewöhnliche Aufenthalt** des Rentners. Jemand hat seinen gewöhnlichen Aufenthalt dort, wo die Gesamtumstände erkennen lassen, dass er sich dort nicht nur vorübergehend aufhält. Gewöhnlicher Aufenthalt bedeutet dabei, dass er auf Dauer angelegt ist und den Lebensmittelpunkt bildet.

Kurzfristige Aufenthalte. Keine Probleme gibt es mit der Rente, wenn Sie weniger als sechs Monate im Jahr im Ausland verbringen. Dann geht der Gesetzgeber nämlich von einem zeitlich begrenzten Aufenthalt aus – und Sie bekommen Ihre ganz normale Rente weiter.

Beim **dauerhaften Aufenthalt** kommt es darauf an, in welchem Land Sie leben.

Rentenbezug innerhalb der Europäischen Union. Wenn Sie in ein anderes EU-Land ziehen, erhalten Sie Ihre Rente grundsätzlich genau wie in Deutschland, egal wie lange Sie dort leben werden. Dasselbe gilt für den Umzug nach Island, Liechtenstein, Norwegen und in die Schweiz. Es kann aber **Ausnahmen** geben, wenn in Ihrer Rente ausländische Zeiten enthalten sind. Das ist zum Beispiel bei Zeiten nach dem Fremdrentenrecht oder dem deutsch-polnischen Sozialversicherungsabkommen vom 9. Oktober 1975 möglich.

Rentenbezug in den Abkommensstaaten. Mit vielen Staaten außerhalb der EU hat Deutschland Sozialversicherungsabkommen geschlossen. Auch hier sollte es keine Probleme geben, wenn Sie im Ruhestand umziehen. Es sind allerdings einige Spezialabkommen zu beachten, etwa für Erwerbsunfähigkeitsrenten.

Die Abkommensstaaten sind: Albanien, Australien, Bosnien und Herzegowina, Brasilien, Chile, China, Indien, Israel, Japan, Kanada und Quebec, Kosovo, Marokko, Nordmazedonien, Montenegro, Philippinen, Republik Moldau, Serbien, Südkorea, Türkei, Tunesien, Uruguay, USA.

Darüber hinaus bestehen noch Sozialversicherungsabkommen mit einigen EU-Mitgliedsstaaten, bei denen Besonderheiten zu beachten sind.

Informieren Sie sich rechtzeitig!

Joachim Fox, Rentenberater für das Gebiet der gesetzlichen Rentenversicherung, empfiehlt: „Um unangenehme Überraschungen bei einer dauerhaften Verlegung Ihres Lebensmittelpunkts ins Ausland zu vermeiden, sollten Sie unbedingt rechtzeitig bei Ihrem Rentenversicherungsträger schriftlich nachfragen, ob und gegebenenfalls welche Auswirkungen ein solcher Wechsel auf Ihre Rente hätte. Das gilt selbst dann, wenn es sich um einen EU-Mitgliedsstaat oder einen Staat handelt, mit dem die Bundesrepublik ein Sozialversicherungsabkommen geschlossen hat.

Sie sollten auch bei Ihrer Krankenkasse nach den Folgen einer dauerhaften Verlagerung Ihres Lebensmittelpunkts ins Ausland auf Ihre Kranken- und Pflegeversicherung fragen. Mehr Informationen erhalten Sie auf der Internetseite der Deutschen Verbindungsstelle Krankenversicherung – Ausland, **www.dvka.de**

Rentenbezug in anderen Staaten. Diesen Fall sollten Sie unbedingt von der Deutschen Rentenversicherung prüfen lassen, und zwar am besten noch vor Renteneintritt, spätestens aber drei Monate vor dem Umzug. Sie können die Deutsche Rentenversicherung kostenlos unter der Service-Telefonnummer 0800 1000 4800 erreichen. Das Angebot sollten Sie nutzen. Dasselbe Angebot gilt übrigens auch, wenn Sie längere Zeit im Ausland arbeiten.

Wohin fließt die Rente?

Sind Sie ins Ausland ausgewandert, kann die Rente

→ weiterhin auf ein **Bankkonto in Deutschland** überwiesen werden. Die Überweisungskosten zahlt dann die Deutsche Rentenversicherung.

→ auf das **Konto einer Vertrauensperson** in Deutschland überwiesen werden, die das Geld an Sie weiterleitet.

→ auf ein Konto einer **Bank in den sogenannten SEPA-Staaten** überwiesen werden (EU, Island, Liechtenstein, Norwegen). Die Überweisungskosten trägt auch in diesem Fall die Deutsche Rentenversicherung.

→ auf ein Konto **außerhalb der SEPA-Staaten** überwiesen werden. Für solche Fälle arbeitet die Deutsche Rentenversicherung mit der Deutschen Post AG zusammen. Die Überweisungskosten werden bis zur ersten Bank übernommen, weitere Transferkosten, Währungsverluste und anderes müssen Sie selbst tragen.

Worauf Sie außerdem
noch achten sollten

Altersvorsorge geht jeden an und ist schwierig. Trotzdem machen es sich gut meinende Freunde oder Kollegen oft leicht, die den vermeintlich todsicheren Tipp spendieren. Hören Sie bitte nicht darauf! Altersvorsorge besteht nie aus einer einzelnen Aktion, sondern ist immer ein umfassendes Konzept. Im Folgenden ein paar Warnungen und nützliche Hinweise.

Falsche Ratschläge

Falsche Entscheidungen bei der Kapitalanlage für den Ruhestand sind besonders gefährlich. Denn die Verträge laufen oft langfristig, vor allem aber nutzen Sie die Ergebnisse häufig erst in vielen Jahren. Wenn dann etwas schiefgegangen ist, haben Sie kaum noch Zeit, Fehler zu korrigieren. Deshalb sollten Sie aufpassen, von wem Sie Ratschläge annehmen. Lassen Sie sich gut beraten, auch mehrmals und von verschiedenen Experten – und seien Sie nicht ungeduldig, gierig oder naiv.

Wenn Ihnen das banal vorkommt, fragen Sie sich einmal: Wie lange haben Sie sich mit dem letzten Autokauf beschäftigt, wie viele Merkmale betrachtet und bewertet? Wie sieht es dagegen mit der Riester-Rente aus? Haben Sie in die Auswahl des passenden Produkts ähnlich viel Zeit investiert?

Makler, Finanzberater und andere „Verkäufer"

Es gibt reizvollere Dinge, als sich mit dem eigenen Tod oder der eigenen Pflege zu beschäftigen. Doch wenn es dann einmal so weit ist, werden Sie froh sein, wenn Sie vorbereitet sind.

Bereiten Sie sich auf jedes Beratungsgespräch mit einem Finanzberater oder einem Versicherungsvermittler vor. Und bedenken Sie:

→ **Es geht um Provisionen.** Die sogenannten Berater profitieren nicht zwangsläufig von der Qualität einer Versicherung, die sie Ihnen verkaufen, sondern eher davon, dass Sie sich überhaupt versichern lassen. Denn sie verdienen durch Provisionen ihren Lebensunterhalt, also allein mit dem Verkauf von Versicherungen und Finanzprodukten.

→ **Die Auswahl ist oft eingeschränkt.** Manche Berater arbeiten exklusiv mit bestimmten Anbietern von Finanzanlagen oder Versicherungen. Da Ihnen so nur eine begrenzte Auswahl an Angeboten zur Verfügung steht, könnte Ihnen der ein oder andere Vorteil entgehen. Eine wirklich unabhängige Beratung ist schwer zu finden. Wenn Sie also das Gefühl haben, Ihr Gegenüber möchte Ihnen etwas andrehen: Ein Beratungsgespräch ist keine Verpflichtung zum Kauf. Bei Zweifeln ist es natürlich möglich, den Berater zu wechseln. Zudem sollten Sie niemals direkt einen Vertrag unterschreiben, sondern sich immer zunächst Bedenkzeit erbitten und ein zweites Angebot einholen.

→ **Freunde sind keine Experten.** Auch freundschaftliche Tipps und wirklich gut gemeinte Ratschläge von Freunden sollten Sie nicht einfach umsetzen. Was für Ihren Nachbarn oder Kollegen richtig ist, muss nicht zwangsläufig für Sie passend sein. Der Unternehmer, der in seiner Freizeit Fallschirmspringen geht und kein Risiko scheut, hat im Zweifel eine etwas andere Vorstellung von Altersvorsorge als der angestellte Vater, der seine Familie finanziell absichern möchte. Auch die Risikotragfähigkeit ist oft unterschiedlich hoch: Der eine hat immer etwas Geld am Monatsende übrig, der andere kommt gerade so über die Runden. Verlassen Sie sich also nicht blind auf Tipps von Nebenan, sondern prüfen Sie alles sorgfältig mit dem Blick auf Ihre Lebenslage, Ihr Alter und Ihre Familie.

→ **Weisheiten aus dem Internet.** Im Internet finden Sie unendlich viele hilfreiche Informationen zur Altersvorsorge. Nur weiß man leider oft nicht, wer dahintersteckt, sodass sich manches als unabhängiger Rat, anderes aber auch als plumpe Verkaufsmasche entpuppt. Prüfen Sie immer, wer die Betreiber von Informationsseiten sind. Steckt dahinter ein Makler oder ein Anbieter, den Sie überhaupt nicht kennen

und zuordnen können, dann lassen Sie davon die Finger. Viele Versicherungsanbieter rufen beispielsweise vermeintlich neutrale Informationsplattformen ins Leben, nur um ihre eigenen Versicherungsangebote zu platzieren. Im Zweifelsfall vertrauen Sie nur Beratungsangeboten, die Sie auch aus dem echten Leben kennen und schätzen.

Was passiert mit den Rentenansprüchen nach einer Scheidung?

Mehr als jede dritte Ehe wird in Deutschland geschieden. Eine Scheidung verändert in der Regel massiv die Rentenansprüche der ehemaligen Eheleute. Denn nach dem Scheitern einer Ehe werden die finanziellen Unterschiede ausgeglichen, was mehrere Aspekte aufweist:

– **das Vermögen**, also materielle Güter wie Hausrat und Immobilien,

– **der Unterhalt**, der dabei helfen soll, den schlechter verdienenden Partner zu unterstützen,

– **der Versorgungsausgleich**, der für die finanzielle Gerechtigkeit auch im Ruhestand sorgen soll.

Alle drei Mechanismen wirken auf die Altersvorsorge, besonders massiv der dritte: der Versorgungsausgleich.

So werden die verschiedenen Ansprüche geregelt

Wird Ihre Ehe geschieden und haben Sie keinen besonderen Ehevertrag, werden Ihre Vermögensansprüche und die Ihres Partners zusammengerechnet und dann gleichmäßig aufgeteilt. Das gilt für Versorgungsansprüche der gesetzlichen Rentenversicherung genauso wie für viele private oder betriebliche Renten.

Folgende während der Ehe erworbenen Rentenansprüche werden bei der Scheidung 50:50 aufgeteilt:

→ gesetzliche Rentenansprüche,
→ Pensionen,
→ berufsständische Versorgung,
→ unverfallbare Betriebsrentenansprüche,
→ Riester- und Rürup-Renten,
→ private Renten- und Lebensversicherungen ohne Kapitalwahlrecht,
→ im Ausland erworbene Rentenanwartschaften.

Folgende Ansprüche sind unter anderem vom Versorgungsausgleich ausgenommen:

→ Lebensversicherungen mit Kapitalwahlrecht,
→ ausländische, zwischenstaatliche oder überstaatliche Versorgungsträger,
→ noch nicht unverfallbare Anwartschaften nach dem Betriebsrentenrecht,

---

 GESETZLICHE GRUNDLAGEN

Gütertrennung statt Zugewinngemeinschaft

Es gibt nur eine Möglichkeit, den Versorgungsausgleich zu umgehen: den Ehevertrag. Normalerweise gilt eine Ehe nämlich als Zugewinngemeinschaft, weil der Staat davon ausgeht, dass Eheleute Vermögen grundsätzlich gemeinsam erwerben und zu gleichen Teilen dazu beitragen. Sie können sich aber auch vertraglich darauf verständigen, genau das nicht zu tun, sodass jeder sein eigenes Vermögen behält. Wenn Sie im Ehevertrag zusätzlich explizit auch den Versorgungsausgleich ausschließen, dann sollte es nach einem Scheitern der Ehe keine finanzielle Auseinandersetzung mehr geben.

Für Eheverträge seit 2009 gilt: Wer Gütertrennung vereinbart, schließt damit nicht automatisch auch die Durchführung des Versorgungsausgleichs aus – das müssen Sie extra tun, und zwar einvernehmlich. Umgekehrt gilt: Wer vor 2009 einen Versorgungsausgleich ausgeschlossen hat, hat damit gleichzeitig Gütertrennung vereinbart. Das alles sollten Sie mit einem Anwalt besprechen.

Interne Teilung

Dr. Otto N. Bretzinger, Jurist, Journalist und Autor zahlreicher Ratgeber, führt aus: „Der Versorgungsausgleich erfolgt regelmäßig im Wege der sogenannten internen Teilung. Das Familiengericht überträgt dabei vom Rentenkonto des ausgleichspflichtigen Ehegatten Anrechte auf das Rentenkonto des Ausgleichsberechtigten. In der gesetzlichen Rentenversicherung erfolgt die interne Teilung in Form von Entgeltpunkten. Besteht für den ausgleichsberechtigten Ehepartner kein Rentenkonto, wird ein neues Rentenkonto eingerichtet."

→ Altersvorsorge in Form von Wertpapieren oder anderen freien Kapitalanlagen, die allerdings relevant sein können für die Vermögensaufteilung.

Die Aufteilung bezieht sich immer nur auf Ansprüche, die während der Ehezeit erworben wurden. Die Partner erhalten nach der Scheidung jeweils ihr eigenes Rentenkonto bei dem für sie zuständigen Versorgungsträger.

 GESETZLICHE GRUNDLAGEN

Besonderheit für die ersten drei Ehejahre

Wenn Sie sich in den ersten drei Jahren scheiden lassen, findet kein Versorgungsausgleich statt, es sei denn, Sie beantragen ihn. Ein Beispiel: Walter hat während seiner Ehe ein Anrecht auf 600 Euro gesetzliche Rente im Monat erworben. Zudem hat er Anspruch auf eine betriebliche Rente aus einer Pensionskasse. Das angesparte Kapital beträgt insgesamt 20.000 Euro. Lässt sich das Ehepaar scheiden, hat seine Ehefrau Christa Anspruch auf die Hälfte der gesetzlichen Rente des Mannes, also monatlich 300 Euro. Zusätzlich hat sie Anspruch auf die Hälfte seiner Betriebsrente, also auf den Kapitalanteil von 10.000 Euro.

Christa hat ebenfalls gesetzliche Rentenansprüche von 300 Euro im Monat erworben. Außerdem hat sie privat vorgesorgt und wird 250 Euro monatlich aus einer privaten Rentenversicherung erhalten. Bei der Scheidung hat Walter seinerseits einen Anspruch auf die Hälfte davon, also auf insgesamt 275 Euro. Durch den Versorgungsausgleich erhält jeder eine Gesamtversorgung von 575 Euro im Monat. Hinzu kommt für beide jeweils ein Betrag von 10.000 Euro aus der Betriebsrente.

Absichern für den Fall der Fälle

Eine wirkungsvolle Absicherung muss natürlich immer erfolgen, bevor das Problem oder gar das Unglück eintritt. Kümmern Sie sich daher rechtzeitig darum, die wichtigsten Risiken rechtzeitig abzusichern. Im Folgenden finden Sie die Kurzbeschreibung verschiedener Versicherungen und als Entscheidungshilfe eine Einschätzung ihrer Bedeutung.

Pflegebedürftigkeit

Wenn im Alter die eigene Leistungsfähigkeit sinkt und das Leben ohne Hilfe nicht mehr zu bewältigen ist, kommen die verschiedenen Modelle der Pflege ins Spiel. Viele bevorzugen die ambulante Pflege zu Hause. Aber auch Pflegeheime kommen infrage, insbesondere wenn der Aufwand größer wird.

Die staatliche Pflicht-Pflegeversicherung zahlt in der Regel nicht genug, um die Kosten zu decken. Das bedeutet: Die Altersvorsorge gerät im Pflegefall schnell an ihre Grenzen.

Die Pflegeversicherung

Seit 1995 gehört die Pflegeversicherung zur gesetzlichen Pflicht. Sie ist jedoch lediglich eine Teilkostenversicherung, erstattet Betroffenen also nicht sämtliche Kosten, sondern zahlt nur begrenzte Summen. In der Regel ist man dort pflegeversichert, wo man auch krankenversichert ist, auch die Beiträge hängen zusammen. Privat Krankenversicherte müssen eine private Pflegeversicherung mit abschließen.

LEISTUNG PRO MONAT	PFLEGEGRAD				
	1	2	3	4	5
Geldleistung ambulant (Pflegegeld für häusliche Pflege)	0 €	316 €	545 €	728 €	901 €
Sachleistung ambulant (Pflegesachleistung für häusliche Pflege)	0 €	689 €	1.298 €	1.612 €	1.955 €
Zuschuss der Pflegekasse für die vollstationäre Pflege in einem Alten- oder Pflegeheim	125 €	770 €	1.262 €	1.775 €	2.005 €
Steuerlicher Pflegepauschbetrag für häuslich pflegende Angehörige		600 €	1.100 €	1.800 €	1.800 €

Quelle: Bundesministerium für Gesundheit; maximale Leistungen seit 2017

Wie viel die Pflegeversicherung zahlt, hängt vom sogenannten Pflegegrad ab, den ein Gutachter des Medizinischen Dienstes der Krankenversicherungen begutachtet– und davon, ob Sie ambulant oder stationär gepflegt werden.

Darüber hinaus haben Pflegebedürftige aller Stufen einen Anspruch auf 125 Euro im Monat für sogenannte Entlastungsleistungen. Das Geld ist zweckgebunden, wird also nur gezahlt, wenn Sie entsprechende Rechnungen einreichen. Das können Leistungen eines Pflegedienstes sein, aber auch für eine Putzhilfe, Pflegebegleiter und anderes mehr.

Wer Angehörige der Pflegegrade 2 bis 5 zu Hause pflegt, kann zudem einen gestaffelten Pauschbetrag bei der Steuer geltend machen (→ Tabelle Seite 216).

Details erklärt das Bundesgesundheitsministerium in einer kostenlösen Broschüre zu den Pflegestärkungsgesetzen, die Sie online einsehen und herunterladen können (**www.bundesgesundheitsministerium.de**). Tipps und Hilfen finden Sie im Ratgeber der Verbraucherzentralen „Pflegefall – was tun?".

Zusatzversicherungen

Offensichtlich steht die soziale Pflegeversicherung nicht in jeder Situation bereit – und deckt auch nicht ausreichend alle möglichen Pflegekosten ab. Hier kann eine private Zusatzversicherung helfen, die das Pflegegeld erhöht. Es gibt verschiedene Schwerpunkte:

Die Pflegekostenversicherung ist vor allem dann sinnvoll, wenn man später auf professionelle Hilfe setzen will oder muss.

Pflegetagegeld ist sinnvoll bei familiärer Pflege, weil sie die Angehörigen finanziell unterstützen kann. Das Geld steht Ihnen dann nämlich ähnlich wie eine Rente zur freien Verfügung, Sie müssen keine Kosten für die Pflege nachweisen.

Die Pflegerentenversicherung ist die teuerste Variante, sie verspricht eine monatliche Leibrente.

Für viele Policen gelten gewisse Einschränkungen wie ein Höchsteintrittsalter oder es werden Risikozuschläge erhoben. Eine Gesundheitsprüfung ist obligatorisch. Wer aufgrund dieser Prüfung keine Police erhält, kann auf den sogenannten **Pflege-Bahr** zurückgreifen, der 2013 eingeführt wurde. Benannt ist er nach dem früheren Gesundheitsminister Daniel Bahr. Es handelt sich um eine gesetzlich geförderte Pflegetagegeldversicherung, bei der aufgrund besonderer gesetzlicher Bestimmungen auf eine Gesundheitsprüfung verzichtet wird. Sie eignet sich in erster Linie für Menschen, die aufgrund von Vorerkrankungen oder Erkrankungen keine Möglichkeit haben, unter normalen Bedingungen eine Police abzuschließen, oder die ein hohes Pflegerisiko aufweisen. Mit dem

Pflege-Bahr hat man einen Aufnahmeanspruch, das heißt, der Versicherer darf einen nicht ausschließen. Dafür erhebt er einen Risikozuschlag, der die monatlichen Beiträge erhöht, die Leistungen sind im Pflegefall geringer als bei ungeförderten Zusatztarifen.

 WICHTIG

Beiträge dauerhaft zahlen können

Sie sollten bei jeder Zusatzversicherung in der Lage sein, die Beiträge auch im Rentenalter zu zahlen. Denn sonst verlieren Sie den Versicherungsschutz.

Die staatliche Zulage des Pflege-Bahrs beträgt jährlich 60 Euro (Stand 2021) und wird direkt mit dem Beitrag verrechnet. Wenn eine Gesundheitprüfung kein Hindernis für Sie darstellt, sind Sie mit einer ungeförderten Police auf jeden Fall bessergestellt.

Schwere Krankheit

Krebs, Schlaganfall, Herzinfarkt, Multiple Sklerose, Lähmung, der Verlust von Gliedmaßen, Erblinden, Alzheimer- oder Parkinson-Erkrankungen: Solche schweren Krankheiten können das ganze Leben auf den Kopf stellen. Betroffene können oft keiner geregelten Arbeit mehr nachgehen. Außerdem kommen hohe Reha- und Pflegekosten auf sie zu. Für solche Fälle gibt es diverse Versicherungsangebote.

Dread-Disease-Versicherungen

Sogenannte Dread-Disease-Versicherungen sollen Sie für den Fall der Fälle finanziell absichern. Die Idee ist mittlerweile in den USA und Großbritannien weitverbreitet, in Deutschland nach wie vor eher unbekannt. Es handelt es sich um eine spezielle Variante der Lebensversicherung, die schwere Krankheiten versichert. Dabei bieten Versicherer Pakete an, die in der Regel einige Dutzend verschiedener Krankheiten absichern. Sollte ein Arzt dann die Diagnose stellen, zahlt die Versicherung eine Kapitalleistung aus – und endet damit.

Über diese Auszahlung können Sie als Betroffener frei verfügen, unabhängig von der Dauer und Schwere der Erkrankung und von der Frage, ob Sie Ihrem Beruf nachgehen können. Sie können also Einkommensausfälle ausgleichen, medizinische Zusatzkosten bezahlen, Ihre Wohnung umbauen oder auf Weltreise gehen.

Dread-Disease-Versicherungen haben einen großen Haken: Sie zahlen anders als Berufs- und Erwerbsunfähigkeitsversicherungen nicht bei psychischen Krankheiten und Skeletterkrankungen. Dabei gelten gerade Nervenerkrankungen, wozu auch psychische

Erkrankungen wie Burn-Out oder Depressionen zählen, zu den häufigsten Ursachen für Berufsunfähigkeit.

Will man keine private Berufsunfähigkeitsversicherung abschließen, dann kann eine Dread-Disease-Versicherung eine Möglichkeit darstellen, die Folgen besonders schwerer Erkrankungen abzusichern. Allerdings muss auch eine Erkrankung eingetreten sein, für die über den Leistungskatalog des Versicherers ein Versicherungsschutz besteht. Insbesondere für Selbstständige am Schreibtisch und Freiberufler kann diese Versicherung sinnvoll sein. Sie können nämlich

nach schwerer Krankheit oft recht bald wieder in den Beruf zurückkehren.

Die Kosten der Versicherung hängen stark vom Eintrittsalter ab, eine Gesundheitsprüfung ist auf jeden Fall erforderlich. Laut Stiftung Warentest müsste ein 30-jähriger Versicherungsnehmer für die Laufzeit von 35 Jahren und einer Versicherungssumme von 100.000 Euro einen Monatsbeitrag von rund 50 Euro zahlen. Im Vergleich dazu müsste jemand, der erst mit 50 Jahren den Versicherungsvertrag beginnt, unter gleichen Bedingungen 130 Euro zahlen.

→ **TIPP Gut informiert**
Weitere eingeschränkte „Alternativen"
zum Abschluss einer privaten Berufsunfähigkeitsversicherung finden Sie
im Ratgeber „Berufsunfähigkeit
gezielt absichern", **www.ratgeber-
verbraucherzentrale.de**

Absicherung des Todesfalls

Eine Risikolebensversicherung zahlt an Hinterbliebene, wenn die versicherte Person innerhalb der festgelegten Vertragslaufzeit stirbt.
Das Geld fließt an die „bezugsberechtigte Person", in der Regel Partner oder Kinder.

Bevor Sie Versicherungsschutz über eine
Risikolebensversicherung erhalten, müssen
Sie eine Gesundheitsprüfung absolvieren. Sie
sind verpflichtet, wahrheitsgemäße Angaben
zu Gesundheit und möglichen Risiken zu machen. Wenn Sie beispielsweise Raucher sind
oder Vorerkrankungen haben, müssen Sie das
angeben. Zumindest dann, wenn der Versicherer danach fragt. Andernfalls können Versicherungen später von der abgeschlossenen
Versicherung zurücktreten oder gar diese anfechten. Eine solche Überprüfung lässt sich
sogar nach dem Tod vornehmen.

Für die Gesundheitsprüfung gehen Sie
beispielsweise mit dem Versicherungsvermittler mündlich einen Fragenkatalog durch.
Wenn Sie unsicher sind, sollten Sie Wert auf
einen entsprechenden Vermerk legen und
eventuell ein Testat oder Ähnliches beim Arzt
einholen und weitergeben. Bei höheren Ver-
sicherungssummen schicken Sie manche
Versicherer aber auch vorab zum Arzt. Mit
den Gesundheitsfragen entbinden Sie meist
Ihren Arzt von der Schweigepflicht gegenüber dem Versicherer.

→ **TIPP Bei niedrigen Summen wird es
einfacher**
Bei besonderen Vertragswerken, zum
Beispiel im Rahmen von betrieblichen
Vorsorgemodellen, verzichten einige
Versicherer inzwischen ganz auf die
Gesundheitsprüfung oder stellen nur
wenige Fragen. So kommen Sie leichter
an die Police.

Nicht nur der eigene Gesundheitszustand,
sondern auch risikoreiche Hobbys können
die Versicherungsprämien beeinflussen, beispielsweise Risikosportarten wie Fallschirmspringen, Fliegen oder Motorsport. Achten Sie
in jedem Fall darauf, ob und wie Ihre Hobbys
oder andere Aktivitäten die Versicherung beeinflussen und vergleichen Sie Angebote.

Wann ist die Risikolebensversicherung sinnvoll?

Eine Risikolebensversicherung ist nicht für
jeden geeignet. Für Alleinstehende und Menschen in gesicherten Verhältnissen ist sie

Risikolebensversicherung mildert finanzielle Folgen von Todesfällen

Elke Weidenbach, Rechtsanwältin und Referentin für Versicherungen bei der Verbraucherzentrale NRW, erläutert: „Um finanzielle Folgen beim Tod des Partners – sei es der Lebens- oder der Geschäftspartner – aufzufangen, sollte eine Risikolebensversicherung abgeschlossen werden. Damit keine Erbschaftsteuern anfallen, sollte der eine Partner als Versicherungsnehmer und der andere als versicherte Person vermerkt werden. Verstirbt die versicherte Person, erhält der andere Partner als Versicherungsnehmer die Todesfallleistung aus der Risikolebensversicherung. Gerade wenn keine Erbansprüche bestehen, etwa zwischen reinen Geschäftspartnern, hat man dadurch die Gewissheit, dass der Tod des einen nicht die Existenzgrundlage des anderen zerstört."

meist unnötig. Dagegen sollten Hauptverdiener mit Familie, minderjährigen Kindern und hohen Schulden – beispielsweise durch eine Immobilienfinanzierung – eine Police abschließen für den Zeitraum, in dem die finanziellen Risiken zum Beispiel für die Hinterbliebenen hoch sind. Denn sollte die Familie nach Ihrem Tod ohne Ihr Einkommen dastehen, wird es finanziell schnell eng. Witwen-/Witwerrenten und Halbwaisenrente beispielsweise aus der gesetzlichen Rentenversicherung sorgen allenfalls für kleine zusätzliche Einkommen.

Schutz für Partner

Eine interessante Variante stellen Partnerversicherungen dar, in denen sich zwei Partner gegeneinander für den Todesfall des anderen absichern. Hier ist der Begünstigte immer der jeweilige Partner. Weil Versicherter und Versicherungsnehmer nicht immer ein und dieselbe Person sein müssen, können etwa unverheiratete Paare auch auf ihren Partner eine Risikolebensversicherung abschließen. Ein Vorteil: Im Todesfall fällt dann keine Erbschaftsteuer an, weil nicht einer die Leistung des anderen erbt, sondern diese als Versicherungsnehmer erhält.

Genau festlegen, wer Leistungen erhalten soll
Elke Weidenbach, Rechts-
anwältin und Referentin
für Versicherungen bei der
Verbraucherzentrale NRW, empfiehlt:
„Schließt ein Partner als Versicherungsnehmer für den anderen als versicherte
Person eine Unfallversicherung ab, sollte
genau festgelegt werden, wer die Leistungen aus dem Vertrag nach dem Unfall erhält. Diese Festlegung sollte nur mit der
Unterschrift beider änderbar sein.
In der Praxis erlebte ich dazu einmal
einen außergewöhnlichen und dramati-
schen Fall: Ein Mann hatte als Versicherungsnehmer für seine Partnerin als versicherte Person eine Unfallversicherung abgeschlossen. Nach der Trennung erlitt die
Frau einen gravierenden Unfall und wurde
zum Schwerstpflegefall. Der Mann als
Versicherungsnehmer hatte den Unfall-
versicherungsvertrag noch nicht gekün-
digt und erhielt daher die Leistungen.
Die Pflege der Frau übernahmen deren
betagte Eltern und der Mann behielt die
Leistungen ein, obwohl seine Ex-Partnerin
sie dringend benötigt hätte."

Unfall

Die gesetzliche Unfallversicherung sichert
die Folgen von Unfällen bei der Arbeit und
in der Schule ab, auch die Wegeunfälle. Für
Unfälle in der Freizeit können Sie private Unfallversicherungen mit ganz unterschiedlichen Kosten und Konditionen abschließen.
Die ausgezahlte Summe können Sie beispielsweise einsetzen, um ein Haus umzu-
bauen, falls Sie nach einem Unfall behindert
sind. Manche Unfallversicherungen zahlen
statt einmaliger Beträge auch dauerhafte Renten aus.

Lohnt sich eine Police?

Das Risiko, bleibende Schäden durch einen
Unfall zu erleiden, ist gering. Bei Krankheiten ist die Gefahr ungleich höher. Daher gilt:
Bevor Sie eine solche Police abschließen, sollten Sie die genaue Unfalldefinition des An-
gebots betrachten. Machen Sie sich außerdem bewusst, dass andere Versicherungen
wie eine Berufsunfähigkeitsversicherung
weitaus wichtiger sind. Die Unfallversicherung ist in vielen Fällen nur eine Ergänzung.

Die Höhe der Leistung bemisst sich stets
am Grad der Invalidität. Kurz gesagt kommt
es darauf an, wie sehr Ihr Körper betroffen
ist. Die sogenannte Gliedertaxe bestimmt
dann, welchen Anteil der Versicherungssumme Sie bekommen. Verlieren Sie einen
Finger beim Rasenmähen, schwankt die Glie-

dertaxe zwischen etwa 5 und 20 Prozent. Daumen und Zeigefinger werden normalerweise höher bewertet als andere Finger. Bei einer Versicherungssumme von 100.000 Euro macht das 5.000 bis 20.000 Euro an Auszahlungen.

Empfehlenswert sind in jedem Fall Versicherungen, die nicht erst ab einem hohen Grad von Invalidität zahlen. Vorsicht ist außerdem angesagt wegen einiger Vertragsklauseln. Beispielsweise können bestimmte Hobbys und Sportarten, Auslandsaufenthalte und Vorerkrankungen zum Rücktritt der Versicherung oder zu Abzügen bei der Leistung führen.

Die Kinder versichern

Die meisten Versicherungen bieten auch Unfall- bzw. Invaliditätsversicherungen für Kinder an. Erleiden Kinder einen dauerhaften geistigen oder körperlichen Schaden, dann zahlt die Versicherung meist einen Einmalbetrag und eine monatliche Rente. Die Kinderinvaliditätsversicherung lässt sich später oft in eine Berufsunfähigkeitsversicherung umwandeln, für die manche Anbieter keine weitere Gesundheitsprüfung verlangen.

Anhang

Adressen

→

VERBRAUCHERZENTRALEN

**Verbraucherzentrale
Baden-Württemberg e. V.**
Paulinenstraße 47
70178 Stuttgart
Telefon: 07 11/ 66 91-10
Fax: 07 11/66 91-50
www.verbraucherzentrale-bawue.de

Verbraucherzentrale Bayern e. V.
Mozartstraße 9
80336 München
Telefon: 0 89/5 52 79 4-0
Fax: 0 89/55 27 94-451
www.verbraucherzentrale-bayern.de

Verbraucherzentrale Berlin e. V.
Ordensmeisterstraße 15–16
12099 Berlin
Telefon: 0 30/2 14 85-0
Fax: 0 30/2 11 72 01
www.verbraucherzentrale-berlin.de

**Verbraucherzentrale
Brandenburg e. V.**
Babelsberger Straße 12
14473 Potsdam
Telefon: 03 31/2 98 71-0
Fax: 03 31/2 98 71-77
www.verbraucherzentrale-brandenburg.de

Verbraucherzentrale Bremen e. V.
Altenweg 4
28195 Bremen
Telefon: 04 21/1 60 77-7
Fax: 04 21/1 60 77 80
www.verbraucherzentrale-bremen.de

Verbraucherzentrale Hamburg e. V.
Kirchenallee 22
20099 Hamburg
Telefon: 0 40/2 48 32-0
Fax: 0 40/2 48 32-290
www.vzhh.de

Verbraucherzentrale Hessen e. V.
Große Friedberger Straße 13–17
60313 Frankfurt/Main
Telefon: 0 69/97 20 10-900
Fax: 0 69/97 20 10-40
www.verbraucherzentrale-hessen.de

**Verbraucherzentrale
Mecklenburg-Vorpommern e. V.**
Strandstraße 98
18055 Rostock
Telefon: 03 81/2 08 70-0
Fax: 03 81/2 08 70-30
www.verbraucherzentrale-mv.eu

Verbraucherzentrale Niedersachsen e. V.
Herrenstraße 14
30159 Hannover
Telefon: 05 11/9 11 96-0
Fax: 05 11/9 11 96-10
www.verbraucherzentrale-niedersachsen.de

**Verbraucherzentrale
Nordrhein-Westfalen e. V.**
Mintropstraße 27
40215 Düsseldorf
Telefon: 02 11/38 09-0
Fax: 02 11/38 09-216
www.verbraucherzentrale.nrw

**Verbraucherzentrale
Rheinland-Pfalz e. V.**
Seppel-Glückert-Passage 10
55116 Mainz
Telefon: 0 61 31/28 48-0
Fax: 0 61 31/28 48-66
www.verbraucherzentrale-rlp.de

**Verbraucherzentrale des
Saarlandes e. V.**
Trierer Straße 22
66111 Saarbrücken
Telefon: 06 81/5 00 89-0
Fax: 06 81/5 00 89-22
www.verbraucherzentrale-saarland.de

Verbraucherzentrale Sachsen e. V.
Katharinenstraße 17
04109 Leipzig
Telefon: 03 41/69 62 90
Fax: 03 41/6 89 28 26
www.verbraucherzentrale-sachsen.de

**Verbraucherzentrale
Sachsen-Anhalt e. V.**
Steinbockgasse 1
06108 Halle
Telefon: 03 45/2 98 03-29
Fax: 03 45/2 98 03-26
www.verbraucherzentrale-sachsen-anhalt.de

**Verbraucherzentrale
Schleswig-Holstein e. V.**
Hopfenstraße 29
24103 Kiel
Telefon: 04 31/5 90 99-0
Fax: 04 31/5 90 99-77
www.verbraucherzentrale.sh

Verbraucherzentrale Thüringen e. V.
Eugen-Richter-Straße 45
99085 Erfurt
Telefon: 03 61/5 55 14-0
Fax: 03 61/5 55 14-40
www.vzth.de

Verbraucherzentrale Bundesverband e. V.
Rudi-Dutschke-Straße 17
10969 Berlin
Telefon: 0 30/2 58 00-0
Fax: 0 30/2 58 00-518
www.vzbv.de

Stichwortverzeichnis
→

Im Interesse der Lesbarkeit verzichten wir darauf, in jedem Fall explizit die weibliche und die männliche Form einer Bezeichnung zu verwenden, und benutzen nur das sogenannte generische Maskulinum, das heißt den verallgemeinernden, grammatikalisch männlichen Begriff. Er umfasst, ohne jegliche Diskriminierung, beide Geschlechter.

1. Auflage, April 2021

© Verbraucherzentrale NRW, Düsseldorf

ISBN 978-3-86336-084-9
Printed in Germany

Impressum

Herausgeber
Verbraucherzentrale
Nordrhein-Westfalen e. V.
Mintropstraße 27, 40215 Düsseldorf
Telefon: 02 11/38 09-555
Fax: 02 11/38 09-235
ratgeber@verbraucherzentrale.nrw
www.verbraucherzentrale.nrw

Mitherausgeber
Verbraucherzentrale Hamburg
(Adresse → Seite 226)

Text
Olaf Wittrock, Köln

Koordination
Wolfgang Starke

Lektorat
Dr. Doris Mendlewitsch, Düsseldorf
www.mendlewitsch.de

Fachliche Beratung
Thomas Hentschel

Layout und Satz
Petra Soeltzer Kommunikationsdesign,
Düsseldorf
www.petrasoeltzer.de

Umschlaggestaltung
Ute Lübbeke, Köln
www.LNT-design.de

Gestaltungskonzept
Lichten Kommunikation und
Gestaltung, Hamburg
www.lichten.com

Druck
AZ Druck und Datentechnik GmbH,
Kempten

Redaktionsschluss: März 2021